한일 상호 인식과
역사 문제의 기원

(1945~1979)

일러두기

• 이 책은 2019년도 동북아역사재단 기획연구 수행 결과물임(NAHF-2019-기획연구-31).

동북아역사재단
연구총서 111

한일 상호 인식과
역사 문제의 기원
(1945~1979)

이원우 편

동북아역사재단
NORTHEAST ASIAN HISTORY FOUNDATION

한일 상호 인식과
역사 문제의 기원
(1945~1979)

사마천의 사기(史記)를 비롯한 동서고금의 모든 사서가 '역사 인식(歷史認識)'에 대한 기록물이라고 할 수 있다. 사기는 단순한 역사적 사실을 수집한 자료가 아닌 사마천(司馬遷)이라는 인물의 역사 인식을 통해 기록된 역사서란 뜻이다.

수많은 역사적 사건들은 시간의 망각 속에 묻혀 있다가 우연히, 또는 어떠한 목적하에 발굴될 수도 있다. 역사적 사실이 어떠한 목적으로 발굴되었다면 거기에는 일종의 역사 인식이 투영되어 있다고 할 수 있으며, 우연히 발굴되어 자료로 편찬될 경우에도 일종의 역사 인식이 이미 기능(機能)하고 있다고 할 수 있다.

일국의 역사를 이야기할 때도 이러한데 몇 개국이 관련된 역사적 사건은 그야말로 역사 인식과 해석의 충돌이 발생할 가능성이 더 높을 수밖에 없다.

현재 한국과 일본은 자국의 국내적 역사 갈등 문제는 차치하고라도 고대에서 현재까지 양국 간 역사 인식 문제가 세부(細部)에 걸쳐 첨예하게 대립하고 있다. 특히 근현대사의 역사(인식) 문제 중에서 강제동원 문제, 일본군'위안부' 문제, 일본의 독도영유권 주장, 그리고 이 모두를 포함하는 역사 교과서 문제는 급격한 환경 변화가 없다면 짧은 시간에 해소될 가능성이 높지 않다.

우리는 한일 간 역사 갈등 해소와 공동의 역사 인식 추구를 위해 두 차례(2002, 2007)에 걸쳐 한일역사 공동 연구위원회 활동을 실시했지만, 극복할 수 없는 역사 인식의 차이를 새삼스럽게 자각한 바 있다. 물론 고중세 시기의 역사 사건 중에서도 한일 간 역사 인식을 달리하는 항목은 있다. 그러나 외교 문제를 넘어 일반 국민의 생활에까지 영향을 미치는 역사적 사건은 모두 강화도사건(1875. 8) 이후에 발생하였다.

강화도사건에서 일본 제국이 패망한 1945년 8월까지 70년, 해방 후 새로운 한일 간 역사는 75년이다. 근대의 불행한 시기보다 협력하는 이웃으로 살아온 기간이 더 긴데도 근대 70년간에 있었던 역사적 사건에 한일 양국은 쉽게 볼모로 잡히고 만다.

이 문제는 역사는 '과거'의 일이지만 '역사 인식'은 지극히 현재적 사안이라는 것을 잘 말해 준다. 한일 간의 역사(인식) 문제는 한일 양국의 세대교체, 양국의 경제 상황의 변화 그리고 국제적 구조의 변화가 복합적으로 관계하면서 변화하는 과정에서 발생한다.

한일 간 역사 문제는 역사 시간의 장단(長短)의 문제가 아니다. 일본이 한국과 관계를 맺는 데 있어 어떤 기조를 갖고 있었느냐가 관건이다. 오랜 일본사에 있어서도 일본 제국 시기는 특이하며, 이때의 역사적 사건들은 대부분 난치의 사건들로 남아 있다. 그러나 앞에서도 언급했듯이 역사적 사실들이 역사 인식을 통하여 역사 문제화하는 결정요소는 세대교체, 경제 상황의 변화 그리고 국제적 구조의 변화와 관련 있다. 제2차 세계대전 이후 한일 관계가 어떠한 변화를 거쳐 왔는지는 설명을 생략하겠으나, 최근의 코로나19 대응에서 드러났듯이 한국과 일본은 어제의 한국과 일본이 아님은 누구의 눈에도 분명하다.

불변함은 굉장히 불건전한 것이다. 삼라만상(參羅萬像) 무상(無常)이라는 진리는 비단 불가(佛家)만의 진리는 아니다. 세상의 이치다. 악화일로를 걷는 한일 간 역사 문제도 위에서 언급한 한일 양국의 세대교체, 경제 상황의 변화 그리고 세계질서의 구조적 변화 여하에 따라서 해결이 불가능한 일도 아니다. 역사는 조상들의 삶이었고 현재 우리들의 삶의 기록이고 미래 후손들의 지침이기에, 현재를 사는 한일 양 국민(중 일부)이 역사를 전유하여 오만해져서는 안 된다는 것이다.

이 책에 실려 있는 글들을 소개하기 전에 이 단행본이 탄생하게 된 배경과 앞으로의 계획에 대해 간략하게 설명하고자 한다.

현재 동북아시아는 남북한의 관계 개선, 중국의 중국몽 실현, 일본의 보통국가화가 추진됨에 따라 지역 질서가 변화하고 있다. 게다가 미국과 중국의 주도권 경쟁으로 역내 질서가 매우 유동적으로 변화하고 있는데도 불구하고 한·중·일 3국의 역사 인식은 크게 개선되고 있지 않다. 오히려 3국의 총체적 힘의 변화와 세대교체로 역사 문제는 고질화되어 가고 있는 상황이다.

2018년도 재단의 기획연구가 정비됨에 따라 '한일 상호 인식과 역사 문제의 기원 연구(1945~1979)'는 '중국의 변경·민족 정책과 대국화 전략'

이라는 보다 상위 개념하에 추진되었다. 처음에는 '한·중·일 3국의 상호 인식과 역사 문제의 기원 연구'라는 과제명으로 시작되었으나 3국의 국가 발전 단계에 시차가 있어 우선 한일 양국의 상호 인식과 역사 인식 문제를 세 시기(1945~1979·1980~1999·2000~현재)로 나누어 고찰하기로 했다. 이 책은 그 첫 시기를 분석 대상으로 한 연구물이다. 구상의 마지막 단계에 한·중·일 3국 비교에서 한·일 양국 비교로 방향이 수정되고 필진도 교체되어 책 내용과 완성도에 어느 정도 영향을 미쳤을 것으로 생각된다.

3개년 기획연구의 2년차(대상 시기 1980~1999) 결과물은 2021년에, 3년차(대상 시기 2000~현재) 결과물은 2022년에 순차적으로 간행할 예정이다. 이하 8편의 글들을 간략하게 소개하겠다.

「황국사관과 전후 역사 문제(1945~1979)-한일 역사 문제 기원의 이해를 위하여」(이원우)는 아시아·태평양 시기의 역사 인식이 패전 직후에도 인적·제도적인 면에서 여전히 영향력을 가지고 있어 이것이 전후 한일 간 상호 인식과 역사 문제에 일정한 영향을 미쳤다고 본다.

역사 인식 문제는 다양한 역사적 사건의 축적을 통해 자기와 자신이 속한 집단의 역사관을 형성한 뒤, 그것을 통해 형성된 타자에 대한 인식이 결합하여 상호 인식이 가능하게 된다. 현대 일본인의 역사 인식에는 메이지유신 이후 수많은 전쟁을 통해 형성된 황국사관적 역사 인식 요소가 부분적으로 상존하고 있는데 이것이 한일 간 역사 화해에 장애 요소의 하나로 작용하고 있다.

예컨대, 최근 일본의 혐한류 서적은 주로 조선시대를 병적으로 매도하고 그 영향으로 현대의 한국도 '나쁜' 나라라는 역사 인식을 노골적으로 나타내고 있다. 이러한 '역사 인식'은 전형적인 황국사관(皇國史觀)의 잔재(殘滓)이다.

황국사관은 '천양무궁의 신칙'론과 1930년대 일본 제국의 대외 침략을 정당화하는 '팔굉일우'론이 핵심내용이다. 이의 폐해로 제국주의적 침략과 타민족 지배, 전쟁에 대한 일관된 긍정과 찬미, 일본 제국주의나 전쟁 책임을 극력 은폐하려는 점 등을 들 수 있다.

해방 후 한일 간 역사 인식 문제는 국교 정상화를 위한 교섭 과정에서 구보타 간이치로(久保田 貫一郎, 일본 측 대표)의 '식민 통치미화'론(1953)으로 표면화되어 사쿠라다 다케시(桜田武, 당시 게이단렌 회장)의 '식민 통치미화' 망언(1979)으로 이어졌다. 이러한 '역사 인식'의 원형은 전후 일본의 민주화 과정에서도 청산되지 않고 남아 있는 황국사관의 영향이다.

이 글은 황국사관의 핵심 요체인 천황의 정치적 등장이 막부 말기에 쇄국에서 개국으로 전환하는 데 있어 고메이 천황을 설득하기 위한 대응 논리에서 잉태되었다는 흥미로운 가설을 제시하고 있다.

「전후 일본 경제대국화의 원점-점령의 개혁 정치 vs 역코스 정책」(최운도)은 한일 관계를 포함한 전후 일본의 대외 관계와 역사 인식의 출발은 패전과 함께 시작된 미국의 대일 점령기 7년에 그 뿌리를 두고 있다고 주장한다. 그 7년의 끝에는 샌프란시스코 강화조약과 한국전쟁의 종료가 있었다. 그때부터 일본이 경제대국으로 나아가는 길이 열리기 시작했다. 찰머스 존슨(Chalmers Johnson)이 일본 경제 기적의 주인공으로 꼽은 경제산업성(MITI)이 생겨난 것도 이 시기(1949년)다.

그 7년 동안 미일 관계에는 무슨 일이 있었던 것일까? 어떻게 일본은 경제대국화로의 길을 시작할 수 있었던 것일까? 우리는 이미 그 답을 잘 알고 있다. 냉전의 등장과 미국의 대일 정책 변화 그리고 한국전쟁 특수 등이 일본 기적의 뿌리라는 점을. 이 글에서는 미국의 대일 점령 정책과 그 변화가 일본의 경제 회복과 어떻게 연결되어 있는지를 분석하고 있다.

종전 직후 실시된 미국의 초기 대일 방침은 징벌적 전후 처리 방안을 기초로 한 것이었다. 연합국군최고사령관총사령부(GHQ)는 천황제의 유지와 간접통치(일본 정부의 유지)를 허용했으나 다른 사회정책들, 즉 헌법 개정, 공직 추방, 여성 투표권, 교육 개혁, 노동 운동 등의 분야에서는 전면적 개혁 정책을 실시했다. 일본이 두 번 다시 미국과 국제사회에 위협이 되지 않도록 한다는 것이 목적이었다.

그러나 유럽과 아시아에서 미국과 소련의 대립이 급속히 첨예화되고 확대되는 가운데, 중국과 동남아시아에서의 공산화 위협은 점령 시작 2년여 만에 미국의 대일 전략을 송두리째 바꾸어 놓았다. GHQ가 진행해 온 많은 정치·사회 개혁들은 취소되었다. 그중에서도 1947년 막 시작된 경제인 추방과 배상 정책, 재벌 해체는 '역코스' 정책의 주요 대상이 되었다. 공직 추방과 재벌 해체는 중단되었고, 진행 중이던 배상 정책은 전면 취소되었다.

한국전쟁 중 서둘러 체결한 샌프란시스코 강화조약은 배상금 지불 취소를 원칙으로 하였으며, 미일안보조약은 미군 주둔과 일본의 재무장의 최소화를 보장했다. 1957년 일본은 전쟁 전의 경제 수준을 회복하였고 1968년에는 GNP 세계 2위의 경제대국이 되었다. 재벌 해체와 사회 개혁 등 역코스 이전의 정책들과 역코스 이후의 정책들, 과연 어느 쪽이 일본의 경제대국화에 기여했는지 의문을 던지고 있다.

「일본 보수 정치인들의 역사 인식과 역사 정책 전개」(이종국)는 '역사 인식' 문제를 둘러싸고, 일본의 우파 정치인·보수적인 역사학자들이 역사수정주의 노선을 지지하면서 일본이 '우경화'하고 있음을 설명한 글이다.

일본 보수 정치인들의 역사 인식 관련 선행 연구를 분류하면서 기존 연구의 의미를 살펴보고 이 연구들이 일본의 역사 정책은 물론 제2차 세계대전 전의 일본이 전개한 제국주의 정책의 연장선에서 진행된 것임을 설명했다.

점령기 미국 점령당국의 목표는 일본의 전후 민주주의의 기초를 다지는 일이었다. 이러한 과정에서 과거 일본 정치가들의 복귀와 전통적인 가치관을 허락하면서 냉전기 한일 관계에 직접적인 영향을 미치게 되었다. 점령당국은 보수적인 경향의 숙련된 행정관을 필요로 했기에 요시다 시게루(吉田茂) 같은 정치적 인물이 급격히 등장하면서 일본의 민주화는 후퇴하고 전쟁 책임에 대한 반성 없이 경제성장 노선의 길을 갔다고 설명하고 있다.

마지막으로 저자는 점령기와 냉전기를 거치면서 일본의 보수 정치인들은 적극적으로 역사 인식을 하지 않으면서 미온적인 태도를 취하고 급기야 망언의 정치를 일삼는 결과를 초래했다고 보고 있다.

「야스쿠니신사법안(靖國神社法案)의 정치 지형-『일본유족통신(日本遺族通信)』, 『야스쿠니(靖國)』, 『신사신보(神社新報)』의 검토를 통한 시론(試論)」(이세연)은 일본유족회의 기관지인 『일본유족통신(日本遺族通信)』, 야스쿠니 신사의 기관지인 『야스쿠니(靖國)』, 신사본청(神社本廳)의 기관지로 간주되는 『신사신보(神社新報)』를 광범위하게 비교 검토함으로써, 야스쿠니신사법안을 둘러싼 보수 우익 세력의 정치 지형을 밝혀 내고자 한 시론(試

論) 성격의 글이다.

야스쿠니신사법안은 1969~1973년 사이에 다섯 차례에 걸쳐 일본 국회에 상정되었는데, 그 주변의 담론들은 메이지유신 100년에 즈음한 일본 사회의 역사 인식과 정치 지형을 잘 보여 준다. GHQ(연합국군최고사령관총사령부)의 통치하에서 숨을 고르던 보수 우익 세력들은 1960년대에 접어들어 '대동아전쟁긍정론'을 대대적으로 전개하고 '국체' 회복을 주창했다. 그런 그들의 로드맵에서 야스쿠니신사의 국가호지(國家護持)는 반드시 실현시켜야 하는 중요 사안이었다.

반면 1952년 이후 한층 거세진 '역코스'의 물결에 짙은 의구심을 품고 있던 자들에게 종교법인 야스쿠니신사는 반드시 사수해야 하는 마지노선이었다. 그들에게 야스쿠니신사의 국가호지는 헌법에 규정된 신교의 자유, 정교분리의 원칙을 일거에 무너뜨리는 첨병으로 인지되었다.

저자는 야스쿠니신사법안을 둘러싼 1960~1970년대의 담론을 단순화하면 법안에 대한 찬성과 반대로 양분할 수 있지만, 이 같은 거친 구분만으로는 당시의 실태를 온전히 파악할 수 없다고 주장한다. 이에 야스쿠니신사법안에 관여한 주요 보수 우익 세력으로 일본유족회, 야스쿠니신사, 신사본청, 자민당을 상정하고, 이들 세력이 1960~1970년대에 걸쳐 어떤 정치 지형을 현출했는지 추적한다.

저자에 따르면, 야스쿠니신사법안을 둘러싼 보수 우익 세력의 정치 지형은 일견 매끄럽게 연결되어 있는 듯 보이지만 실제로는 두 가지 층위가 뒤틀린 채 접합되어 있는 모양을 띠고 있다고 한다. 분기점에 위치한 것은 일본유족회와 야스쿠니신사였다. 양자는 표면적으로 공동전선을 구축하면서도 실제로는 미묘하게 엇갈리는 입장을 취하고 있었다는 것이다. 그 같은 균열은 법안의 국회 상정 이전부터 확인된다. 거시적으로 사태를 조망해 보면, 일본유족회 너머로는 현실 세계와 긴밀히 소통하는 제도권 정치의 장이 펼쳐져 있었고, 야스쿠니신사 너머로는 가파른 근본주의와 교감하는 또 다른 정치의 장이 펼쳐져 있었다는 것이다. 저자는 이 같은 모양이 '네모토안(根本案)'과 '나카소네(中曽根) 구상'을 통해 일시적으로 변용되기도 했지만, 근본적인 변형은 이루어지지 않았다고 설명한다.

「일본의 전후 아시아 '배상 외교'와 역사 인식-정부 간 화해의 성과와 한계」(조진구)는 두 가지를 목표로 하고 있다. 하나는 정부 간 화해란 측면에서 일본과 아시아 국가들과의 관계 정상화 과정에서 전쟁과 식민지 지배로 인한 과거의 역사 문제를 어떻게 처리했는가이다. 또 하나는 무라야마 담화를 비롯해 일본 총리가 발표한 세 번의 담화 내용을 전후 처리라는 맥락에서 분석하여 그 한계와 의미를 도출하는 것이다.

1951년 9월 샌프란시스코에서 체결된 대일강화조약을 바탕으로 일본은 아시아 국가들과 배상 협정이나 경제협력 협정을 체결해 과거를 청산함으로써 새로운 관계를 수립했다. 일본은 1954년 11월 5일, 동남아시아 국가 가운데 가장 먼저 버마(현재의 미얀마)와 평화조약과 배상 · 경제협력 협정을 체결했고, 1950년대 말까지 대부분의 동남아시아 국가와 협정을 체결하고 관계를 정상화했다. 한국과는 1965년, 중국과는 1972년 국교를 수립했는데, 미소 냉전과 한국전쟁의 영향을 강하게 받아 대일 배상 문제는 매우 관대하게 처리되었다.

한편, 역사 인식의 문제는 일본과 아시아 국가들과의 우호 관계를 어렵게 만드는 요인이 되어 왔다. 동남아시아 국가들에 비해 한국과 중국이 일본과 국교 정상화를 하는 과정에서 과거 역사 문제를 어떻게 처리할 것인가는 대단히 민감하고 중요한 쟁점이었다. 결과적으로 일본의 배상과 경제협력이 과거 피해를 입혔던 국가들의 경제 발전에 기여했지만 마음속의 앙금까지 해소하려는 노력을 했다고는 할 수 없다.

일본의 역사 인식과 관련하여 일본 정부는 무라야마 담화를 비롯하여 내각총리대신 명의의 담화를 세 번 발표했다. 그러나 국정 최고 책임자로서 총리가 '침략'과 '식민지 지배'에 대한 '통절한 반성'과 '마음으로부터의 사죄'를 처음으로 표명했던 무라야마 담화(1995. 8. 15)와 이를 계승했던 고이즈미 담화(2005. 8. 15)와 달리, 2015년 8월 14일 발표된 아베 담화는 인용의 형태를 제외하고 담화의 핵심 내용에 대한 직접적인 언급이 없었다. 역사수정주의 경향이 강했던 아베 정권에게 과거의 침략 전쟁과 식민지 지배로 인한 피해가 반성과 사죄의 대상이 되어야 한다는 의식이 결여되어 있었다는 점을 잘 보여 주는 사례라 하겠다.

아시아 국가들은 일본과의 국교 정상화 과정에서 일본의 경제적 지원과 협력이 필요해 일본의 책임을 추궁하는 것을 주저했지만, 이는 일시적으로 봉인했을지언정 피해자들이 미래의 평화를 위해 과거를 잊었던 것은 아니었다. 이 글은 가해자인 일본이 침략 전쟁과 식민지 지배로 인한 피해에 대해 반성과 사죄라는 의식이 결여되어, 결국 아시아 국가들과 화해하지 못하고 신뢰를 구축하는 것도 어렵게 만들고 있다고 지적하고 있다.

「한일 관계와 한국인 대일 인식의 내면적 일면화-1945년~1970년대 후반경」(신주백)은 1945년부터 1970년대 후반경까지 한국인의 대일 인식이 어떻게 바뀌어 왔는지 살펴보고 있다.

해방 후 한국인의 대일 인식을 규정한 핵심적인 요소는 식민지 지배 경험, 가난으로부터 탈출하려는 욕망이 표현된 경제성장을 위한 한일 협력 그리고 냉전 체제의 최전선 한반도의 분단과 반공이다. 경제협력과 분단, 반공은 시기를 불문하고 대일 인식에 관한 논쟁점을 제공했다. 정권을 불문하고 한국인의 대일 인식에서는 경제협력과 분단, 반공이 하나의 짝으로 움직였다. 여기에 대칭적 존재처럼 우뚝 솟아 한일 관계에 꾸준히 비판적 태도를 보인 요소가 식민지 지배 문제, 달리 말하면 과거사 청산 문제였다.

경제적 요인과 반공적인 측면이 동시에 강하게 작동하지 않았던 이승만 정부에서는 대일배제론과 대일경계론이 대일 불신을 바탕으로 작동했지만, '조국 근대화'를 내세운 박정희 정부의 제3공화국 시기에는 일본에 대한 시선이 새롭게 등장할 수밖에 없었다. 경제적 근대화에 대한 국민적 열망을 경제개발계획 추진으로 구체화하는 과정에서 일본이 협력과 지원 국가로 등장했기 때문이다.

또한 1970년대 후반으로 갈수록 반공 연대에 바탕을 둔 안보협력론과 경제적 요인이 대일 인식을 억압하는 데 동원되었다. 비판적 논지를 펼치는 사람들 사이에서 대일경계론이 조금 작동하고 있을 뿐이었다. 종속적 지위로 편입될 수 있음을 우려하는 측면에서의 비판적 논지는 시장 논리보다 우선하는 식민지 지배 문제, 달리 말하면 과거사 미청산이란 현실과 연동하여 힘을 가질 수밖에 없었다. 그와 비례하여 불신은 무시를 낳았다. 이중성격론과 경제동물론이 바로 그것이다.

일본(인)에 대한 경제동물론은 한국인과 한국 사회가 격렬했던 비판과 드높았던 반대의 목소리에 비례해 일본을 바라보는 관점이 객관적이고 깊이 있는 분석을 토대로 제기된 논리가 아니었다. 미국에서 나온 대일비판론을 차용한 논리이기도 했다. 그렇기 때문에 경제동물론은 현대 일본의 구조와 문화를 구체적으로 분석하고 깊이 있게 이해하는 토대 위에서 나온 것이 아니라 한국인의 민족 감정을 배설하는 데 머문 담론이었다. 결국 경제동물론은 일본 사회를 제대로 또는 진지하게 살펴보려는 인식과 태도를 방해한 감정론이었다. 그에 따른 한국 사회의 대일 인식 수준은 1982년 일본의 고등학교 역사 교과서 검정 파동이 일어났을 때 한국 사회가 대응한 결과를 통해 알 수 있다. 그리고 여전히 현재 진행 중인 한국인의 대일 인식이라고 할 수 있다.

「1970년대 일본의 보수주의 언론과 한국 인식-『쇼쿤(諸君)!』의 한국 관련 기사를 중심으로」(박삼헌)는 1970년대의 『쇼쿤!』에 실린 한국 관련 기사를 분석하고 있다. 1970년대에 한국의 정치 문제를 적극적으로 다루기 시작한 것은 진보주의 진영의 『세카이』였다. 그 논조는 박정희 정권의 폭력성을 고발하고 한국의 민주화 운동을 지원하는 데 맞춰졌다. 그 결과 한국 사회의 어두운 면을 집중적으로 부각시켰다는 평가를 받기도 했다. 그렇다면 같은 시기 일본의 보수주의 언론은 한국을 어떻게 인식하였을까.

이 글에서는 분게이슌주(文藝春秋)가 1969년 7월에 창간한 『쇼쿤(諸君)!』을 통해서 1970년대 일본의 보수주의 언론의 한국 인식을 고찰하고자 했다. 이는 전후 일본 언론의 한국 인식을 알아보기 위해 『쇼쿤!』과 같은 보수주의 잡지는 고려하지 않고 『세카이』와 같은 진보주의 잡지만을 분석해 온 선행 연구의 한계점을 극복하고 전후 일본 언론의 한국 인식을 종합적으로 파악하려는 시도이기도 하다.

1970년대의『쇼쿤!』은 당시 진보주의 진영의 한국 인식을 비판하는, 즉 냉전 이데올로기에 포섭된 한국 인식을 보였다. 그렇다고 해서 그 내용이 노골적인 반공, 반민주화 운동, 반조선 캠페인을 확대시키는 것은 아니었다. 오히려 정반대였다. 1970년대『쇼쿤!』에는 한일 관계의 새로운 우호 관계를 설정함에 있어서 식민 통치에 대한 일본의 반성이나 사죄보다는 현실적인 경제 지원을 중시하는 입장(오카자키)과 정치 · 경제적 지원보다도 우선적으로 식민 통치와 '조선인 차별'에 대한 역사적 차원의 자성(自省)을 중시하는 입장(혼다)이 공존하고 있었다.

또한 냉전 이데올로기에 포섭된 한국 인식이었다고 해서 북한이라는 존재를 무시하는 태도를 견지하지는 않았다. 1970년대의 보수주의 잡지『쇼쿤!』은 좌우 어느 쪽에도 치우치지 않는, 이른바 '자유주의'를 표방하며 새로운 한일 관계를 지향하고 있었다. 하지만 그 안에는 냉전 이데올로기라는 자장 안에서 식민 통치에 대한 반성과 사죄를 중시하는 한국 인식과 그렇지 않은 한국 인식이 공존하고 있었다. 이러한 공존은 1980년대에 들어서 '전후 총결산'을 기치로 내건 나카소네 야스히로(中曾根康弘) 내각이 들어서면서 파열음을 내기 시작했다.

이 글은 식민 통치의 반성과 사죄를 우선시하던 입장이 1980년대 들어서도 여전히 재일한국인의 지문 날인 거부 운동을 보편적 인권의 차원에서 지원한 것에 비해, 경제협력을 중시하던 입장은 1982년에 발생한 일본 역사 교과서 문제가 한국과 일본뿐만 아니라 중국도 참여하는 국제 문제로 확대되자 전면적으로 식민 통치를 긍정하는 역사수정주의로 선회를 시작했다고 지적하고 있다. 그리고 그 과정에서『쇼쿤!』도 지금까지는 적어도 일본의 식민지 책임을 부정하지는 않던 보수주의 논조를 배제하고, 식민지 책임 자체를 부정하는 우익주의 논조를 적극적으로 표방하기 시작했다는 내용을 소개하고 있다.

「전후 일본 정체성 담론의 국내적 내파와 대외적 굴절-오키나와 배제와 동아시아 주변화」(최은봉)는 1960년대가 일본에서 정체성에 대한 질문이 촉발되었고 그 후의 일본인론, 일본 문화론의 붐을 이끈 시기였는데, 왜 이 시기에 다양한 일본론, 일본인론, 일본 문화론이 등장했는지, 전후 일본 정체성의 핵심은 무엇인지, 그것이 전후 일본의 중요한 국내외 정책을 어떤 방향으로 유도했는지라는 문제의식에서 시작된 연구이다.

이 글은 이 시기에 '신생 일본'으로서 새로운 정체성을 구축하고자 하는 동력이 형성되어 기존 정체성이 위기에 직면하는 단계를 거쳐 국민과 국가의 정체성 내용이 창발적으로 구성되었다고 한다. 이렇게 형성된 정체성의 집단주의적, 유사가족적 지향성은 대내적으로는 내셔널리즘(nationalism)을 강조하고 대외적으로는 중상주의(mercantalism)로 표상되는 양태였는데, 이는 당대의 국가이익 편향적인 경제대국으로 부상하려는 전후 일본의 구상이었다는 점을 밝히고 있다.

국제적으로 세계대전 종결에 이어 냉전 체제가 전개된 1960년대 동아시아에서는 한국전과 베트남전을 경험했다. 이 시기는 일본의 정치·사회적 주요한 변화와도 맞물려 있는 역사적 변곡점이자 국내외로 복합적 의미를 지니는 중대 국면이었다. 특히 1968년은 메이지유신 100주년을 맞아 일본의 근대화에 대한 재평가와 국가 진로의 재설정 및 전후에 대한 새로운 인식 구축을 강조하는 상징적인 해였다.

1960년대 일본의 정치적 공간에서 국가란 잔여주권(residual sovereignty)의 영역인 오키나와는 제외된 채 성립하였다. 정체성의 내셔널리즘적(국민주의적) 요소는 실효 지배의 범위가 아니었던 오키나와의 주민을 사실상 비국민으로 규정하고 배제시켰다. 오키나와에 대한 주권적 애매함에 직면해야 했던 전후 신생 일본 국가의 입장은 그 국가가 지향하던 사회통합의 제한성과 이중성을 노정하였고, 역설적으로 내셔널리즘(국민주의)의 균열과 내파를 초래했다.

이 글은 1960년대 일본의 정치·사회적 변화와 함께 등장한 다양한 일본론, 일본인론에서 특징적으로 지적되는 집단주의 혹은 유사가족주의와 국가 정체성을 연관지음으로써 정체성 담론과 정체성 정치의 등장 배경과 주요 내용을 회고조망(回顧眺望)의 시야에서 살펴본다.

다음으로 다채로운 정체성에 대한 주장들이 전후 일본의 국가와 사회 차원에서 새로운 국가 정체성을 구축하고 형성하는 데 환경을 제공하고 신일본 구상의 내재적 요소로 작용한 점을 고찰한다. 나아가서 그것이 일본인의 '기억의 취사 선택'의 구성적 환류 메커니즘을 거쳐 오키나와섬을 주권의 '예외 상태'에 처하게 하고 오키나와 주민을 비국민화하는 공식적, 비공식적 입장에 내재화되었다는 점을 밝힌다. 또한 일본과 동아시아 국가와의 관계 재구축 과정에서 중상주의적 정체성에 기반한 일본의 경제 외교 전략에 영향을 끼쳤다는 점을 추적한다.

동아시아 국가와의 배상 교섭 중 몇 가지 사례를 선정하여 국교 정상화라는 명분으로 추진되었으나 경제협력 및 경제원조의 부각과 도덕적 기준의 약화로 인해 실질적으로 미완의 관계 정상화에 머물게 된 한계점에 초점을 맞추어 설명한다.

전후 일본 정체성의 내셔널리즘(국민주의)적 내파와 중상주의적 굴절이 남긴 국민 통합의 결락과 동아시아 신뢰 구축의 어긋남이라는 부정적 유산은 현재진행형의 역사에 미완의 해결 과제로 남아 있다고 하겠다.

글의 앞부분에 잠깐 언급했듯이 기획 단계의 사정으로 인해 이 책에 실린 8편의 글들이 책 제목을 얼마만큼 충실히 뒷받침하고 있는지는 편자로서도 자신이 없다. 특히 한국 측의 역사 인식을 다룬 글이 부족하여 내용적으로 일본 쪽으로 치우친 점이 있다. 그러나 모든 글들이 결국은 일본을 알려고 하는 지적 작업의 결실이라고 생각한다면 독자 여러분께서 일독을 하셔도 시간 낭비는 아닐 것으로 생각한다.

각설하고 지금 이 시점에도 한일 간에는 일본 근대산업유산의 유네스코 세계문화유산 등재에 있어 역사 왜곡 문제로 외교전이 한창이다. 멸시(蔑視)·경시(輕視)·무시(無視)·중시(重視) 등 글자에 시(視) 자 들어가는 단어가 있는데, 일본의 보수 우익계 인사들은 역사 문제에 있어 왜곡 이전에 한국을 '무시'하는 것 같다. 우리 속담에 '입은 비뚤어져도 말은 바로 해야 한다'는 말이 있다. 일본 속담에 '나가이모노니와 마카레로(長いものには巻かれろ, 강한 자에게는 복종해라)'라는 말이 있다. 옳고 그름과 강약, 역사에는 이 두 가지 요소가 다 작용하고 있다고 생각한다. 일본이 진심으로 한국을 중시(重視)할 때에 역사 왜곡은 멈출 것이다.

끝으로 좋은 글을 집필하여 주신 연구자 여러분과 이 책이 출간될 수 있도록 정성을 다하여 주신 재단 출판관계자 여러분의 노고에 진심으로 감사드린다.

2020년 6월
집필진을 대신하여
이원우 씀

차 례

제1장

황국사관과 전후 역사 문제(1945~1979)

- 한일 역사 문제 기원의 이해를 위하여

| 이원우 ■ 동북아역사재단 연구위원 |

1. 머리말

1945년 8월에 일본 제국은 아시아 · 태평양 전쟁에서 패했다. 그로부터 74년이 지난 오늘날의 상황은 74년 이전과는 모든 면에서 많이 변했다. 제국주의가 불식되고 민주주의가 확산되었으며, 또한 국책을 수행하기 위해 타국을 무력으로 침략해서는 안 된다.

한일 간에 있어서도 변화의 폭과 양상은 가히 극적이다. 한국은 남북이 분단된 채 서로 대치하고 있는 새로운 상황을 겪고 있지만, 일제의 식민지로부터 해방되었고, 자국 역사상 유례를 찾을 수 없을 정도로 번영을 누리고 있다.

일본도 군국주의에서 해방되어 민주화되었고, 타국의 지배(GHQ 시대)를 겪는 역사적 첫 경험을 겪었다. 또한 유례없는 경제성장을 이루어 경제대국의 지위를 차지하게 되었다.

한편으로 한국과 일본은 식민지 시대의 부(負)의 유산으로 한일 간에 '역사 문제' 또는 '역사 인식', '역사 인식 문제'라는 난제가 시간이 지남에 따라 그 강도가 더해 가는 상황에 처해 있다.

제2차 세계대전이 끝나고 자국의 전후 처리에 분주하던 시기에는 한일 간 역사(인식) 문제가 한동안 수면하에 침잠되어 있었다. 그러던 중 1965년 한일국교정상화 교섭 과정에서부터 일본 제국의 조선 식민지 통치와 관련된 문제에 대해서 양국의 역사(인식) 문제가 노정되기 시작했다.

최근에는 일제의 강제징용자들에 대한 한국 대법원의 배상 판결에 보복하는 형태로 일본 정부는 한국에 무역 보복 조치[1]까지 취하고 있다.

일본 제국의 조선 식민 통치의 결과로 한국은 남북 분단과 좌우 대립 문제가 남아 있지만, 한일 간에는 역사 교과서 문제, 야스쿠니 신사참배 문제, 일본군'위안부' 문제, 강제징용 배상 문제 등이 상존하고 있다. 이러한 역사(인식) 문제는 국내외 상황의 변화에 따라 큰 이슈로 부상하거나 소강상태로 잠복하기를 반복한다.

1980년대 초에 크게 이슈화된 역사 교과서 문제는 이제 5년마다, 야스쿠니신사 참배 문제는 매년 봄가을에, 일본군'위안부' 문제, 강제징용 배상 문제는 부정기적으로 이슈화를 반복하고 있다. 위에 언급한 역사적 '사건'들이 한일 간 '역사 문제'로 전화되는 데는 한일 양국의 역사 인식이 결정적인 역할을 했다고 본다.

그런데 어떤 역사적 사건에 대해 사람이나 국가를 포함한 집단이 특정한 '인식'을 가지려면 기본적으로 '자기'에 대한 인식(평가)이 선행되어야 한다. 자신이 스스로를 어떻게 규정하는가에 따라 타자(따라서 자타, 또는 타자가 관련된 역사적 사건)에 대한 인식도 성립하게 되는 것이다. 필자는 한일 간 역사 문제 기원의 가장 근간에는 완전히 청산되지 못하고 경우에 따라서는 증폭되기도 하는 일본의 황국사관의 변형된 잔재가 존재하고 있다고 생각한다. 본론에서 전전의 황국사관의 특징을 살펴보는 이유도 여기에 있다.

일본의 경우, 전전의 '황국사관' 등이 GHQ 통치 시기에 완전히 청산되지 못하고 지금까지 정치인을 비롯한 지배 계층, 일반 국민에까지 넓

---

1 http://biz.khan.co.kr/khan_art_view.html?artid=201907030600045&code=920501

게 확산되어 있어(다시 말해 생활 속에 스며들어 있어) 국내외 정치·경제 상황에 따라 일본 사회가 쉽게 보수 우경화되는 경향이 있다고 본다.

일반적으로 다양한 역사적 사건이 축적되면 먼저 자기와 자신이 속한 집단에 대한 평가(역사적 자(국)의식)에 변화를 가져오고, 그 결과로 어떤 형태의 역사 인식이 형성된다. 역사 인식은 자(국)의식인 동시에 자(국)의식을 통해 형성된 타자에 대한 인식이다.

일본인의 역사 인식은 메이지유신 이후 수많은 전쟁과 국내 개혁을 통해 형성된(물론 철저한 교육에 의한 측면도 적지 않다) 자(국)의식으로, 제2차 세계대전 직전의 황국사관은 그 결정판이라고 할 수 있다. 물론, 전후 일본인과 일본 정치 지도자들의 역사 인식이 전전의 황국사관과 다른 것은 당연하다. 시대적 배경이 다르기 때문이다. 그러나 주의해야 할 점은 일본 역사(교과)서에 기술된 '역사적 사건'에 대한 인식이 전전의 인식과 완전히 다를 것이라고는 속단할 수 없다. 현재의 세계를 보는 시각과 과거에 일어났던 역사적 사건을 보는 시각은 별도의 차원에서 분리해서 기능할 수 있다는 것이다. 바로 이러한 관점에서 일본 보수주의자들은 '역사 인식의 원형'으로서 황국사관을 중시하는 것이다.

이 글은 모두에 언급한 역사적 제 사건에 대한 한일 간 상호 인식과 역사 문제의 기원을 이해하고자 제1장에서는 최근 혐한류 담론의 특성을 살펴본다. 제2장에서는 근대 일본에서 중요한 정치적 사건 중 하나인 천황의 정치적 등장의 논리적 구조를 검토하고 그 의미를 천착한다. 제3장에서는 한일 간 역사 갈등의 근원인 황국사관의 특징과 폐해를 살펴보고 해방 후 1970년대까지의 일본 정치인의 역사 인식이 실질적으로 한일 간 역사 문제에 어떠한 영향을 미쳤는지 고찰하고자 한다.

2. 최근의 혐한류 도서의 특징

2019년 현시점에서는 그 기세가 약간 수그러진 듯하지만 일본의 서점가에서 여전히 일정한 독자층을 확보하고 있는 도서류가 혐한류(嫌韓流) 관련 도서다. 혐한류 도서의 공통적인 특징은 비합리적인 한국에 대한 이미지, 차별, 억지, 망상, 음모론 등이 주 내용을 이루고 있어, 어떤 의미에서는 지상(紙上)에서 행해지는 헤이트스피치와 유사한 느낌을 주고 있다.

혐한류 도서가 유행했던 4~5년 전에 간행된 몇 권의 예를 들면, 명백한 역사적 사실을 왜곡한다든가,[2] 한국을 의도적으로 무시해야 한다든가,[3] 아니면 특정 사항을 극대화하여 한국을 모욕하는 등의 내용[4]을 담고 있다. 이상의 특징을 무로타니 가츠미(室谷克実)의 혐한론 도서를 통

---

2 倉山満(2013), 『嘘だらけの日韓近現代史』, 扶桑社新書. 예를 들면, 구라야마 미쓰루는 이 책에서 관동대지진 시의 '조선인대학살'은 일본인이 코민테른의 사주를 받은 '불령선인'이 일으킨 폭동과 마주 싸운 결과로 일어났다고 주장하고 있다.

3 竹田恒泰(2014), 『笑えるほどたちが悪い韓国の話』, ビジネス社. 다케다 츠네야스는 이 책에서 일본인의 한국에 대한 관심이 높아진 요즘, 한국이 일본을 비난하더라도 일본은 이를 가볍게 상대해야 한다는 한국무시론(韓國無視論)을 전개하고 있다. 혐한본의 대부분의 논조가 애써 한국을 무시 내지 경시하는 경향이 있는데, 三橋貴明(2014), 『愚韓新論』, 飛鳥新社; 石平·呉善花(2014), 『もう′この国は捨て置け！―韓国の狂気と異質さ』, WAC; 倉山満(2014), 『真実の朝鮮史 [1868 - 2014] 』, ビジネス社 등도 마찬가지다. 후쿠자와 유키치(福沢諭吉)의 『脱亜論』(1885년)은 한국무시론의 상징적 글이다.

4 テキサス親父(2014), 『テキサス親父の大正論 韓国·中国の屁理屈なんて普通のアメリカ人の俺でも崩せるぜ!』, 徳間書店. 그(텍사스에 거주하는 토니 마라노씨)는 구 일본군이 일본군'위안부'와 섹스할 때 종이 봉지를 얼굴에 씌웠어야 했다는 비상식적이고 모욕적인 발언을 한 자다. 이외에도 室谷克実(2014), 『ディス·イズ·コリア 韓国船沈没考』, 産経新聞出版 등이 있다.

해 좀 더 살펴보도록 하자.

무로타니는 『惡韓論(악한론)』, 『呆韓論(매한론, 보칸론)』[5] 등의 저자로, 전지지통신 서울특파원을 지낸 인물이다. 무로타니는 한국 사회에서 일어난 어떤 사실을 인용하고 그것을 재료로 교묘하게 왜곡·확대해석하는 방식으로 한국을 폄하했다. 책 속의 내용을 몇 가지 살펴보자.

『악한론』[6]은 책 제목에서 알 수 있듯이 '한국이 나쁜 나라'라는 뜻이다. 무로타니는 머리말에서 한국인은 외국인, 특히 유색인종 외국인에 대해 처참할 정도의 차별을 하며, 비정상적일 정도의 학력 숭배, 병적일 정도의 직업에 대한 귀천 의식을 가지고 있는데, 이는 법률로 규정되어 있지는 않지만 현대적인 신분제도라고 할 수 있다[7]며, 현상을 과대 해석하여 오도하고 있다.

저자는 유일하게 역사 문제를 다루고 있는 서장(序章)에서 조선시대를 매우 뒤처지고 '악(惡)'의 시대로 묘사하고 있다. 그 예로 조선은 농업에 사용되는 양수 수차도, 물이 새지 않는 나무통(桶·樽)도 만들 수 없는 나라였으며, 공중목욕탕도, 지붕이 있는 상점도 없는 나라였다고 묘사했다. 이러한 인식 위에 유교의 나라라고 하나 서울 거주 여성의 반 정도가 성형을 했으며, 유교의 가치관이 '멸사봉공(滅私奉公)'이 아닌 '멸공봉사(滅公奉私)'의 형태로 명맥을 유지하고 있다[8]고 잘못된 인식을 일반화

---

5 『惡韓論』에 이어서 2013년 12월에 출간된 『呆韓論』의 내용은 기본적으로 『惡韓論』의 내용에 한국의 역사교육이 반일 교육이며 국제적으로 신뢰할 수 없다는 내용이 추가된 정도의 혐한론 도서다.

6 室谷克実(2013), 『惡韓論』, 新潮新書; 室谷克実(2013), 『呆韓論』, 産経新聞出版.

7 室谷克実, 『惡韓論』, 4쪽.

8 「조선시대부터 고쳐지지 않는 지병(李王朝の昔からの続く宿痾)」, 『惡韓論』, 「序章」 참조.

하여 '나쁜' 한국으로 유도했다.

무로타니는 이 같은 인식을 기본으로 본론에서 현대 한국을 대상으로 '나쁜' 한국론을 전개하고 있다. 몇 가지 서술을 예로 들면 다음과 같다.

'대학을 졸업하면 <u>양반</u>이 된다 → 대학을 졸업하지 않으면 양반이 될 수 없다 → 대학을 졸업하지 않으면 <u>노비</u>가 된다'[9](취직 재수 대국의 비참〈3장〉, 밑줄 인용자, 이하 같음)

'생산 현장에서 땀 흘리는 사람들은 어디까지나 냉대를 받고 있다. 그들 자신은 자기가 하고 있는 일에 자부심을 가지고 있지 않다. 아니, 자부심을 가질 수 없게 하는 <u>이왕조</u>(원문) 이래의 근로관이 지금도 한국 사회를 지배하고 있다.'(단기 퇴직자가 넘치는 나라에 장인은 없다[10] 〈4장〉)

'한국 직장에서는 상사나 라이벌을 제치기 위하여 주위에 남을 헐뜯는 일이 일상적인데, 같은 수법을 세계를 무대로 일본을 표적으로 하여 반복하고 있다.'[11](사기대국에 소송대국〈7장〉)

'신라는 당 황제가 여자를 공물로 바치는 것을 금지하는 칙령을 발포했는데도 몰래 공녀를 계속 바쳤다. <u>대국에 바칠 만한 뛰어난 수공업 제품을 만들 수 없었던 것</u>이 그 배경에 있다. 그리고 공녀로 갔던 미녀는 소임을 마치고도 당에 머물며 장사를 시작했다. <u>신라는 해외진출형 매춘의 선진국</u>이었다.'[12] (한국형 생활양식이 내포하는 매매춘 천국〈10장〉)

---

9 『悪韓論』, 74쪽.
10 『悪韓論』, 101쪽.
11 『悪韓論』, 133쪽.
12 『悪韓論』, 194쪽.

부연 설명은 생략하겠지만, 거의 창작 수준의 시대착오적인 역사 인식에 지나지 않는다. 조선시대를 병적으로 매도하고 그 영향으로 현대의 한국도 '나쁜' 나라라는 역사 인식과 한국 인식을 갖게 된 배경(원인)은 어디에 있을까? 필자는 이러한 '역사 인식'의 원형은 전후 일본의 민주화 과정 동안에도 완전히 청산되지 않고 현재까지 남아 있는 전전 황국사관(皇國史觀)의 잔재(殘滓)라고 생각한다.

주지하다시피 황국사관의 핵심은 국체론이며, 그 국체론의 핵심 요소는 천황이다. 다음 장에서는 탈정치화되어 있던 천황[13]이 어떤 계기로 정치적으로 등장했으며, 그때의 논리가 무엇이었는지 살펴본다.

---

13 에도 말기의 천황에 대한 연구의 예로, 高橋秀直(2007), 『幕末維新の政治と天皇』, 吉川弘文館; 藤田 覚(2013), 『幕末の天皇』, 講談社学術文庫; 家近良樹(2014), 『江戸幕府崩壊 孝明天皇と「一会桑」』, 講談社学術文庫 등을 참조. 논문으로는 이원우, 「近世日本の攘夷論と朝廷-효명천황의 양이관을 중심으로-」(日本學報, Vol.51, 2002), 「근세 말기의 일본의 왕권-鷹司政通과 효명천황의 관계를 중심으로」(『일본역사연구』, 제26집, 2007), 「효명천황과 '통상조약 칙허' 문제」(『역사학보』, 제208집, 2010), 「메이지유신과 테러리즘-일본 우익 탄생의 배경에 관한 기초적 연구-」(『한일 관계사연구』, 제58집, 2017) 등을 참조 바람.

3. 황국사관과 역사 인식

1) 해외웅비론의 역사적 맥락

'황위(皇威)[14]를 해외에 빛나게 하다'라는 상투 문구는 메이지유신기와 태평양전쟁 시기에 특히 맹위를 떨쳤다. 그리고 그 상투 문구하에 이루어졌던 각종 행위의 중심에는 늘 천황이 자리 잡고 있었다.

그러나 에도시대 후반기부터 서서히 등장하는 해외웅비론이나 해외경략론 또는 직설적인 해외침략론에 처음부터 천황이 전면적으로 등장한 것은 아니었다. 우선은 막연하게 일본(御國, 皇國)이라는 나라가 주체가 되는 경우가 많았다. 사토 노부히로(佐藤信淵, 1769~1850)의 다음과 같은 주장이 한 예이다.

일본(皇大御國)은 대지 위에 최초로 세워진 나라로 세계 만국의 근본이다. 그러므로 그 근본을 잘 다스릴 때에는 전 세계를 모두 (일본의, 인용자) 군현으로 만들 수 있으며, 만국의 군장(君長)들을 모두 신복으로 삼을 수 있다.[15]

---

14 이외에도 국위(國威), 신주지위(神州之威) 등의 용어가 사용되었다.

15 「皇大御國（日本）ハ大地ノ最初ニ成レル國ニシテ世界萬國ノ根本也. 故モ能ク其根本ヲ經緯スルトキハ即全世界悉ク郡縣ト為スヘク, 萬國ノ君長皆臣僕ト為スヘシ」, 佐藤信淵(1977), 『混同秘策』, 日本思想大系45, 岩波書店, 426쪽.

타국을 탈취하는 방법은 약해서 취하기 쉬운 곳부터 시작하는 것을 기본으로 한다. 현재 세계 만국 중에서 일본(皇國)의 입장에서 탈취하기 쉬운 토지는 중국(支那國)의 만주보다 빼앗기 쉬운 곳은 없다.[16]

이러한 패턴은 막부 말기의 요시다 쇼인(吉田松陰)에게 있어서도 마찬가지였다. 조선과 유구를 일본의 영향력 아래에 두고, 캄차카·오호츠크·만주·타이완과 필리핀의 루손섬을 빼앗아야 한다고 주장[17]했지만, 아직 현실의 천황은 전면에 등장하지 않고 있었다.

널리 알려진 것처럼, 탈정치적 존재에서 천황이 현실 정치의 전면에 등장하는 것은 도쿠가와막부의 개국·통상조약 무단 체결을 계기로 이루어진 정치 과정에서였다.[18] 그러나 당시의 고메이(孝明) 천황이 정치 무대에서 주도적 활약을 한 시기는 1858년 전반기다. 그 이후에는 막부, 사츠마·초슈 등의 유력 번과 양이 지사들에 휘둘려 정치적 주도권을 제대로 취하지 못하고 생을 마감했다.

한일 간의 역사 관계와 역사 인식, 특히 제2차 세계대전 전의 황국사관과 패전 후 그 잔재의 영향을 전제로 할 때, 누구에 의해 어떠한 논리

---

16 「他邦ヲ經略スルノ法ハ弱クシテ取リ易キ処ヨリ始ルヲ道トス. 今ニ當テ世界萬國ノ中ニ於テ皇國ヨリシ テ攻取リ易キ土地ハ支那國ノ滿州ヨリ取リ易キハナシ」, 佐藤信淵, 위의 책, 430쪽.

17 「幽囚録」, 山口県教育会編(1973), 『吉田松陰全集』第二巻, 大和書房, 54쪽, 〈外征論〉, 동 451쪽 참조.

18 이원우(2002), 「近世日本の攘夷論と朝廷: 孝明天皇の攘夷觀を中心に」, 한국일본학회, 『일본학보』, 51, 477~491쪽. 동(2017), 「메이지유신과 테러리즘-일본우익탄생의 배경에 관한 기초적 연구-」, 『한일 관계사연구』, 58집. 동(2007), 「근세 말기의 일본의 왕권-다카츠카사 마사미치(鷹司政通)와 효명천황과의 관계를 중심으로-」, 『일본역사연구』, 26권, 81~103쪽도 참조.

로 천황(또는 황실)이 정치적으로 이용(대두)되었는지를 보다 세밀하게 관찰할 필요가 있다. 이러한 관점에서 필자는 1862~1863(분큐2-3)년경에 초슈번(長州藩)이 획책했던 항해원략론(航海遠略論)에 주목하고자 한다. 주지하다시피 초슈번은 메이지유신의 주역이며, 이토 히로부미가 상징하듯 초슈번 출신자들은 근대 일본 건설의 정치적 주역이다. 따라서 그들의 정치적 담론과 슬로건이 그대로 근대 일본 사회를 지배했을 것이라는 것은 쉽게 이해된다.

항해원략론은 1862년, 초슈번의 나가이 우타(長井雅楽)[19]가 막부와 조정 사이에 설파한 공무합체를 기반으로 한 '개국'론이다. 먼저 '항해원략론'의 등장을 이해하기 위해서는 당시의 정치적 상황을 이해할 필요가 있다.

서구 열강에 연패하는 중국 상황을 언급하면서 개국을 압박하는 미국의 요구에 굴복하여 막부는 1858년 6월에 미일수호통상조약을 체결하였다. 이에 격노한 천황은 주저하는 공가(귀족)들을 독려하여 격렬하게 조약 체결에 반대하였다. 개막(開幕) 이래로 막부 통치의 정당성과 권위 부여 역할을 했던 천황(조정)과 막부는 여기에 이르러 분열하기 시작한 것이다.

---

19 나가이 우타(長井雅楽, 1819. 6~1863. 3)는 막말의 초슈번 가로. 사료에는 도키츠네(時庸)로 보인다. 초슈번의 명문가 출신으로 어려서부터 총명했다. 1858년의 직책은 번주 가까이서 근무하는 지키메츠케(直目付)로, 개국(開国)과 공무합체(公武合体)를 주장했다. 에도막부의 의뢰로 정치적 대립이 심했던 조정과의 화해를 위해 노력했다. 1861(文久1)년 12월에 번주와 함께 에도로 가서 로주인 구제 히로치카(久世広周)와 회견했다. 나가이가 주장했던 항해원략책(航海遠略策)의 요점은 일단 개국한 뒤 국내의 힘을 통합하여 양이를 하자는 것이었으나, 번론(藩論)이 즉각 양이(攘夷)로 기울자 실각하여 1863년 할복했다.

이러한 상황하에서 조정(公)과 막부(武)를 화해시키고자 도자마 다이묘였던 사츠마나 초슈번 등이 주선을 하기 시작했다. 정치로부터 배제되어 있던 천황(조정), 도자마 다이묘들이 막부 정치에 관여하기 시작한 것은 전대미문의 일이었다. 막말이 되면 전대미문의 사건이 잇달아 터지고 이러한 사건의 종착점이 메이지유신(1868)인 것은 너무나도 유명한 일이다.

앞서 언급한 항해원략론은 1862년에 당시 초슈번주 모오리 다카치카(毛利敬親, 13대)의 뜻을 받들어 번의 방침(藩是)으로 막부의 개국 정책을 지지하는 내용이지만, 이때 천황(조정)을 설득하는 논리가 이후의 정치사를 시야에 넣을 때 간과할 수 없는 내용이 있다. 그러나 최근의 항해원략론 연구 중에는 '근왕(양이)' 대 '좌막(개국)' 관점에서 나가이의 항해원략론은 조정을 모독하고 막부를 옹호하는 개인적인 견해라고 보는 견해[20]도 있다.

나가이의 항해원략론은 건의서의 일종으로 『효명천황기(孝明天皇紀)』(3권)의 1861년 6월 2일 조[21], 1862년 4월 12일 조[22]에 실려 있다. 당시 의주(議奏)였던 오오기마치산조 사네나루(正親町三条實愛)를 통하여 고메이 천황에게 상주된 의견서에서는 막부가 미일통상조약 체결을 하게 된 배경, 국내 상황 등을 다음과 같이 논평하고 있다.

---

20 相島宏美(2017. 6), 『二つの航海遠略策』, 山口県地方史研究(山口県地方史学会), 第117号 참조.

21 平安神宮, 『孝明天皇紀』(第三), 宮内庁蔵版, 有隣堂印刷株式会社, 昭和四十二年十二月, 609~621쪽.

22 『孝明天皇紀』(第三), 827~835쪽.

최근에 교활한 적들이 창궐하게 되어 국위가 날을 좇아 제자리걸음하다가 지금에 이르러서는 쇠락이 심하다. 황국 미증유의 대난(大難)은 … 수백 년의 태평세월에 무도(武道)가 땅에 떨어지고 무비(武備)가 쇠퇴·이완되어 적의 협박에 놀라 쉽사리 조약을 체결하여 마침내 오늘에 이르게 된 것은 분한 일이다.[23]

요컨대 장기간 지속된 평화로 말미암아 무비가 불충분하여 미국의 압력에 굴복하여 미일통상조약을 맺게 되었다는 것이다. 그리고 통상 조약을 파기하여 쇄국 체제로 돌아갈 수도, 개국 통상을 더욱 추진할 수도 없는 진퇴양난의 상황이라고 진단한다. 그런 다음 개국·통상을 지지하는 논리를 다음과 같이 개진했다. 조금 긴 문장이나 중요하므로 인용한다.

쇄국이라고 하는 것은 300년쯤 이전의 규정으로 시마바라(島原)의 난 후에 특별히 엄중하게 준수된 규정입니다. 그 이전에는 외국인들도 일본에 체류하는 것이 허용되었고, 또한 일본이 융성했을 때에는 교토에 홍려관(鴻臚館)이 세워졌던 일도 있었다고 하므로 전적으로 (쇄국은, 인용자, 이하 같음) 황국의 구법(舊法)이라고 말할 수도 없을 것입니다. 이세신궁의 신탁(誓宣)에는 태양이 비치는 곳은 황화(皇化)를 미치게 해야 한다고 하는 것인바, 햇빛이 비치지 않는 나라나 빙해(氷海)는 모르나 해가 비치는 곳은 모두 지배를 해야만 하는 것이므로 쇄국은 결코

<hr />

23 『孝明天皇紀』(第三), 611쪽.

신의 뜻(神慮)에 맞지 않습니다. 사람의 자손은 귀한 사람이나 천한 사람 구분 없이 조상의 뜻을 이어받는 것을 효라고 합니다.

그 옛날 신공황후가 삼한을 정벌하였던 것도 오로지 신조(神祖, 아마테라스 오미카미)의 뜻을 이어받은 일로써 매우 큰 효도라고 지금도 칭송되고 있습니다. 중세 시대(中古)에는 해외의 사정이 분명하지 않는데, 삼한 이외에 나라가 더 있다는 것을 (천황은) 듣고 있지 않습니다. 만약 듣고 알았다면 정벌하는 일이 삼한에 머무르지 않았으리라 생각합니다. 그런데 지금 오대주(五大洲)에 더 많은 나라가 있다는 것을 알게 되었을 뿐만 아니라 그런 나라들이 거리낌 없이 황국(일본)에 내항한 데다 황위(皇威)를 멸시하는 행위를 쇄국정책으로 막으려고 하는 것은 신조의 신탁에도 어긋날 뿐만 아니라 신의 뜻도 어떠할지 짐작할 수도 없어 정말로 황공하기 이를 데 없습니다. (중략) 바라옵건대 신조의 뜻을 계승하셔서 쇄국을 고수하고자 하는 (천황의) 생각을 바꾸셔서 황위를 해외로 떨치시어 오대주로부터 조공을 모두 황국으로 가져오지 않으면 용서하지 않겠다는 국책(國是)을 일단 세우신다면 전화위복이 될 것이며 적(黠夷, 서구 열강)들의 협박을 억제하고 황위를 해외로 떨칠 날도 또한 멀지 않을 것으로 생각합니다. (중략) 점차 황국의 무위(武威)를 배경으로 오대주로 활보하여 적들 스스로가 황국의 무서움을 알아 요구하지 않더라도 황국에 조공을 바칠 때를 기다려야 합니다.[24]

급속히 항해(航海)의 방책을 취하여 무위를 해외에 떨치시어, (중략) 황국이 오대주를 압도하는 일은, 즉 신조의 신탁에 부합하며 만세불후

---

24 『孝明天皇紀』(第三), 614~615 쪽.

의 막대한 대업이라고 생각합니다.[25]

인용문의 앞부분에서는 쇄국이라는 국법이 그리 오래된 법이 아니며, 천황 조상의 신탁은 만방에 황화(천황의 덕을 미치게 하는 일)를 해야 하며, 그것이 조상신들의 뜻이라고 한다. 그리고 조상의 뜻을 받드는 게 효라며 다음 단락의 도입부를 이루고 있다.

당시 전쟁을 불사하고라도 쇄국이라는 구법으로 복귀해야 한다고 강력하게 주장하고 있었던 고메이 천황을 설득하기 위해서 천황가 조상의 신탁이 만방에 황화를 이루는 것이며, 그 조상의 뜻을 받드는 것이 효라는 논법을 구사하고 있음을 알 수 있다. 그래서 신공황후의 삼한 정벌은 대효(大孝)라고 칭송받고 있다고 한다. 그리고 그리 멀지 않은 시대까지만 해도 외국과의 교류는 일상적으로 이루어졌다고 역사적 사실을 들어 설명하고 있다.

다음 단락에서는 천황의 쇄국 주장을 버리고 조상의 뜻에 따라 무위를 바탕으로 황위를 오대주에 떨치기 위해서 항해책(개국)을 선택해야 하며, 그것은 곧 신조의 신탁에 부합하며 만세불후의 큰 업적이라고 설득하고 있다.

메이지유신 이후의 일본 제국이 걸어온 길을 연상하게 하는 이 논법은 1945년 패전 직전까지 맹위를 떨쳤던 '천양무궁의 신탁'론과 '팔굉일우'론을 근간으로 한 황국사관의 논리와 매우 흡사하다. 이를 고려할 때 나가이 우타의 항해원략론을 단순히 '근왕(양이)' 대 '좌막(개국)' 관점

25 위의 책, 616쪽.

에서 고찰하는 것은 일면적 고찰이라고 하지 않을 수 없다.

근대 일본이 걸어온 역사적 사실과 한일 간의 역사 인식을 문제시할 때 '황위를 빛나게 한다', '황화를 수행한다'는 해외웅비(→팔굉일우)론은 쇄국에서 개국으로의 전환에 따른 대응 논리(고메이 천황을 설득하는 논리)-초슈의 정치적 슬로건-로서, 이후 메이지유신을 거쳐 일본 제국의 '구호'가 되었다고 해도 크게 틀리지 않을 것이다.

1877년의 서남 전쟁 후 메이지 정부에서 주도권을 장악하게 된 구 초슈번 출신의 정치 지도자들, 특히 육군 지도자들에게 있어서 '황위를 빛나게 한다', '황화를 수행한다'는 해외웅비론은 너무나 낯익은 정치 지도 이념이었다고 생각한다. 대한제국, 나아가서는 해방 후 한국에 대해서까지 한 등급 낮추어 보는 근대적 대한(對韓) 인식의 기원이 '쇄국과 개국'이라는 막말의 정치 과정 속에서 잉태되었다는 것은 주목할 필요가 있다.

2) 역사 인식으로서의 황국사관의 성립과 특징

'황국사관(皇國史觀)'이란 용어는 오늘날 일부의 일본인을 제외하고는 부정적인 측면에서 언급되는 경우가 많다. 물론 한국인에게는 전부정적(全否定的)인 측면에서 언급되는 역사적 용어다. 패전 후 황국사관은 '신들리고, 비합리적이며, 주관적인 역사관이다'라고 비판을 받았다. 황국사관은 '일본의 역사를 천황 중심으로 기록·이해하는 역사관'이라고 초보적인 개념 정의를 할 수 있지만, 관련 연구자 모두가 이구동성으로

개념 정의가 어렵다고 말한다.[26]

필자의 짧은 지식으로도 황국사관의 개념과 그 내용을 서술하기 위해서는 『고사기』・『일본서기』와 같은 고전과 국학(國學)에 대한 이해 그리고 일본 근세・근대사에 대한 기초지식을 바탕으로 한 다음, 전 시기에 출간된 『국체의 본의(国体の本義)』(文部省敎学局編, 1937), 『신민의 도(臣民の道)』(동, 1941), 『국사개설(国史槪説)』(상・하)(文部省編, 1943), 『대동아사개설(大東亜史槪説)』(동, 미간행) 등과 같은 황국사관 관련 기본 저작물을 이해해야만 용어의 개념과 내용을 나름대로 파악할 수 있다고 생각한다.

역사철학 또는 정치사상적 연구 대상으로서의 황국사상은 그 안에서도 전통적인 국체론을 바탕으로 한 황국사관(주로 문부성의 입장)과 '신민'들의 주체적인 의식을 강조한 '신황국사관'[27]이 대립하는 등 세부에 있어서는 결을 달리하는 주장들이 다수 존재한다.[28]

황국사관의 호칭 또한 강조하는 내용과 관점에 따라 다양하게 불렸다. 군국주의 사관, 영미타도 사관, 국체 사관, 황도 사관, 천양무궁(天壤無窮) 사관, 만세일계 사관, 나카이마(中今) 사관, 팔굉일우(八紘一宇) 사관,

---

26 永原慶二(1983), 『皇国史観』, 岩波ブックレット〈no.20〉; 田中卓(1984), 『皇国史観の対決』, 皇學館大學出版部; 昆野伸幸(2007), 『近代日本の国体論: 〈皇国史観〉再考』, ぺりかん社; 長谷川亮一(2008), 『「皇国史観」という問題－十五年戦争期における文部省の修史事業と思想統制政策』, 白澤社; 박진우(2008), 『皇國史觀에 관한 通時代的 硏究』, 동북아역사재단 등 참조.

27 히라이즈미 기요시(平泉澄)파에 대표되는 국체관으로, 요약하면 천황의 신격화나 神代와의 연속, 아마테라스 오미카미와 일체, 신칙의 위광 등에 천황의 존엄을 구하는 것이 아니라 개개 천황의 행위, 천황 개인의 인격을 존중하는 내용을 가지고 있었다. 昆野伸幸의 위의 책 312쪽 등 참조. 덧붙여 이 논문에서는 역사관 또는 정치사상 연구 목적으로 황국사관 대상으로 하고 있지 않음을 밝혀 둔다.

28 황국사관 내의 대립과 차이에 대한 연구로는 昆野伸幸의 『近代日本の国体論: 〈皇国史観〉再考』가 상세하다.

국체호지(國體護持) 사관 등이다.

선행 연구가 지적하듯이 황국사관은 고대로부터의 전통적인 국체 관념에 막말·메이지 초기의 국학사상 그리고 근대에 들어와서 각 시기마다 국내외로부터의 위기 상황에 대처하기 위한 사유의 결과로 형성된 것이다.[29]

오늘날 한일 간에 정치, 경제뿐만 아니라 양국 국민의 일상생활에까지 영향을 미치는 역사 문제는 그 근원에 일본인의 역사 인식으로서의 황국사관이 은연하게 영향을 미치고 있다.[30] 이 절에서는 전후 한일 간의 여러 가지 역사 문제의 기원을 이해하고자 전전, 전중 시기(아시아·태평양전쟁 시기)에 문부성이 주도해 작성하고 유포시킨 (전통적인 국체관에 입각한) 황국사관의 형성 과정과 주요 내용을 간략히 살펴본다.

개인이나 집단, 또는 국가가 어떤 역사관(인식)을 지니기 위해서는 국내외의 역사 경험을 통해 자기 인식을 정립함과 동시에 타자 인식을 형성해야만 양자 간에 어떤 형태의 역사관(인식)이 형성된다. 일본은 고대 및 중·근세는 차치하고라도 막말·메이지 초기의 쇄국에서 개국이라는 전대미문의 큰 역사적 경험을 함으로써 '국체관(國體觀)'을 중심으로 한 독특한 자아 인식을 한층 더 시대 상황에 맞게 구축하게 되었다.

---

29 長谷川亮一, 『「皇国史観」という問題―十五年戦争期における文部省の修史事業と思想統制政策』 참조.

30 중국의 공산화(1949), 한국전쟁(1950~1953)을 거치는 동안 일본의 민주화와 비군사화가 불철저하게 끝나고 공직에서 추방되었던 다수의 군국주의자가 대거 복귀함으로써 인적·사상적 측면에서 황국사관은 그 명맥을 유지하게 되었다. 전쟁 수행을 위한 인적 동원 수단으로서 황국사관의 역할은 종지부를 찍었지만, 히라이즈미 기요시 제자들(村尾次郎 등)의 교과서 조사관으로서의 문부성 재직은 교과서를 통한 황국사관류의 사관이 온존하는 계기가 되었다.

국체론

우선, 황국사관의 핵심요소라고 할 수 있는 국체론에 대해서 간단히 살펴보기로 하자. 일본 근대의 출발인 메이지유신은 기존의 모든 정치 제도의 파괴에서 출발했다. 구 막부의 장군직을 비롯한 모든 직책과 조정의 관백을 비롯한 모든 직책을 폐지한 유신 정부는 총재·의정·참여라는 3직을 급조한 채 출발했다.

현실을 따라갈 수 없는 제도의 불비로 3직 7과제(三職七科制, 1868년 1월), 3직 8국제(三職八局制, 동년 2월), 정체서관제(政体書官制, 太政官 3권분립, 1868년 윤4월), 2관 6성제(二官六省制, 1869년 6월), … 내각제도(태정관제 폐지, 1885년 12월), 대일본 제국헌법(1889년 2월)하의 내각제도 성립으로 현란하게 바뀌던 관제도 일단 안정을 취하게 된다.

한편, 일본의 정체성인 국체 관념도 유신 이후 국내외적 상황에 대응하는 형태로 그 이론적 내용을 강화, 변경해 갔다. 국체와 관련해 다양한 견해가 있을 수 있지만, '만세일계인 천황에 의한 통치'라는 관념에는 모두 동의하고 있다. 그리고 '만세일계인 천황에 의한 통치'의 근거를 『일본서기』의 신대(神代) 하권(下卷) 제9단에 본문을 설명하기 위해 인용된 설명문의 한 구절에 있는 '천양무궁(天壤無窮)의 신칙(神勅)'에서 찾고 있다.[31]

아마테라스 오미카미의 후손이 일본을 통치해야 한다는 구절이 일본서기의 본문에 기술되지 않았다는 것은 고대에는 전전·전중기의 황국사관에서처럼 천황 통치의 '영원성'을 절대적으로 보지 않았다고 볼 수도 있다.

---

31 長谷川亮一의 위의 책, 62쪽.

그러나 국체의 핵심 내용인 '천양무궁의 신칙' 담론이 1889년 대일
본 제국헌법(메이지헌법)에 의해서 헌법의 고문(告文)과 제1조에 규정됨으
로써 이론의 여지없는 역사적 사실이 되었다.[32] 메이지헌법을 기초한 이
토 히로부미는 그의 헌법 해석서인 『헌법의해(憲法義解)』에서 '아마테라
스 오미카미의 개국 이래, …일계인 황통, 황위의 융성은 천지와 더불어
끝남이 없다. …우리 일본 제국은 일계의 황통과 더불어 시종하며, 고금
영원히 이어지고…'라고 설명하고 있다.[33]

이와 같은 '천양무궁의 신칙'론은 1892년의 구메(久米) 사건,[34] 1911년
의 남북조정윤 문제(南北朝正閏問題),[35] 1935년의 국체명징운동(国体明徴運動,
천황기관설 문제)[36] 등을 거쳐 거론 자체가 불경스러운, 자명한 역사적 사실

---

32 고문의 시작 부분에 '…나는 영원히 계속될 하늘과 땅처럼 언제까지나 계속되도록 하고
자 하는 뜻에 따라 신의 자식으로 천황위를 계승하여(皇朕レ天壤無窮ノ宏謨ニ循ヒ惟神ノ宝祚ヲ承継
シ)…'로 되어 있으며, 대일본 제국헌법 제1조에는 '대일본 제국은 만세일계인 천황이 일본을
통치한다(大日本帝国ハ万世一系ノ天皇之ヲ統治ス)'고 되어 있다. 塩野宏외 편(1990), 『小六法』, 有斐
閣, 29쪽 참조.
33 伊藤博文 저, 宮沢俊義 교주(1982), 『憲法義解』, 岩波文庫, 22쪽. 이런 류의 관념은 고대부터
이어져 왔으며 노리토(祝詞)나 센묘(宣命)에 잘 나타나 있다. 文部省社会教育局(1932), 『祝詞宣
命』, 日本思想叢書第4編 참조.
34 남북조시대(1336~1392) 이래, 늘 논의가 되어 왔던 문제로 메이지기에 들어서 『大日本編年
史』 편수위원이었던 구메 구니다케(久米邦武, 1839~1931)가 『史学会雜誌』(1891)에 투고한 글 속
에 '신도는 하늘에 제사를 지내는 옛 풍속'이라는 문구가 국체론의 기반을 흔드는 것이라고
비판받아 공직(동경제국대학 교수 등)에서 물러난 사건이다. 이 사건을 계기로 천황이나 국체의
기원에 대해 거론하는 것 자체가 터부시되었으며 역사 연구와 역사교육은 별개의 것이라는
경향이 강화되었다. 長谷川亮一의 위의 책, 60~64쪽.
35 국정교과서에 남북조가 병기되어 있는 것이 문제가 되어 정치적(제2차 가쓰라 내각)으로 남조
를 정통으로 하는 것으로 결론이 났다. 이 사건을 계기로 학문 연구와 국민교육은 완전히
구별되었다. 동 64쪽.
36 천황을 국가통치기구상의 하나의 기관으로 보는 미노베 타쓰키치(美濃部達吉)의 천황기관설

로 자리를 굳히게 되었다. '신칙'이 '국체'를 결정하는 것이 아니라 '국체'
는 처음부터 불변이며 신칙은 그것을 나타내는 것에 불과한 것이다.[37]

이처럼 메이지, 다이쇼, 쇼와기를 거치는 동안 국내적으로는 다이쇼
데모크라시라는 사회 중시의 시대가 가져온 사상적 이완 내지 혼미 상
황과 더불어 쇼와 시기의 대외적 침략 상황이 어우러져 위기의식을 강
하게 느낀 지배 계층은 한층 더 국체론에 몰입하게 된다.

다이쇼기의 사상적 혼미를 경험한 다음, 쇼와금융공황(1927), 산둥 출
병(1927~1928.9), 장쭤린(張作霖) 폭살 사건(1928), 세계대공황(1929), 하마구
치 오사치(浜口雄幸) 수상 저격 사건(1930), 만주사변(1931), 제1차 상하이사
변(1932), 5·15사건(1932), 국제연맹 탈퇴(1933), 국체명징운동(1935) 등 국
내외적 위기 상황의 빈발과 더불어 '국체'는 완만하고도 포괄적인 규범
에서 사상과 현실을 강력하게 규제하는 사상으로 변해 갔다.[38]

국체명징운동을 계기로 문부성은 1937년『국체의 본의(国体の本義)』를
발간한다. 이 책에서는 일본 역사의 시작을 '아마테라스 오미카미가 신
칙을 황손에게 수여하여 미즈호국(瑞穂の国)에 천손이 강림했을 때'로 규
정하고, 천황은 '천황조상신(皇祖皇宗)과 일체이며 영원이 신민·국토의
생성 발전의 본원으로 한없이 존엄한 분으로 일본을 통치하시는 현인
신이다'라고 규정했다.[39] 일본 신민과 일본 국토는 천황과 그 근원을 같

(天皇機関説)이 입헌정우회, 군부, 우익 등의 공격으로 1935년 2월(1차 국체명징운동)과 9월(2차 국체
명징운동) 두 차례에 걸친 공격으로 학계에서 축출된 사건.
37 長谷川亮一,『「皇国史観」という問題-十五年戦争期における文部省の修史事業と思想統制
政策』, 69쪽.
38 長谷川亮一의 위의 책, 70쪽.
39 長谷川亮一의 위의 책, 77쪽.

이하며, 신민은 그들의 조상이 그랬듯이 천황에게 무한의 봉사를 해야 하는 존재로 자리매김되어졌다.

이러한 국체관에 따라 자연히 '일본국 황제'는 '대일본 제국 천황'(특히 만주국 황제를 의식해서)으로, '제국'은 '황국'으로 표기·호칭하게 되었다.[40] 1943년 문부성이 간행한 『국사개설(国史概説)』(상·하)은 태평양전쟁 수행을 위한 국민정신 동원을 극대화하기 위해 종래의 국체론을 보다 철저화했다.

팔굉일우(八紘一宇)론

신대(神代)를 존중하고 천황 통치의 영원성 속에서 '中今(나카이마)'라고 하는 시간 의식, 자연적 일본인관에 입각한 전통적인 국체론은 1930년대 일본 제국이 대외 침략을 확대함에 따라 이를 합리화·정당화하고자 일본의 국체를 공간적으로도 무한히 확대할 수 있는 논리가 필요해졌다. 국체 관념 자체가 고대 천황 지배의 정당성을 확보하기 위한 담론이라고 본다면 1930년대의 시대 상황에 맞게 국체론을 재구성한다고 해서 이상할 것은 하나도 없다. 지배 이데올로기의 탄생 자체가 당시의 상황에 적응하기 위한 필요로 창출되었다면 '팔굉일우'론도 전통적인 국체론 안으로 포섭되어야 할 당위성이 있는 것이다.

팔굉일우라는 용어는 『일본서기』 권3의 진무천황 즉위 전 기미년 3월 정묘조의 '령(令)'에 있는 내용을 근거로 일련종계의 불자인 다나카

---

40 長谷川亮一, 『「皇国史観」という問題-十五年戦争期における文部省の修史事業と思想統制政策』, 80~92쪽.

치가쿠(田中智学)가 만든 조어라고 한다.[41] 팔굉일우의 문장적 의미는 '세계를 하나의 가족으로 삼는다'는 뜻으로, 원래는 문화적 의미로서 하나의 가족을 의미했다. 그러나 현실적으로는 괴뢰국인 만주국 건국(1932)으로 천황의 지배 영역이 확장되었을 뿐만 아니라 1937년 중일전쟁으로 국민들을 총동원해야 할 필요성이 제기되면서 팔굉일우의 관념은 '천양무궁의 신칙'론과 마찬가지로 일본 국가의 시작(肇國)과 더불어 국시로서 요청된 관념으로 선전되었다.[42]

이러한 팔굉일우 사상은 제2차 세계대전 본격화와 더불어 '조국(肇國)의 정신', '황국의 국시'로 자리매김되어 대동아공영권 건설을 위한 슬로건으로 활용되었다.[43]

4. 황국사관의 폐해와 전후 일본 지도자들의 대한망언

제1장에서 살펴본 최근 일본 내의 혐한류 도서의 내용 및 발상 자체는 오늘날 갑자기 창안된 내용들이 아니다. 이미 철 지난 황국사관의 조선멸시관에 근거를 둔 독선적·비합리적인 역사관이 정제되지 않은

---

41 長谷川亮一, 위의 책, 95~98쪽, 참조.
42 長谷川亮一, 위의 책, 99~100쪽, 참조.
43 長谷川亮一, 위의 책, 105쪽.

채로 표출된 것이라고 할 수 있다.

여기에서는 황국사관의 문제점을 살펴보고, 패전 후 1970년대까지 일본 지도자들의 대한망언이 황국사관과 어떤 연관성이 있는지 간략히 살펴보겠다.

게이지 나가하라(永原慶二)는 1982년의 일본 역사 교과서 문제에 촉발되어 집필한 『황국사관』(1983)에서 황국사관과 연관성을 가지는 교과서 검정 시의 역사관 문제로 ① 일본 역사, 특히 지배 계층의 정책이나 행위를 미화한다 ② 일본 제국주의나 전쟁 책임을 극력 은폐하려고 한다 ③ 역사상 민중의 의미와 역할을 가능한 한 저평가한다 ④ 역사교육의 목적을 진리 학습이나 과학적 사고의 육성에 두지 않고 국가나 지배 계층과 관련된 특정한 가치관을 강요한다 등을 들었다.[44] 설명이 필요 없을 만큼 ①~④항은 서로 유기적으로 연관되어 있음을 알 수 있다.

이러한 역사관은 전전 황국사관과 질적으로 차이가 없다. 나가하라는 황국사관의 특징으로, ① 절대적 가치를 갖는 국체론(천황 통치의 정통성·영원성, 천황에의 모순 없는 귀속 등) 절대 신봉 ② 천황에 대한 절대적 봉사 행위 이외의 민중의 행위에는 거의 가치를 두지 않는다 ③ 제국주의적 침략과 타민족 지배, 전쟁에 대해 일관된 긍정과 찬미, ④천황제 국가와 일본 제국주의를 정당화하기 위한 비합리적 역사관(신칙, 천손강림 등) 강요 등을 들었다.[45]

비현실적(과학적)인 자기 인식, 한국을 식민지화하기 위한 일체의 행위

---

44 永原慶二, 『皇国史観』, 5~14쪽 참조.
45 永原慶二, 위의 책, 15~31쪽 참조.

들, 이후 대륙과 동남아시아로의 침략 전쟁 등은 황국사관과 분리해서는 생각할 수 없는 일들이다. 문제는 패전 후에도 황국사관과 관련 있는 사상적·인적·제도적 청산이 불철저하게 끝남으로써 역사 문제가 동북아시아의 현재 및 미래를 불안하게 하는 요소로 상존하고 있다는 것이다. 비현실적인 자기 인식과 타민족 지배를 정당하게 생각하는 국체론의 영향으로 메이지유신 이래 패전까지의 일본 신문, 잡지, 저작물 속의 한국 멸시 인식은 너무나 많다. 이러한 경향은 해방 후 일본 정치인의 한국에 대한 인식에서도 쉽게 찾아볼 수 있고, 황국사관의 잔재가 해방 후 한일 관계에 어떠한 영향을 미쳤는지 쉽게 이해할 수 있다.

미국은 일본의 패전 후 동북아시아에 반공 체제를 구축하고자 한국과 일본 양국 간에 대화와 화해를 희망했다. 이에 따라 한국전쟁 중인 1952년 2월부터 한일 간 회담이 시작되었다. 회담은 '한일 기본관계 조약 문제', '재산청구권 문제' 등을 의제로 다루었으나 일본인 재산권 청구 문제로 난항을 거듭했다. 그러던 중 전쟁이 끝난 1953년 10월, 제3차 한일회담의 재산청구권분과위원회에서 일본 측 대표인 구보타 간이치로(久保田貫一郎)가 일본의 조선 식민 통치에 대해 '당시 일본이 조선을 식민지로 하지 않았으면 중국이나 러시아가 조선을 식민지로 삼았을지도 모르며, 일본의 조선 식민지 지배는 조선을 근대화시킨 부분도 있다'는 취지의 발언을 하여 회담은 결국 결렬되었다.[46]

현대 한일교섭사에서 '구보타 망언'은 망언의 효시로 자리매김했다. 이러한 발언 내용과 인식은 현재도 일본의 지배 계층 사이에서는 은연

---

46 高崎宗司(2002), 『「妄言」の原形–日本人の朝鮮観』, 木犀社, 224~251쪽 참조.

중에 공유되고 있다고 생각한다. 왜냐하면 오늘날까지 일본 정치인들에게서 구보타 류의 발언이 이어지고 있기 때문이다. 1983년 김동조(제7차〈1965년〉 한일회담 한국 측 수석대표)는 1982년의 한일 역사 교과서 왜곡 문제도 결국은 구보타 망언의 연장선상에서 이루어진 일본인의 한국에 대한 역사 인식의 발로[47]라고 발언했는데 문제의 핵심을 찌른 지적이라고 할 수 있다.

일본 제국에 의한 한국 강제병합이 합법적이라며 식민 통치를 미화하는 일본 정치인의 망언은 독도영유권 문제, 일본군 '위안부' 문제가 더해져 현재도 진행형이다. 시나 에쓰사부로(椎名悦三郎)의 '한국 강제병합 합법론·식민 통치 미화' 견해(1963년),[48] 다카스기 신이치(高杉晋一, 제7차 한일회담 일본 측 수석대표)의 '식민 통치 미화' 망언(1965년),[49] 사토 에이사쿠(佐藤栄作)의 '한국 강제병합 합법론' 망언(1965년),[50] 다나카 가쿠에이(田中角栄)의 '식민 통치 미화' 망언(1974년),[51] 사쿠라다 다케시(桜田武, 당시 게이단렌 회장)의 '식민 통치 미화' 망언(1979년),[52] 후지오 마사유키(藤尾正行, 당시

---

47 『「妄言」の原形-日本人の朝鮮観』, 224쪽.
48 시이나의 저서 『동화와 정치』 속에서, '청일전쟁은 결코 제국주의 전쟁이 아니며, 러일전쟁은 러시아 제국주의에 대한 통쾌한 반격이었다. …일본이 메이지유신 이래 이처럼 강대한 서구 제국주의의 이빨로부터 아시아를 지키고 일본의 독립을 유지하기 위해 타이완을 경영하고 조선을 합방하고 만주에 5족 공화의 꿈을 기탁한 것이 일본 제국주의라고 한다면 그것은 영광의 제국주의이며…'라고 서술하고 있다. 高崎宗司, 『「妄言」の原形-日本人の朝鮮観』, 258쪽에서 재인용.
49 高崎宗司, 위의 책, 255쪽.
50 高崎宗司, 위의 책, 263쪽.
51 高崎宗司, 위의 책, 298쪽.
52 高崎宗司, 위의 책, 300쪽.

문부대신)의 '한국 강제병합 합법론·식민 통치 미화' 망언(1986년),[53] 와타나베 미치오(渡辺美智雄)의 '한국 강제병합 합법론' 망언(1995년)[54] 등이 이어졌다.

일본 정치인의 한국 식민 통치 관련 망언은 2000년 이후에도 계속되어, 이시하라 신타로(石原愼太郎)의 '한국 강제병합 합법론' 망언(2005년), 하시모토 도오루(橋下徹)의 일본군'위안부' 관련 망언(2013), 그리고 한일 역사 관련 전반에 대한 아베 신조(安倍晋三)의 각종 망언 등이 끊이지 않고 있다.

이상과 같이 일본 정치인의 한국 강제병합과 한반도 식민 통치의 정당성을 주장하는 망언이 반복되는 주된 이유는 그들이 갖고 있는 자아(일본)와 타자(한국)에 관련된 '상호 인식'이 그 근저에 자리 잡고 있기 때문이다. 그리고 그 문제의 '상호 인식'의 원형은 전후 일본의 민주화 과정 동안에도 완전히 청산되지 않고 현재까지 남아 있는 전전 황국사관의 잔재(殘滓)라고 필자는 생각한다. 다시 말하면 전전, 전후에 걸쳐 황국사관은 사상적·인적 연속성을 가졌다는 말이다.

한일 역사 문제의 기원을 이해하기 위해서는 해방 이후 한일 간 교섭 관련 사건사(事件史)에만 주의를 기울이지 말고 일본 정치인의 역사 인식 근원과 관련 있는 '황국사관적'인 역사 인식과 견해에 대한 기본적인 지식을 가질 필요가 있다.

---

53 高崎宗司, 위의 책, 303~304쪽.
54 高崎宗司, 위의 책, 310~312쪽.

5. 맺음말

한일 간의 역사 문제, 특히 근대 시기에 있었던 한일 간의 역사 문제는 양국 간 외교 문제를 넘어서 경제, 안보는 물론 국민의 일상생활에까지 부정적인 영향을 미치고 있다. 해방 이후 74년이 지났음에도 불구하고 역사 문제는 종식될 기미는 보이지 않고 시간이 지나면서 점점 악화되는 경향을 보이고 있다.

그러나 한일 간 역사 문제가 악화된 것만은 아니다. 부분적으로는 성과를 내기도 했다. 예를 들면, 고노 담화(1993), 무라야먀 담화(1995), 오부치-김대중 선언(1998) 등 조금씩 화해의 방향으로 나아간 적도 있었다. 그런데 2006년 아베 신조(安倍晋三) 내각이 성립된 이후 일본 사회 전체가 보수·우경화로 기울고 '혐한'이란 용어가 빈용(頻用)될 정도로 '반한'의 색채가 짙어지고 있다. 한국에서도 때마침 문재인 정권이 들어서서 역사 문제에 있어 원칙을 중시하자 역사 화해는 무대 전면에서 뒤쪽으로 퇴장하는 듯한 착각마저 들게 하고 있다. 물론 한일 간 역사 갈등이 지정학적으로 볼 때 장기간 지속되기는 어려울 것이다.

문제는 한일 간 역사 문제가 휘발성이 강한 데 있다. 풀어 말하면 일본의 전쟁 책임에 대한 어정쩡한 처리와 패전 전의 역사 인식(황국사관)과 인적 연속성의 영향이 사회 전반에 건재하고 있기 때문에 한일 간 역사 갈등은 언제든지 쉽게 격화된다는 것이다.

역사 인식이 자(국)의식인 동시에 자(국)의식을 통해 형성된 타자에 대한 인식이라고 한다면, 일본인의 역사 인식은 메이지유신 이후 수많은 전쟁을 통해 형성된 황국사관적 인식의 요소가 오늘날에도 부분적으로 상존하고 있어 이것이 한일 간 역사 화해에 가장 큰 장애 요소가 되고 있다고 하겠다.

제2차 세계대전 후의 한일 간 역사 문제 기원을 연구할 때, '역사 갈등의 역사'를 고찰하기 전에 반드시 짚고 넘어가야 할 과제는 일본 역사와 그에 대한 일본 지배 계층의 인식과 사유 방법, 그리고 그것들의 황국사관과의 친화성을 철저하게 인식해야 한다는 것이다.

한국에 대해 강성 발언을 계속하게 하는 북한의 '6·25의 추억'과 마찬가지로, 한일 간 역사 문제를 유발하는 일본인의 '메이지유신의 추억'은 역사에 있어 각주구검(刻舟求劍)의 우를 범할 수 있는 그리 유익하지 않은 추억이다.

| 참고 문헌 |

- 倉山満(2013), 『嘘だらけの日韓近現代史』, 扶桑社新書.
- _____(2014), 『真実の朝鮮史 [1868 - 2014]』, ビジネス社.
- 三橋貴明(2014), 『愚韓新論』, 飛鳥新社.
- 石平·呉善花(2014), 『もう´この国は捨て置け！ー韓国の狂気と異質さ』, WAC.
- テキサス親父(2014), 『テキサス親父の大正論 韓国·中国の屁理屈届なんて普通のアメリカ人の俺でも崩せるぜ!』, 徳間書店.
- 室谷克実(2014), 『ディス·イズ·コリア 韓国船沈没考』, 産経新聞出版.
- 室谷克実(2013), 『悪韓論』, 新潮新書.
- _____(2013), 『呆韓論』, 産経新聞出版.
- 佐藤信淵(1977), 『混同秘策』, 日本思想大系45, 岩波書店.
- 山口県教育会編(1973), 『吉田松陰全集』 第二巻, 大和書房.
- 平安神宮, 『孝明天皇紀』(第三), 宮内庁蔵版, 有隣堂印刷株式会社, 昭和四十二年十二月
- 永原慶二(1983), 『皇国史観』, 岩波ブックレット〈no.20〉.
- 田中卓(1984), 『皇国史観の対決』, 皇學館大學出版部.
- 昆野伸幸(2007), 『近代日本の国体論:〈皇国史観〉再考』, ぺりかん社, 長谷川亮一(2008), 『「皇国史観」という 問題-十五年戦争期における文部省の修史事業と思想統制政策』, 白澤社.
- 박진우(2008), 『皇國史觀에 관한 通時代的 研究』, 동북아역사재단.
- 伊藤博文저, 宮沢俊義교주(1982), 『憲法義解』, 岩波文庫.
- 文部省社会教育局(1932), 『祝詞宣命』, 日本思想叢書第4編.
- 高崎宗司(2002), 『「妄言」の原形-日本人の朝鮮観』, 木犀社.
- ○○○○, 『六法全書』, ○○○○, 1983
- 相島宏美(2017), 『二つの航海遠略策』, 山口県地方史研究(山口県地方史学会), 第117号.
- 이원우(2002), 「近世日本の攘夷論と朝廷: 孝明天皇の攘夷観を中心に」, 한국일본학회, 『일본학보』, 51.
- _____(2017), 「메이지유신과 테러리즘-일본 우익 탄생의 배경에 관한 기초적 연구-」, 『한일관계사연구』, 58집.
- _____(2007), 「근세 말기의 일본의 왕권 – 다카츠카사 마사미치(鷹司政通)와 효명천황과의 관계를 중심으로 -」, 『일본역사연구』, 26권.
- http://biz.khan.co.kr/khan_art_view.html?artid=201907030600045&code=920501

제2장

전후 일본 경제대국화의 원점

– 점령의 개혁 정치 vs. 역코스 정책

| 최운도 ▪ 동북아역사재단 독도연구소 소장 |

1. 머리말

2012년 12월 일본의 자민당 총재 아베 신조는 총선을 앞둔 시점에 자신의 정권 구상을 담은 논문을 문예춘추에 기고하였다.[1] '전후 체제로부터의 탈각'을 자민당 총선 공약의 핵심 목표로 삼겠다고 하였다. 그때 두 번째로 총리직에 오른 그는 2020년 현재까지 전후 최장기 총리직을 이어 가고 있다. 문제는 그와 그가 이끌고 있는 자민당, 대안 없는 일본의 정치권, 그리고 일본 사회 전체가 보여 주는 역사 인식이 갈수록 퇴행하고 있다는 점이다. 이는 한일 관계뿐 아니라 동아시아의 미래에도 어두운 그림자를 드리우고 있다.

최근 아베 정권이 보여 주는 퇴행적 역사 인식의 출발점을 어디에서 찾을 것인가? 동아시아의 역사 갈등은 일본의 근대화에 그 뿌리를 두고 있다. 제2차 세계대전에서의 패배로 일본은 주변국들과 화해할 수 있는 기회를 얻을 수 있었다. 하지만 역사는 엉뚱하게도 일본에게 경제대국화로 가는 또 다른 문을 열어 주었다. 안타깝게도 일본의 사죄와 역사 화해는 지금까지도 실현되지 않고 있을뿐더러 아베 내각은 역사의 시간을 오히려 되돌리려 하고 있다. 일본은 자신의 오늘을 있게 해 준 바로 그 전후 체제를 벗어나려 하니 역사의 아이러니가 아닐 수 없다.

그렇다면 일본은 어떻게 화해의 기회를 버리고 경제대국화의 길을 가게 되었는가? 이 연구는 오늘날 일본의 역사 인식의 원점을 일본이

---

1 安倍晋三, 「美しい日本へ」, 『文藝春秋』, 2013年 1月号.

그 기회의 창을 잃어버리기 시작한 시기, 즉 전후 점령기에서 찾고 있다. 연합국과의 전쟁에서 철저하게 붕괴되었던 일본이 경제대국화의 길로 들어설 수 있었던 이유와 과정을 알아볼 것이다. 점령기 일본에서 진행되던 개혁 정책들이 '역코스'[2]의 과정에서 수정되고, 한국전쟁과 샌프란시스코 강화조약을 거치면서 일본 경제가 회복을 넘어 성장기에 들어설 수 있었던 것은 잘 알려져 있다. 그러나 미국의 대일 점령 7년의 정책 변화와 국제사회 변화를 살펴보면 단순히 역코스로의 전환을 일본 경제성장의 출발점이라고 보기에는 어려운 면이 많다. 역코스 이전의 개혁 정책과 재벌 개혁은 일본 경제에 어떠한 영향을 미쳤을까, 그리고 불황으로 끝난 역코스 정책들은 과연 경제성장에 기여하였는가? 여기에서는 점령기의 정책 변화를 통해 일본이 경제 회복으로 나아갈 수 있었던 원인을 살펴보고자 한다.

---

2 미국의 대소 봉쇄 정책의 입안자로 알려진 조지 케넌(George Kennan)은 1948년 10월 7일 배포된 NSC13/2에서 점령 정책의 핵심이 정치·사회적 개혁으로부터 경제 재건으로 옮겨갈 것을 제안하였다. 그는 이 변화를 'shift'라 불렀고 이후에 흔히 사용된 "a major shift in U.S. policy"라는 표현의 기초가 되었다. '역코스(reverse course)'는 당시의 정책 변화를 지나치게 단순화한 표현으로 점령기 동안 한 번도 사용된 적이 없는 표현이다. 1950년대 일본학자가 점령을 평가절하하고 일본의 독립을 주장하기 위해 쓰기 시작하였고, 이어서 미국 외교정책에 비판적인 수정주의 미국 역사가들에 의해 확산되기에 이르렀다. Seymour Morris Jr.(2014), Supreme Commander: MacArthur's Triumph in Japan, New York: Harper Collins Publisher, 20장. 역코스로의 전환 이전과 이후의 국제사회와 미국 내의 정치적 배경에 대해서는 최운도(2020), 「미국의 대일 점령 정책: 분석수준에 따른 역코스로의 전환 과정」, 『일본공간』, 제27호, 153~194쪽 참조.

2. 기존 연구들

미국의 대일 점령 정치에 관한 연구는 미국과 일본에서 일일이 언급하기 어려울 정도로 많은 연구물이 나와 있다. 미국에서 생산된 연구 결과물인 로라 헤인(Laura Hein)의 리뷰 논문, 일본에서의 연구물인 아마카와 아키라(天川晃)[3]와 다케마에 에이지(竹前栄治)[4] 교수의 회고 논문은 잘 알려져 있다. 여기에서는 본 연구의 주제인 전후 일본의 경제 회복과 경제대국화의 원인이자 출발점으로서 점령기의 역할과 관련된 연구를 소개하고자 한다.

첫째, 점령의 유산을 긍정적으로 평가하는 보수주의 시각은 에드윈 라이샤워(Edwin Reischauer)[5]로 대표된다. 일본은 원래 평화주의를 기반으로 문명을 발전시켜 온 나라였으나 20세기 초 군국주의자들이 권력을 잡음으로써 잘못된 길로 들어선 만큼 패전을 기회로 그 군국주의자들을 제거하면 다시 평화주의 국가로 돌아갈 수 있다고 가정한다. 그러므로 맥아더의 점령 정치는 역사에 유래를 찾을 수 없는 성공적인 사례이며 그 결과가 평화 국가 일본의 탄생과 긴밀한 미일관계임을 강조한다. 이러한 시각은 점령기 7년이 일본의 경제발전에 기여했다고 평가한다.

---

3   天川晃(2016), 「1970年前後の占領史研究とその周辺」, 『参考書誌研究』 第77号, 国立国会図書館利用者サービス部, 56~78쪽.

4   竹前栄治(2015), 「占領研究40年」 (2015.3.18.) 国立国会図書館東京本館での講演.

5   Edwin Reischauer & Marius Jansen(1977), *Japanese Today: Change and Continuity*, Cambridge: Harvard University Press.

둘째는 비슨(T.A. Bisson)[6]과 오웬 라티모어(Owen Lattimore) 등이 대표하는 진보주의적 시각이다. 이들은 일본이 근본적으로 제국주의적이자 군국주의적인 국가이며 그 출발점이 메이지유신이라고 주장한다. 그러므로 천황제를 필두로 사회 전체를 변혁하지 않으면 계속해서 동아시아의 위협 세력으로 남을 것이라고 보았다. 역코스가 시작되자 연합국군최고사령관총사령부(GHQ)에 참가했던 많은 관료들이 일본의 개혁을 위해 사회주의적인 성향의 정책을 실시하려 한다는 비난을 받았으며, 보수주의자들이 '뉴딜러들'이라고 부른 이들은 귀국 후 매카시즘이 휩쓸고 있던 워싱턴에서 공산주의자로 몰려 곤혹을 치러야 했다.

세 번째 그룹은 지배계급을 유지한 채 진행된 점령 통치의 한계를 강조하는 수정주의 시각이다. 베트남전쟁이 끝난 후 비판적인 시각으로 미국의 정책을 평가한 그룹으로 존 다우어(John Dower)[7]와 허버트 빅스(Herbert Bix),[8] 제이니스 미우라(Janis Miura)[9] 등이 여기에 속한다. 이들은 점령 정책이 일본의 문제를 해결하지 못했으며, 일본은 결국 패전 이전의 지배계급이 통치하는 사회로 되돌아갔다고 주장한다. 다우어는 점령 통치를 '부르조아 민주혁명'에 불과하다고 평가한다. 제이니스 미우라도 전전의 테크노크라트들의 연합이라 불리는 젊은 군부와 신흥 재벌, 관료들의 3자 연대가 전후에 관료로 변신한 군인들 외에는 달라진 것이

---

6   T.A. Bisson(1947), "Reparations and Reform in Japan," Far Eastern Survey 16-2(Dec. 17. 1947), pp.241~247.

7   John Dower(1999), *Embracing the Defeat*, New York: W.W. Norton.

8   Herbert Bix(2000), *Hirohito and the Making of Modern Japan*, New York: Harper Collins.

9   Janis, Mimura(2011), *Planning for Empire: Reform Bureaucrats and the Japanese Wartime State,* Ithaca: Cornell University Press.

없음을 보여 준다. 그런가 하면 빅스는 전쟁 책임이 천황에게 있고 천황이 적극적으로 개입했음을 철저한 분석을 통해 보여 주었다.

위의 세 가지 시각이 미국의 연구들을 분류한 것이라면 일본의 연구자들은 점령 통치의 성과에 대해 찬성과 반대, 성공과 실패를 주요 판단기준으로 다룬다. 후쿠나가 후미오(福永文夫)[10]와 가타오카 테츠야(片岡鉄哉),[11] 그리고 이오키베 마코토(五百旗頭真)[12]가 대표적인 사례들이다.

후쿠나가는 GHQ의 개혁 정책이 일본의 민주화에 기여한 바를 평가하여 긍정적으로 보는 반면, 가타오카는 헌법 개정에 대해서는 찬성하지만 일본의 천황제를 포함한 통치 구조를 바꾸려고 한 미군의 통치 방식에 대해서는 반대하는 입장을 보인다. 그런가 하면 이오키베는 미국의 점령 정책이 불합리한 과정들로 점철되어 있음을 보여 주면서 미국 중심의 사회변혁이라는 결과를 낳았음을 비판한다.

다음으로 위에서 예로 든 연구뿐만 아니라 다양한 연구결과를 비교하여, 점령기 7년이 1950년대 이후 일본의 고도성장에 어떠한 영향을 미쳤는지 살펴보고자 한다. 점령기를 역코스로 전환한 전후로 나누어 점령 통치의 기본 성격과 목적이 어떻게 변화했으며, 그에 따른 중점적인 점령 정책의 변화를 살펴본다. 그 두 시기와 한국전쟁 직후의 일본의 경제정책을 비교함으로써 역코스 이전과 이후의 대일 정책이 일본의 경제 회복에 어떻게 기여하였는지 평가할 것이다.

---

10 福永文夫(2014), 『日本占領史1945-1952: 東京・ワシントン・沖縄』, 東京: 中公新書.
11 片岡鉄哉(1999), 『日本永久占領: 日米関係 隠された真実』, 東京: 講談社+α文庫.
12 五百旗頭真(1985), 『米国の日本占領政策 戦後日本の設計図 (上)』, 東京: 中央公論社.

3. 미국의 전후 대일 정책

1) 미국의 초기 대일 정책

1945년 8월 14일 유엔군 최고사령관 임명을 받은 맥아더는 8월 30일 필리핀을 출발하여 아이켈버그 장군이 기다리는 일본의 아츠기 공항에 도착하였다. 바로 전날 맥아더는 군사 전문을 통해 워싱턴으로부터 "미국의 초기 대일 정책(United States Initial Post-Surrender Policy for Japan)"의 네 번째 초안인 SWNCC(미국의 국무부 · 육군부 · 해군부 3부조정위원회) 150/4를 전달받았다. 그 문서는 국무부의 전후 대일 정책 담당 부서와 전쟁부, 해군부가 수년에 걸쳐 준비해 온 문서였다.

문서에는 일본에 대한 미국의 초기 정책들, 즉 점령 정책의 목적, 연합군사령부의 권한과 간접 통치 방식, 그리고 맥아더가 나열한 사회 · 정치적 정책들이 열거되어 있다. 경제와 관련해서는 군수산업의 해체와 일본의 해외 재산과 국내 시설과 장비들의 이전에 의한 배상과 반환 이외에는 별다른 지시가 없다. 단, '평화로운 경제 활동의 재개'라는 항목은 다음과 같이 기술하고 있다.

일본의 정책이 일본 국민들에게 경제적 파괴를 입혔으며, 그로 인해 국민들은 경제적 어려움과 고통에 직면하게 되었다. 일본의 재앙은 자신들의 행위의 직접적인 결과이며 연합군이 그 손실을 바로잡아 주어야 할 책임은 없다. 그 손실은 일본 국민들이 모든 군사적 목표를 포기하고 오로지 평화적 삶이라는 단일 목표만을 부지런히 추구할 때에만 고쳐질 수 있을 것이다… 연합국은 적절한 시간 안에 이러한 목표를 달성하는 것을 막으려는 의향은 없다.

이 문서의 도입부에는 "궁극적 목적"에서 "일본이 두 번 다시 미국과 세계의 평화와 안보에 위협이 되지 않도록" 하는 것이라고 명시되어 있다. 그러므로 거기에서 말하는 모든 정책들, 심지어는 경제정책과 사회개혁도 이 궁극적 목적을 달성하기 위한 것으로 이해되어야 한다.

2) 징벌적 전후 처리

SWNCC 150 시리즈는 전쟁부의 요청을 받아 국무성에서 작성하고 수정하여 합동참모본부(JCS)의 의견을 가미한 후 승인받은 것이었다. 맥아더가 워싱턴으로부터 받았다는 SWNCC 150/4[13]는 이후 9월 6일 트루먼의 승인을 얻어 9월 22일 백악관 지령으로 애치슨 국무차관이 SWNCC 150/4/A로 공포하였다. GHQ에 대한 명령은 대통령의 결정을 합동참모본부를 통해 전달하도록 되어 있었다.

---

13 "Politico-Military Problems in the Far East: United States Initial Post-Defeat Policy Relating to Japan"(SWNCC 150/4) (1945. 9. 6.) https://www.ndl.go.jp/constitution/shiryo/01 /022shoshi. html (검색일: 2020. 5. 4). 1944년 12월 미국 행정부는 통일된 전후 처리 정책의 수립을 위해 국무성(State Dept.), 전쟁부(War Dept.), 그리고 해군부(Navy Dept.)의 장관들이 참가하는 3부조정위원회(Coordination Committee)를 출범시켰다. 이를 줄여서 SWNCC라 부른다.

1945년 11월 3일에는 합동참모본부가 작성한 문서 '일본 점령과 관리를 위한 연합국 최고사령관에 대한 항복 후 초기의 기본적 지령(JCS 1380/15)'이 GHQ에 하달되었다. 이는 SWNC-150/4/A와 포츠담선언과 함께 맥아더 점령 정책의 기초가 되는 명령이었다.[14] 기본 방향은 SWNCC-150/4/A를 따르고 있으나 맥아더에게 내리는 군사적인 명령의 형태로, 천황제 변경이나 헌법 개정에 대한 제한 등 정치적인 내용이 중심이었다. 여기에도 일본 경제와 관련해서는 다음과 같이 적고 있다.

당신은 일본의 경제 복구나 일본 경제의 강화에 대해서는 아무런 책임을 지지 않는다. 당신은 일본 국민들에게 다음의 점들을 분명히 하기 바란다. a. 당신은 일본인들의 생활수준을 유지하는 것과 관련해서는 어떠한 의무도 없다. b. 일본인들의 생활수준은 전적으로 일본이 군사적 야망을 버리고 인적 자원을 평화적인 삶을 위해서만 기여하는 데 힘을 모으고, 적절한 경제적·재정적 통제를 실시하고, 점령 정부와 그들의 대표들로 구성된 정부에 여하히 협조하느냐에 달려 있다.[15]

종전 직후 미국의 대일 정책의 근간을 구성한 위의 두 문서들을 보면 정치체제와 관련한 정책들에 있어서 이미 징벌적 대일 정책을 추구하고

---

14 福永文夫(2014), 40쪽. 맥아더는 이들 세 개의 문서들(포츠담선언, SWNCC 150/4, JCS 1380/15)을 "현대사 최고의 국가문서"라고 언급한 적이 있다. Morris(2014), 9장.

15 JCS-1380/15. Joint Chiefs of Staff, "Basic Initial Post-Surrender Directive to Supreme Commander for the Allied Powers for the Occupation and Control of Japan," November 1, 1945. https://www.ndl.go.jp/constitution/shiryo/01/022shoshi.html (검색일: 2020. 5. 4.).

있음을 알 수 있다. 또한 군수산업 해체, 재벌 해체, 배상 문제 등과 같은 경제 관련 정책들도 모두 정치·군사적 목적, 즉 일본이 두 번 다시 미국에게 위협이 되지 않도록 한다는 데 그 목적이 집중되어 있었다. 게다가 대일 점령 정책을 책임진 GHQ는 일본의 경제문제까지 책임질 의무는 없었다. 구체적인 일본의 경제 상황이나 향후 일본 경제에 대한 구체적 평가는 배상 문제 파악을 위해 일본을 방문했던 에드윈 폴리(Edwin Pauley)가 제출한 보고서가 나오기를 기다려야 했다.

3) 배상 정책과 〈폴리 보고서〉

폴리는 석유 자본가이면서 뛰어난 협상가로 잘 알려져 있었다. 민주당에서는 트루먼 상원의원의 절친한 친구로서 민주당 선거관리위원장을 지냈고, 트루먼 대통령은 그를 연합군배상문제위원회 대표로 임명했다. 이는 그의 보고서가 미국 정부뿐만 아니라 극동위원회의 논의를 거치도록 되어 있었음을 의미한다. 1945년 11월부터 5개월간 이어진 조사단의 중간보고서는 1945년 12월 18일에 제출되었고, 〈폴리 보고서〉라 불리는 보고서는 최종보고서에 해당한다.[16]

〈폴리 보고서〉는 일본의 경제사에 대한 분석으로 시작한다.

---

16 Edwin Pauley(1946), *Report on Japanese Reparations to the President of the United States: November 1945 to April 1946*, Depart of State Publication 3174. Apr.1, 1946.

일본은 메이지 초기부터 정치 지도자들이 군사적 성공을 최우선시하는 부국강병 위주의 사고를 해 왔다. 그들은 자국의 자원 부족을 보완하기 위해 주변국 정복의 필요성을 제기해 왔고, 강한 군대를 건설하고자 주변국의 자원을 이용해 중공업 위주의 경제구조를 유지해 왔다. 이는 전략적·군수적 합리화를 위한 것이지 경제적 합리성에 기초한 것이 아니었다. 값싼 노동력 제공을 위해 일본의 생활수준은 낮게 유지되었고, 높은 세율로 기업에 보조금을 제공하는 비효율적 산업구조를 유지해 왔다. 과도한 생산이 이어졌으나 국내 소비는 제한되어 있었고, 나머지는 군수품 조달이나 수출 시장으로 전환되었다. 폭격으로 인해 붕괴된 것은 주로 전쟁 경제를 지탱해 온 군수산업과 수출산업이며, 여전히 남아 있는 산업 시설과 장비들의 생산능력은 일본 국민들이 평화롭게 즐길 수 있는 수준을 훨씬 넘어서는 수준이다.

보고서는 이러한 잉여 시설들을 전쟁배상으로 돌려야 한다고 주장하였다. 여기에는 다음의 두 가지 전제가 있었다. 첫째, 일본은 배상을 통해 동아시아의 경제적 불균형 해소와 정치적 안정에 기여해야 한다는 것이었다. 둘째, 잉여 생산능력의 제거는 군수산업 유지를 위해 일본 국민들에게 지어졌던 과세 부담을 덜어 줄 것이므로, 그러한 산업 시설을 이용한 배상은 일본 국민들에게 직접적인 혜택이 될 것이다.

이어서 폴리는 다음과 같은 배상 정책을 권유하였다. 첫째, 산업적 무장해제를 통해 전쟁 능력을 제거할 것, 둘째, 일본이 더 이상 주변국 경제를 통제할 수 없도록 특정 산업 전체를 제거할 것, 셋째, 특정 산업 설비가 생산능력을 제한할 필요가 있는 분야로 전환되지 않도록 할 것,

넷째, 연합국은 일본의 공격에 피해를 입은 아시아 주변국들의 생활수준을 넘는 수준을 일본이 유지하도록 돕지 말 것 등이다. 일본의 공격에 피해를 본 국가들의 재건이 더욱 시급한 문제이며, 일본의 재건은 우선순위에 있어서 가장 마지막 차례임을 지적하였다.

〈폴리 보고서〉의 제안은 미국에서 진행된 전후 처리 관련 논의를 반영한다. 독일과 일본에 대한 처리와 관련하여 '유화적 평화 방안(Soft Peace)'과 '엄중한 평화 방안(Hard Peace)' 사이의 공방이 있었다.[17] 일본에 대해서는 천황제 존속 여부와 전후 산업의 경공업 한정 여부 등을 놓고 국무부 내에서도 중국과(課)의 '중국파'와 일본과(課)의 '일본파'가 대립하였다. 중국파는 일본의 자본주의 약화로 침략성을 제거하는 대신 중국의 자본주의를 강화함으로써 중국을 미국의 시장으로 삼아야 한다고 주장했다. 반면 일본파는 군부의 군국주의가 문제이며 천황과 재벌은 이용당했을 뿐이라는 것과 일본의 공업력을 높이 평가하면서 전후에도 아시아의 중심으로 삼아야 한다고 주장했다.

그런가 하면 전쟁부와 해군에서는 엄중한 대일 정책이 고려되고 있었다.[18] "일본의 항복이 예상보다 일찍 찾아왔기 때문에, 포츠담선언에 따른 일본의 간접 통치 이외의 방침은 없는 상태에서 연합국의 점령이 시작되었다."[19] 〈폴리 보고서〉는 대일 전후 처리가 엄중한 평화 방안으로 기울어졌음을 보여 준다.

---

17 Raymond Daniell(1945), "'Hard' or 'Soft' Peace? A Summing Up; Either way observers foresee a future which will require our eternal vigilance." *New York Times*, Mar. 25, 1945.

18 다케마에 에이지 저(송병권 옮김, 2011), 『GHQ: 연합국군최고사령관총사령부』, 평사리, 2장.

19 福永文夫(2014), 39쪽.

전후 처리에 대한 두 파의 대립은 유럽에 대해서도 마찬가지였고, 결국은 엄중한 평화 방안이 우세를 점하였다. 루스벨트 대통령의 신임하에 대독일 전후 계획을 주도하게 된 재무장관 모겐소(Henry Morgenthau)는 1944년 9월, 유럽 전후 처리 구상인 모겐소 플랜[20]을 작성하였다. 독일의 산업 장비와 시설들은 희생자들과 소련에 배상으로 처분해야 하고, 나치 전범은 재판 없이 총살하며, 중공업을 전부 파괴하여 독일을 목축국가로 만들어야 한다는 것이 주요 내용이었다.

루스벨트는 국내외의 반대로 모겐소 플랜을 공식적으로 철회하였다. 그 계획은 독일에 대한 전후 처리에 그대로 반영되었다. 그리고 모겐소와 재무성 팀은 일본 점령 계획에는 관심이 없었으나, 독일 관련 계획들의 많은 부분이 그대로 복사되어 대일 계획에 적용되었다. 그 결과 대일 점령 계획에 모겐소의 영향이 많이 남아 있는 것이 사실이다.[21]

4) 재벌 개혁과 〈에드워즈 보고서〉

위에서 살펴본 대일 전후 처리 관련 문서들에는 GHQ가 수행해야 할 주요 미션 중의 하나로 재벌 개혁을 명시하고 있었다. 이는 일본의 기

---

20 공식 제목은 '독일의 세계3차 대전 도발을 방지하기 위한 프로그램'(Program to Prevent Germany from Starting a World War III)이다.

21 James Dobbins, Michele A. Poole, Austin Long and Benjamin Runkle(2008), "Post-World War II Nation-Building: Germany and Japan, Nation-Building from FDR to George W. Bush," RAND Corporation, p.22.

업 집중을 대표하는 재벌 기업들의 상황이 일본 제국주의와 그 공격성의 뒤에 있는 원동력이라는 인식에 기초한 것이었다. 종전 당시 일본 경제의 56%는 10대 재벌에게 장악되어 있었다. 이들은 67개 지주회사와 4,000여 개의 자회사를 통해 일본의 금융, 산업, 상업 활동의 75%를 실효적으로 지배하고 있었던 것이다.[22]

JCS 1380/15는 연합군 총사령관이 '일본 경제기관들의 민주화' 부분에서 생산과 무역의 수단들에 대한 소유권과 소득 수준의 광범위한 분배를 허용하는 정책을 펼 것을 요구하였다. 1945년 가을이 되자 언론들은 GHQ가 재벌 개혁을 미루고 있다고 비판하기 시작했다. 이에 맥아더는 일본의 4대 재벌(미쓰이, 미쓰비시, 스미토모, 야스다)에게 자발적 해체 계획을 수립해 승인받도록 요구하였다. 야스다 재벌이 제출한 해체 계획(야스다 플랜)이 많은 문제점을 드러내자 국무부와 전쟁부는 합동으로 노스웨스턴 대학의 교수이자 국제 카르텔 전문가 에드워즈(Corwin Edwards)를 단장으로 하는 조사단(1946. 1. 6~3. 15)을 도쿄 현지에 파견하였다. 재벌 권력과 그 가족 경영의 붕괴라는 기본 목적을 수행하기 위한 기준과 정책 그리고 과정들을 제안하는 것이 조사단의 주요 미션이었다.

〈에드워즈 보고서〉[23]는 재벌들이 일본의 전쟁에 책임이 있음을 전제로 하고 있다. 일본의 산업혁명은 일본 사회에 민주적, 인본적, 세계시민

---

22 Howard Schonberger(1973), "Zaibatsu Dissolution and the American Restoration of Japan," *Bulletin of Concerned Asian Scholars* 5(2), pp.16-31.

23 Corwin D. Edwards(1946), *Report of the Mission on Japanese Combines: Part I. Analytical and Technical Data*. A Report to the Department of State and the War Department, March 1946. Edwin Pauley(1946).

적 감성을 낳지 못했는데, 그 이유가 공격적이고 독립적인 중산층과 활성화된 노동운동이 성장하지 못했기 때문이라고 분석한다. 그러한 산업계를 이끌어 온 것이 재벌이므로 그들은 전쟁에 중요한 책임이 있고, 일본의 전쟁 잠재력에 있어서 핵심 요소로 작용하였다는 것이다.

보고서는 재벌의 시각을 보여 주기 위해 후지와라 긴지로, 오지제지사 회장이 자신의 저서 『일본 공업의 정신』에서 밝힌 입장을 제시하고 있다. "산업의 확장은 모든 일본 정부의 의무다. 이를 위해서는 육군과 해군이 필요하고, 이 두 군대는 경제력 확장에 있어서 힘의 원천이다… 지금 일본은 해외로 뻗어 나갈 엄청난 기회를 마주하고 있으며, 이는 일본 민족에게 있어서 주어진 운명(manifest destiny)이다."[24]

에드워즈는 산업에 있어 재벌의 지배에 대한 대안으로 재벌의 재산을 개인이나 소기업 집단들에게 이전하는 방식을 제안하였다. 이는 일본에 중산층 형성과 경쟁적 자본주의 체제의 기초를 마련하는 효과를 기대한 것이다.[25] 산업이 전쟁의 후원자가 되지 않도록 하는 것, 이것이 미국의 재벌 해체 정책의 목표였다.

〈에드워즈 보고서〉는 두 부분으로 이루어져 있었다. 첫 번째 부분의 분석과 데이터는 보고서 제출 후 얼마 지나지 않아 공개되었다. 그러나 두 번째 부분의 제언(Recommendation)은 SWNCC로 전달된 이후에도 비밀문서로 분류되어 있다가 수정을 거쳐 재벌 해체 정책인

---

24 Corwin D. Edwards(1946), pp.vi-vii.
25 Corwin D. Edwards(1946), "The Dissolution of the Japanese Combines," *Pacific Affairs* 19(3), (Sep. 1946), pp.237~238.

SWNCC-302/4(1947년 4월 29일)로 변모되었고, 1947년 5월에는 극동위원회에 전달되어 FEC-230이라 불리는 비밀문서가 만들어졌다.

점령 초기의 대일 정책 관련 위의 문서들은 공직 추방에 대해 분명하게 명시하고 있다. 그에 따라 총사령부는 1946년 1월 4일 SCAPIN 550(바람직하지 않은 인물들에 대한 공직에서의 배제와 이전)을 발표하면서 이를 실행에 옮기기 시작하였다. 그런데 1946년에 진행된 공직 추방 작업은 그 대상이 군인과 공직자들에게 한정되었으며, 경제 분야에서는 전혀 진행되지 않고 있었다. 그 배경에는 GHQ의 경제과학국(Marquat)과 G-2(Willoughby)를 중심으로 한 반대 그룹과 민정국(Whitney)을 중심으로 한 찬성 그룹 사이의 알력이 중요한 원인이었다.[26] 이들 사이에서 맥아더는 민정국의 손을 들어주었고, 요시다 총리의 요구를 무시하면서 1947년 1월 4일부터 일본 정부를 통해 경제 분야 추방을 실시하였다. 재벌 해체 작업이 시작된 것이다. 그런데 경제 분야 추방은 1947년 7월 FEC-230의 존재와 내용이 언론에 보도되기 시작하자, 재벌 해체와 함께 일본을 불안하게 하는 정책이자 일본의 공산화 우려를 낳는 정책으로 인식되었다. 미국의 여론과 정책 집단들은 GHQ와 맥아더를 공격하기 시작하였다.

---

26 Schonberger(1989), p.19.

4. 역코스로의 전환과 전후 처리의 궤도 수정

제2차 세계대전의 종전과 함께 소련은 세계적으로 영향력을 확대하려는 모습을 보여 왔다. 1946년에 들어서자 전 세계적인 차원에서 미·소 간 대립이 시작되었다. 1947년 2월, 그리스와 터키에서는 좌익 게릴라들이 준동하여 내정이 불안한 상황에서 영국이 극심한 경제난을 이기지 못하고 재정 지원을 중단한다고 선언하였다. 그러자 1947년 3월 12일 트루먼은 그리스와 터키의 경제 복구를 돕겠다는 트루먼 독트린을 발표하였다. 이는 유럽 봉쇄정책의 시작이었다. 곧이어 1947년 7월부터 마샬 플랜이 실시되었다.

트루먼은 극동에서는 중국과 한국에 강력한 중앙정부를 수립하여 소련의 위협에 맞서고자 하였다. 그러나 내전과 부패로 얼룩진 중국의 상황과 36도선 이북에서 공산 괴뢰 정권이 들어서는 등 미래를 가늠할 수 없는 상황에 이르렀다. 그러자 일본의 중요성이 부각되기 시작하였다.

1947년 9월, 케넌(George Kennan)은 미국국방대학(NWC, National War College)에서의 강연에서 봉쇄정책의 틀을 제시하였다. 세계를 5대 산업과 군사 중심지들(미국, 소련, 영국, 독일권, 일본)로 구분하고 이 중에서 소련을 제외한 지역을 미국 캠프에 묶어 두고자 하였다. 그러므로 독일과 일본의 복구가 핵심이며, 이들의 자립이 전략의 핵심이 될 것을 주장하였다. 케넌은 일본을 아시아에서 가장 중요한 유일의 요소라고 불렀다.[27]

---

27 Michael Schaller(1985), *The American Occupation of Japan: The Origins of the Cold War in*

그런데 일본의 경제 상황은 파멸 직전이었다. 항복문서에 서명한 날부터 일본은 미국의 식량 원조 없이는 버티지 못하는 상황이 계속되고 있었다. 일본의 산업 생산은 1930~1934년 대비, 1946년에 32%, 1947년에 41%, 1948년에 64%에 불과하였다. 또한 1947년 세수는 계획의 1/3에 미치지 못하였고, 1947년의 수출은 1억7천만 달러인 데 비해 수입은 5억3천만 달러로 심각한 무역적자를 겪고 있었다. 인플레는 1946년부터 1948년 사이에 1,200%를 기록하였다.[28] 미국에 대한 안보 위협이 아니라 '동아시아의 보루'가 되어야 할 일본이 위기에 처해 있었다.

1) 재벌 개혁의 철회

이러한 상황에서 GHQ가 추진하기 시작한 경제 분야 추방과 재벌 해체는 워싱턴에서 반맥아더 연대가 형성되는 결정적 계기를 제공하였다. 1947년 마샬(George Marshall)이 국무장관에 임명된 것을 계기로 안보 분야 조직 개편이 이루어졌다. 국무부에는 마샬과 애치슨 차관, 케넌 정책기획국장 등이, 그리고 국방부에는 포레스털 국방장관, 케네스 로얄 육군장관, 윌리엄 드레퍼 육군차관 등이 맥아더의 개혁 정책을 중단시키고 일본의 경제 회복을 촉구하기 위해 뭉치기 시작하였다. 게다가 뉴스

Asia, New York: Oxford University Press, p.88.

28 William Nester(1996), "Ch.5. Demilitarization and Democratization, 1945-7," *Power across the pacific: A Diplomatic History of American Relations with Japan*, New York: Macmillan, pp.215-217. Morris Jr.(2014), Supreme Commander, 21장.

위크 편집장 해리 컨과 도쿄 지국장 파켄험 등은 이들과 '일본파' 퇴직 관료들, 그리고 일본 내 고위 관료들과 주요 인사들을 이어 주고 결속을 다지게 함으로써 반맥아더 연대가 작동하도록 인적, 물적 연대를 제공해 주었다. 그 비공식 그룹을 'Japan Lobby'라 부른다.

이들은 1947년 1월 경제 분야 추방이 시작된 것을 계기로 여론전을 시작하였다. 1947년 7월 비밀문서인 FEC-230을 입수한 카우프만(James L. Kauffman)은 '1947년 9월 6일에 있어서의 일본 상황에 대한 리포트'라는 보고서를 작성하였고, 이것은 워싱턴의 정책 그룹들과 의회에 전달되었다. 컨은 그 보고서의 짧은 버전을 뉴스위크에 실어 대중에게 공개하였다. 카우프만은 미국 최고의 CEO에게 일본에 투자하면 안 된다고 건의하면서 그 이유로 GHQ가 일본에게 사회주의 이상에 가까운 경제정책을 실시하고 있다고 말했다. 10월에는 포레스털이 FEC-230과 관련하여 반맥아더 연대의 인물들을 중심으로 회의를 소집하였다. 그 자리에서 케넌은 "FEC는 경제난과 인플레, 그리고 예산 불균형으로 인한 무정부 상태를 초래할 것인데, 이는 바로 소련이 원하는 바"라고 주장했다.[29]

반면 1947년 5월 FEC-230이 만들어지자 맥아더는 일본 정부에게 가능한 한 이른 시기에 재벌 해체를 법으로 만들 것을 요구하였다. 그러나 12월이 되자 워싱턴과 일본에서 그리고 언론에서 비판받아 온 FEC-230이 극동위원회에서 철회되었다는 뉴스위크 기사가 나갔다. 법안 통과를 위한 국회 회기 중에 있던 일본의 참의원과 기업인들이 동요하기 시작했다. 상황이 이렇게 되자 맥아더의 입장이 난처하게 되었다. 그러

---

29 Schonberger(1989), p.25에서 재인용.

자 워싱턴의 국무부와 국방부는 합동으로 맥아더에게 전문을 보내 그 법안을 통과시키고, 대신 해체 대상 재벌의 선정과 해체 적용 과정에 대해 워싱턴의 승인을 받도록 하였다. 이 타협안으로 FEC-230 관련 논의는 끝이 났다.

대일 점령 정책에 있어서 역코스 정책 중 하나의 큰 고비가 해결된 것이다. 이 논란이 끝난 이후부터 워싱턴은 일본 경제에 대한 GHQ의 개입을 최소화시킬 수 있게 되었고 조사단과 고문들이 정기적으로 파견되어 정책 실시를 모니터링하게 되었다. 특히 1948년 4월 맥아더가 대통령 선거 공화당 지명 확보에 실패할 것으로 보이자 워싱턴과의 갈등도 줄어들게 되었다.

2) 배상 정책의 철회

일본의 경제 침체가 심각해지자 징벌적 전후 처리의 상징인 배상 정책을 주도한 폴리 프로그램의 문제점이 지적되기 시작하였다. 역코스 정책의 진행에 따라 대일 정책의 목표는 일본의 경제적 안정과 자립을 통해 일본을 안보에 있어서는 동아시아의 보루(bulwark)로, 경제에 있어서는 동아시아의 공장(workshop)으로 만드는 것으로 전환되었다. 배상과 관련해서는 〈폴리 보고서〉 이후 두 개의 보고서와 비교해 보면 그 변화의 흐름을 더 명확히 볼 수 있다.

먼저 1947년 1월 스트라이크(Clifford Strike, 공업컨소시엄의 대표)가 폴리 프로그램을 적용하는 데 있어서의 산업 기술 조건을 검토하고자 전쟁부가 구성한 '스트라이크 위원회'의 대표로 도쿄에 파견되었다. 맥아더도 〈폴리 보고서〉의 배상 정책이 일본의 경제 회복을 어렵게 하고 있다고 동의하였고, 스트라이크도 일본의 재건에 필요한 것들을 제거하는 데 대해 반대 의견을 표명하였다. 그는 폴리의 입장과는 달리 현재 일본은 잉여 생산능력이 없으며 오히려 미국이 지원해야 하는 상황임을 주장하였다. 폴리와 스트라이크 사이의 의견 대립이 지속되었으나 전쟁부는 당시 형성되고 있던 역코스 지지자들을 동원하여 폴리 프로그램을 전면 중단시키는 데 성공하였다.[30]

1948년 초 국방부는 다시 한번 스트라이크를 대표로 한 해외기술고문단(OCI, Overseas Consultants Incorporated) 그룹을 도쿄로 파견하였는데, 일본의 자립 경제 달성을 위해 (배상 이전(移轉) 이후에 남을) 필요한 산업 자원의 수준을 측정하는 것이 임무였다. 〈폴리 보고서〉가 주요 전쟁 시설을 제외하고, 9억9천만 엔(1939년)에 달하는 생산 시설을 배상금으로 규정하고 있던 것에 반해, 이 보고서는 1억7천만 엔으로 축소할 것을 제안하였다. 이 평가는 현 상황의 불안정과 경제적 문제가 지속되는 것보다 강한 산업국가 일본이 극동의 번영과 평화에 덜 위협이라는 시각을 전제로 한 것이었다.

1948년 3월 국무부와 국방부는 각각 강화조약과 배상 문제와 관련해 조사단을 도쿄로 파견하였다. 국무부는 케넌을 보내 1947년 12월의 FEC-230 관련 법안의 철회 이후 GHQ의 상황을 파악하고자 하였다.

---

30 Schaller(1985), pp.108~109.

그 결과가 케넌의 보고서 PPS 28("미국의 대일 정책에 대한 제언")이다.[31] 이 보고서는 강화조약과 관련하여 배상 문제를 어떻게 처리할 것인가를 제시하였다. 1947년 4월 SWNCC가 극동위원회의 규정에 따라 작성한 임시 각서에서 중국, 필리핀, 영국, 네덜란드 4개국에게 각 배상 품목의 30% 이내에서 우선 이전할 것을 명령한 적이 있다.[32] 케넌은 이 문서에서 미국 정부는 현재의 30% 프로그램 이상의 배상 물품 이동을 승인할 수 없으며, 30%도 일본의 경제 회복에 영향을 미치지 않는다는 조건하에 가능하며, 그 이동은 1949년 7월 1일까지 완료되도록 할 것을 촉구하였다. 또한 미국은 강화조약에서 더 이상의 배상 징수에 반대할 것이라고 못 박았다.

같은 시기 드레이퍼와 동행한 조사단이 있었다. 육군이 존스톤(Percy Johnston)을 중심으로 한 조사단에게 일본의 경제문제, 특히 배상 문제 조사를 의뢰하였고, 이 조사단이 3주 동안에 내린 결론은 다음과 같다.

배상을 위해 기계류를 반출하고, 지역의 다른 국가들에 설치하는 데

---

31 PPS 28 "Recommendations with Respect to U.S. Policy Toward Japan," 1948. 3. 25. *FRUS* 1948, vol 6, pp.691-719. 이 보고서는 케넌이 워싱턴으로 돌아온 이후 수정을 거쳐 NSC 13/2로 발전한다. "Report by the National Security Council on Recommendations With Respect to United States Policy Toward Japan." 1948. 10. 7. *FRUS* 1948, v.6, pp.857-877. 배상에 관한 내용은 NSC 13/3에서 이전의 내용에 더해서 "다른 청구국들이 배상 문제 전체를 사문서화한다는 원칙을 수용하도록 하는 데 모든 노력을 기울여야 한다는 것이 미국 정부의 정책이 되어야 한다"고 보태고 있다.

32 JCS에서 맥아더에게. "Interim Directive Regarding Advance Transfers of Japanese Reparations and Reparations Allocation Procedures for Industrial Facilities in Japan," 1947. 4. 4. *FRUS* 1948, v.6, pp.376-379.

까지는 많은 비용을 필요로 하고, 일본의 기계류가 승전국들에게 배상으로 지급되어도 일본에서 생산과 복구에 기여하는 만큼 효율적으로 활용되지 않을 것이므로 배상은 그 균형점을 찾는 합리적 판단이 필요하다.

〈표 1〉은 조사단들이 제안한 배상액을 나타내고 있다. 전체적으로 배상 금액이 1/10로 줄었음을 볼 수 있다. 이 중에는 심지어 주요 전쟁 시설들에 대한 배상액 부과도 1/3로 줄어들었다.

〈표 1〉 추천 배상 비용[33]

(천 엔, 1939년)

추천 배상 비용(천엔, 1939년)			
	Pauley 보고서 (1946)	Strike 보고서 (1948)	Johnston 보고서 (1948)
산업 전체	990,033	172,269	102,246
주요 전쟁 시설들	1,465,887	1,475,887	560,000
총액	2,465,920	1,648,156	662,247

〈표 2〉는 지금까지 소개한 각종 보고서들의 목적을 잘 요약하고 있다. 맨 오른쪽에 있는 맥코이 성명은 1949년 5월 12일 극동위원회의 미국 대표 맥코이(McCoy) 장군이 성명을 통해 미국은 1947년 4월 채택한 임시 각서에서 밝힌 사전 이전의 진행을 철회할 것을 발표했다. 일본의

---

33 Jerome Cohen(1948), "Reform vs. Recovery," Far Eastern Survey, Vol.17(12) (Jun. 23, 1948), pp.137~142.

경제가 어려운 상태이므로 배상 이전을 진행할 경우 더욱 큰 어려움에 빠질 것이며, 극동위원회의 합의 지연은 더 이상 일본 경제가 지탱할 수 없는 상황으로 끌고 간다는 것이다.[34] 이와 같은 과정을 거치면서 배상 문제는 강화조약의 협상 이전에 이미 해결되어 버렸다.

〈표 2〉[35]

배상안	Pauley 보고서	Strike 보고서	Johnston 보고서	McCoy 성명
목적	철저한 비군사화	일본의 아시아의 공장이자 공산주의에 대한 방벽으로	일본 경제는 최저 생활수준을 유지하면 곤란	배상 철거의 중지
	민주화정책	신속한 자립과 부흥	각종 배상 철거의 대폭적인 완화	평화 산업을 무제한 발전
	일본 경제력의 감퇴, 일본의 희생에 의한 동아시아의 경제 부흥			

3) 닷지 라인과 대일강화조약

미·소 갈등은 더욱 첨예해지는데 역코스 정책이 본격적으로 진행되던 1948년에도 일본의 GNP는 여전히 전전의 1/3 수준에 머물러 있었다. 지도자들은 인플레를 경제 안정에 대한 최대 위협으로 인식하고 있

---

34 Takushi Ohno(1975), "United States Policy on Japanese War Reparations, 1945-1951," Asian Studies, pp.23-45.

35 https://kotoheihei.work/shipbuilding-2/ (검색일: 2020. 5. 4.)

었다. 1945년 9월부터 1948년 8월까지 물가는 700%까지 상승하고 있었다.[36] 미국은 강경한 냉전 정책으로 전환하였는데, 케넌은 1948년 7월 NSC 13에서 일본 경제 회복이 대일 정책의 가장 주요한 목표라고 하였다가 NSC 13/1에서는 일본 경제의 회복을 미국 안보 다음으로 중요한 목표라고 수정하였다. 그만큼 미국의 안보와 일본의 경제 회복이 직결된 문제였음을 보여 준다. 워싱턴의 새로운 대일 정책을 수용하기 시작한 맥아더는 1948년 5월에 일본의 경제 운영을 도와줄 외부 인력의 필요성을 인정하고 요청하기에 이르렀다. 그래서 선발된 것이 장관급의 외부고문역 조셉 닷지(Joseph Dodge)였다.

1949년 2월 도쿄에 도착한 닷지는 한 달 뒤 안정화 정책 4요소를 발표하였다. '닷지 라인'이라 불리는 방침들은 ① 균형 예산의 확립, ② 단일 고정환율의 확정, ③ 보조금, 가격 조절 등과 같은 정부의 시장 개입 축소, ④ 전후 초인플레의 주범이었던 부흥금융금고의 해체 이 네 가지였다. 닷지는 대장성 장관이었던 이케다 하야토에게 이러한 방침들을 실시할 것을 요구하였다. 닷지 라인 도입 직후 인플레가 잡히기 시작하였다. 1948년 80%였던 인플레가 1949년에는 24%로 하락했다. 그리고 1948년에 1천600억 엔이었던 재정 적자는 1949년 2천6백억 엔의 재정 흑자로 전환되었다. 그러나 모든 분야의 예산을 삭감하는 긴축재정으로 통화 공급이 급속히 축소되면서 대량 실업이 찾아왔다. 반인플레 수단들이 공공 분야든 민간 분야든 과잉 인력 삭감을 목표로 하였고, 일본 정치체제의 거의 모든 주요 권력 기관들이 상처를 입고, 위기를 겪게

---

36 Schonberger(1989), p. 202.

되었다. 닷지 불황이 찾아온 것이다.

GHQ에서 경제 담당으로 근무했던 코헨(Theodore Cohen)은 닷지가 GHQ를 위해 중요한 기능을 수행했는데, 바로 맥아더의 책임으로 돌아갈 비난들을 피뢰침처럼 모두 다 자신이 받아 내는 역할을 했다고 말했다.[37] 닷지는 단순히 일본인들의 생활수준 향상을 목표한 것이 아니었다. 그는 일본의 수출 증가를 통해 일본과 동남아 지역의 연대, 즉 두 지역 사이에 대소련 봉쇄의 연결고리를 필요로 하는 미국의 전략에 기여하고자 한 것으로 평가된다. 일본의 수출 증가는 동남아 지역으로부터의 원자재 수입을 증가시키고 동남아 지역에 달러를 공급하게 되며, 동남아 지역의 안정은 프랑스, 영국 등의 공산품 시장 역할을 하게 되는 연쇄효과를 낳는 것이었다. 중국이 공산화될 가능성이 높아가던 1949년, 미국은 동남아 방어의 중요성을 인식하면서 일본의 수출주도 경제를 동남아 경제와 연계하는 전략을 구체화하기 시작하였다 (NSC 48, NSC 48/2). 1950년 중국이 공산화되자 미국은 동남아에서의 군사적 봉쇄 정책을 실시하였다(NSC 68). 일본을 동남아지역 개발의 '발판 (springboard)'으로 삼고자 한 것이었다.

닷지가 일본에 남긴 가장 큰 공헌은 일본의 관료들과 경제기구들이 장차 일본의 경제발전을 주도할 수 있도록 기반을 만들어 주었다는 것이다.[38] 닷지는 경제, 특히 금융과 관련된 GHQ의 권한을 일본 정부와

---

37 Theodore Cohen(1980), "Comments to Howard Schonberger." in Lawrence H. Redford (ed.), *The Occupation of Japan: Economic Policy and Reform, Symposium Proceedings*, Norfolk, The MacArthur Memorial, p.17.

38 Marie Thorsten & Yoneyuki Sugita(1999), "Joseph Dodge and the Geometry of Power in US-

엘리트들에게 넘겨주는 역할을 하였으며 이를 통해 일본의 금융계 인사들과 협력 관계를 구축해 나갔다. 닷지의 긴축재정이 옳은 방법이라 여겼던 이케다는 닷지 라인을 적극 실행에 옮기는 데 앞장섰다. 대신 닷지는 이케다에게 힘을 실어 주었고, 이케다가 정치적으로 성장하는 데 기반이 되어 주었다.

그렇다면 일본의 개혁에서 경제 회복으로 정책의 목표를 수정한 정책 입안자들의 입장에서 봤을 때 닷지 라인은 일본의 경제 회복에 얼마나 기여했을까? 그 효과가 판명 나기 전에 한국전쟁이 발발하였다. 한국전쟁이 아니었다면 닷지는 일본을 깊은 불황의 구렁텅이로 이끌었을까, 아니면 전쟁과 상관없이 향후 일본 경제발전의 초석을 닦은 것일까?

1950년 5월에 작성된 국무부의 비밀문서는 "항복 이후 처음으로 미국의 통제에 대해 폭넓은 정치적 저항의 움직임이 등장했다"[39]면서 특히 GHQ의 지원을 받은 일본의 주요 정치 부문들이 하나같이 닷지 라인의 안정화 정책으로 인해 위기에 처하게 되었다고 불만을 표출하고 있는 것이 특징이라고 지적하였다. 노동계의 반공 지도자들은 닷지 라인의 수정을 요구하고 있으며, 농민들은 농산물 가격의 하락을 우려하였다. 4백만 개에 달하는 중소기업들은 신용 경색을 비롯한 다양한 닷지 라인 정책들 때문에 가장 큰 타격을 받은 집단들 중 하나가 되었다. 심

Japan Relations," *Japanese Studies* 19-3, pp.297-314.

39 Department of State, Office of Intelligence Research, Report 5247, "Japanese Political Trends Affecting U.S. Position in Japan," May 23, 1950," DOS, RG 59. Edward B. Schonberger(1989), *Aftermath of War: Americans and the Remaking of Japan*, 1945-1952," Kent: Kent State University Press, p. 225에서 재인용.

지어는 일본의 보수주의자들과 대기업들마저 경기 침체와 디플레, 재고 과다와 공황 상태를 닷지 라인 탓으로 돌리고 있었다.[40]

대일 점령 정책에 대한 한 리뷰 페이퍼에 따르면 대부분의 역사학자들은 워싱턴이 닷지를 통해 일본 경제의 운명을 걸었다가 실패했거나, 한국전쟁이 아니었다면 실패했을 것이라고 평가했다.[41] 존 다우어는 '안정화 공황 상태'가 당시 일본에서 유행한 경제 묘사였다는 점과 영세 상인들의 파산 증가, 그로 인한 자살 증가가 미디어의 주요 주제였다고 한다. 또한 그는 1950년 4월 U.S. News and World Report지가 일본의 디플레 정책을 '경제적 자살행위'로 불렀다는 점을 들어 사태의 심각성을 평가했다.[42] 고든(Andrew Gordon 1998)은 '마침 GHQ의 치료가 환자를 거의 죽음에 이르게 했을 때' 한국전쟁이 일어났다고 평가했고, 가오 (Bai Gao, 1997)는 한국전쟁을 '일본을 회생케 한 수혈'이라 불렀다. 숀버거는 예상치 못한 한국전쟁의 발발이 닷지 플랜이 일본에 남긴 정치·경제적 늪에서 미국의 입장을 구출해 주었다고 선언하였다. 한반도에서의 전쟁 발발 소식을 들은 요시다는 '신의 선물'이라고 환호성을 터뜨렸다.

1950년 4월 덜레스는 공화당 소속임에도 불구하고 국무장관 애치슨의 고문으로 임명되었다가 5월 18일에는 대일강화조약 담당 대통령 특사로 선정되었다. 미군 주둔과 일본의 재무장 문제를 둘러싼 국무부와

---

40 Edward B. Schonberger(1998), "A Rejoinder," in Edward R. Beauchamp (eds.) *History of Contemporary Japan*, 1945-1998, New York: Garland Publishing, pp.193-203.

41 Yoshihiro Miwa & J. Mark Ramseyer(2005), "The Good Occupation," *Discussion Paper No. 514* (Harvard Law School), p. 7. 柴垣和夫(1989), 『昭和の歴史9: 講和から高度成長へ』, 東京: 小学館ライブラリ＿. pp.61-66.

42 John Dower(1999), p.541.

국방부 사이의 입장 차이로 인해 대일강화조약이 진전을 보지 못하는 상황에서 미국은 한국전쟁 발발로 바빠지기 시작했다. 1950년 11월, 덜레스는 국무성을 통해 대일강화조약의 7원칙을 발표하였다.[43] 그중에는 6번의 청구권 항목에서 다음과 같이 적고 있다.

> 조약에 참가하는 모든 국가들은 a. 연합국들이 자신의 영토 내에 있는 일본의 재산을 보유하는 경우와 b. 일본이 연합국의 재산을 복원해 주거나, 만약 원 상태로의 복원이 어렵다면 손실 가치에 대해 합의된 일부를 엔화로 보상하는 경우를 제외하고는, 1945년 9월 2일 이전의 전쟁 행위로 인한 청구권은 포기한다.

이른바 배상 포기 원칙이다. 이에 대해 필리핀이 항의 의사를 밝혔다. 그러자 덜레스는 제1차 세계대전 직후 독일에 대한 배상 요구 실패의 경험을 언급하였다. 그는 일본에게 더 이상의 배상 책임을 지운다면 일본 경제의 숨통을 끊어 놓는 것과 같으며, 유일한 대안은 미국이 일본을 대신해서 배상을 지불하든지, 아니면 일본이 공산화되도록 내버려 두는 것이라고 했다.[44]

이러한 입장은 강화조약으로까지 이어졌다. 일본에게는 경제적 자립의 기회가 주어져야 하고 어떠한 과중한 경제적, 재정적 부담이나 상업

---

43 "Unsigned Memorandum Prepared in the Department of State" 1950. 9. 11, *FRUS* 1950, vol. 6, pp.1296-1297.

44 Takushi Ohno(1975), pp.23–45.

적 부채를 지우지 않는다는 규정과 강화조약은 연합국들이 일본에 대한 배상청구권을 포기한다는 원칙도 포함되어 있다. 이로써 강화조약은 '자유주의적이고, 관대하며, 비징벌적인' 조약이 되었다.

5. 일본의 경제성장과 대국화로의 길

1) 점령 이후 일본의 경제 회복과 성장

1954년 일본의 경제는 전전 최대 경제 수준인 1939년의 GNP를 회복하였고, 1955~1962년의 7년간 연평균 10%의 성장률을 기록하였으며, 1963~1967년의 4년간은 10% 이상의 성장률을 기록하였다. 〈표 3〉은 같은 시기 일본의 경제성장률이 얼마나 특별한 것인가를 잘 보여 준다. 한국전쟁의 종결과 함께 성장하기 시작한 일본 경제는 결국 1990년대까지 이어지는 경제대국화로의 길을 시작한 것이다. 그렇다면 7년 점령기는 일본의 전후 경제성장에 어떠한 영향을 끼쳤을까?

미국의 대일 점령 정책은 1948년을 전후해서 개혁 우선에서 경제 우선으로 전환하였다. 그런데 닷지 라인이 일본 경제를 오히려 깊은 경제 불황의 위기로 이끄는 것으로 인식되었을 때 한국전쟁의 일어났다. 일본은 특수를 누리기 시작했고 경제 회복의 길로 나아갈 수 있었다. 이제는 그 대국화의 출발점인 경제 회복의 원인에 대해 살펴볼 차례다.

<표 3> 1955~1962년, 주요 자유기업 국가들의 실질 GNP 성장률

일본	9.9%	서독	5.7
미국	2.8	이탈리아	6.2
캐나다	3.6	네델란드	3.7
영국	2.3	스웨덴	4.0
프랑스	4.9		

2) 경제성장과 점령 정책 평가

점령 초기 GHQ의 노동과(課)에서 과장을 지냈으며 1950년까지 경제국에서 고문을 지낸 코헨(Theodore Cohen)은 일본의 개혁 정책을 이끈 뉴딜주의자들의 대표 주자였던 인물이다. 그는 노동개혁과 토지개혁으로 인해 노동자와 농민들의 재산과 수입이 증가했고, 점령이 종료되었을 때에는 이들이 일본의 중산층을 형성함으로써 경제 수요를 창출하여 그 후 일본 경제성장의 기초가 되었다고 주장한다.[45]

엘리너 해들리(Eleanor Hadley)는 점령기 개혁들과 그중에서도 특히 반독점 프로그램이 일본 경제를 망쳤다는 주장은 근거가 없으며 오히려 재벌 해체 정책을 통해 반독점 정책이 일본의 경제성장을 초래하는 데 긍정적으로 작용하였다고 주장한다.

해들리나 코헨의 입장은 이들이 GHQ에서 근무한 경력이 있다는 점

---

[45] Theodore Cohen(1987), *Remaking Japan: The American Occupation as New Deal*, Herbert Passin, ed. New York: The Free Press.

에서 이해할 수도 있다.[46] 해들리의 논리를 살펴보자.

일본 경제의 회복과 성장의 원인으로는 수많은 요인들을 제시할 수 있으나 그중에서도 대규모 원조와 투자 증가, 그리고 관리 방식의 변화를 들 수 있다. 미국의 경제원조가 일본의 경제 회복에 미친 영향은 전통주의자들이나 수정주의자들 모두가 인정하는 바이다. 이는 일본뿐 아니라 독일에 대해서도 마찬가지다. 패전에서부터 1956년까지 이어진 미국의 대일 원조는 총 20억 달러에 달하는 것으로 평가된다(1961년 MITI의 자료에 따르면 GARIOA, EROA 외 다른 민간 원조 프로그램을 합한 것이 17억9천5백만 달러였다고 함). 이 대규모 원조가 어려웠던 시기 일본 경제의 회복에 크게 기여한 것으로 평가된다.

다음으로는 반독점법과 집중배제법을 통한 개혁들이 높은 투자와 투자수익률을 가능하게 했음을 설명한다. 최상위 지주회사들의 해체는 독립적인 기업들을 배출했고, 이들 사이의 격한 경쟁은 국제사회의 기술 변화를 신속히 수용하도록 하였으며, 예외적으로 높은 민간 부문 투자를 이끌어 낼 수 있었다. 거기다 미일안보조약을 통해 미군의 주둔을 허용한 일본 정부는 방위비 지출이 줄어든 만큼 정부도 투자를 확대했으며 그 투자는 방산 물자가 아닌 자본재 투자로 이어질 수 있었다.

높은 투자 비율은 수익률이 높거나 경쟁이 극심할 때 발생하는 현상이다. 이 시기 일본의 경우 높은 투자수익률은 전후의 높은 출산률(10%)로 이어졌고, 그것으로 인해 노동력 공급의 증가(15%)가 가능했으며, 연공서열형 임금 구조에서 청년층 노동력의 증가는 수익 증가를 보장했

---

46 柴垣和夫(1989),『昭和の歴史 9:講和から高度成長へ』, 東京: 小学館ライブラリー, pp.61-66.

다. 그런데 극심한 경쟁과 해외로부터의 기술 유입 또한 투자 비율 향상에 기여한다. 지주회사들의 해체와 함께 전전 일본 무역의 70%를 담당해 온 두 개의 거대 무역상사들이 213개 기업들로 해체되었다. 이로써 재벌구조하에서보다 훨씬 더 폭넓은 해외 기술의 유입과 효율적 국내 유포가 가능해졌다. 이전에는 미쓰이, 미쓰비시, 두 상사가 해외 기술 수입의 주요 통로를 독점함으로써 그 수입된 기술들은 일본 기업 전체가 아니라 계열회사들에게만 접근이 허용되었다. 여기서 재벌 해체의 효과가 더욱 두드러진다.

관리 방식에 있어서는 재벌 해체가 관리자들의 동기부여에 작용함으로써 관리와 업무의 효율을 향상시킬 수 있었다. 지주회사 체제에서 주요 계열사의 임원은 말 그대로 임원일 뿐 모두 샐러리맨이었으며 소유에 대한 보상은 가족들에게만 공유됨으로써 동기부여에 한계가 있었다. 그러나 지주회사가 붕괴되자 임원들이 임원 역할을 할 수 있게 됨으로써 창의력 발휘가 가능해지고 책임과 보상이 임원들에게 공유되기에 이르렀다.

결과적으로 탈집중 정책들이 일본의 경제성장에 기여했다는 주장이다. 해들리는 시장에서의 지위를 위한 경쟁, 해외 기술의 확산, 그리고 견고한 집행부라는 의미에서 이들에 영향을 미친 재벌 해체를 빼놓고는 1954년 이후의 성장을 설명할 수 없다는 입장이다.

그러나 역코스로의 전환 이전의 점령 정책을 평가하지 않는 시각에서는 시장경쟁이 일본 경제 복구와 성장의 원동력이었다는 사실에는 동의하면서도 그 주된 원인이 점령 정부하에서의 반독점법과 집중배제법이라는 것에는 동의하지 않는다. 그 법령들이 집중을 제한한 것은 사실이나 경쟁 시장 형성의 직접적인 원인은 아니었다는 것이다. 경쟁이 유발된 것은 수요의 급속한 성장과 수입품으로부터의 국내제품 보호 정책으로 인해 시장 진입이 용이해졌기 때문이라는 주장이다. 일본 경제의 사활이 걸린 무역 분야에 있어서 일본이 국제사회에 통합될 수 있었던 것은 닷지 라인이 도입한 단일환율제가 아니었으면 불가능했을 것이라는 평가다.

미와 요시로(Yoshiro Miwa)는 심지어 누구나 동의하는 GHQ의 집중배제법의 효과들, 즉 가족 중심 지주회사 재벌의 해체, 그들의 보유 주식 분산, 그리고 서로 얽히고설킨 지배 구조의 종식 등은 맥아더와 워싱턴 정책 결정 그룹 사이의 갈등과 역코스 정책의 도입으로 제대로 진행되지 못했을 뿐 아니라,[47] 경쟁과 시장의 실적에도 거의 영향을 미치지 않았던 것으로 본다.[48] 더구나 재벌 해체와 집중 배제는 오래 가지 못했다. 미쓰이와 미쓰비시에서 분리된 213개 회사들의 대부분은 머지 않아 다시 결합되었다. "그들은 수은 방울들이 결합해 더 큰 방울로 합쳐지듯이 (해체 이후) 5년이 지나지 않아 두 회사들은 이전 형태로 재건되었다."[49]

이들은 관리 방식에 있어서도 기업의 지배 구조 변화보다는 일본 정부가 주도한 경제정책의 중요성을 강조한다. 닷지의 공로로 평가되는 것이 있다면 경제기구에 있어서의 통상산업성(통산성, MITI)의 출범이다. GHQ의 지시에 따라 세워졌던 상무산업성(MCI)의 통제 위주의 정책보

---

47 Michael Schaller(1986), "MacArthur's Japan: The View from Washington," *Diplomatic History*, 10-1, pp.1-23.

48 Miwa Yoshiro(2005), *State Competence and Economic Growth in Japan*, New York: Routledge.

49 William Nester(1996), p. 221.

다는 자유시장 정책을 선호했던 요시다는 닷지가 부임하자 1개월 만에 상무산업성을 폐지하고 통산성으로 출범시켰다. 이때 생긴 통산성은 이후 닷지 라인의 집행에 앞장섰을 뿐 아니라 한국전쟁 이후 일본의 경제가 회복을 넘어 '기적'이라 불릴 정도의 경제성장을 이룩하는 데 첨병 역할을 수행하였다.

통산성의 역할에 대해 찰머스 존슨은 '개발 정부(developmental government)' 라는 이름으로 개념화하였던 것이다.[50] 이는 중앙정부는 시장에 대해 객관적인 심판 역할을 하는 것이 아니라, 민간이 아닌 중앙정부가 일본의 경제성장을 주도하는 형태를 말하는데, 흔히 '산업정책(industrial policy)'이라 불린다. 예를 들면 석탄, 철강, 제철, 비료 등의 특정 산업 품목에 대해 정부가 세제, 대출, 수입 환율, 해외 라이센스에 대한 접근 등의 지원을 해 줌으로써 특정 산업을 육성하는 것을 말한다. 특히 성장 정책의 구상과 실행은 중앙 부서의 제한된 수의 엘리트 관료들이 한다.

닷지 라인의 긴축재정으로 인해 노동 계급이 어려웠을 때 그 이면에는 일본에서의 자본주의 지배 계급의 등장에 대한 미국의 묵인 내지 승인이 있었다. 1948년 이후 요시다가 대기업과 관료 집단, 보수 정당 사이에 3자 연대를 형성하는 데 적극적으로 나서기 시작했다. 일본판 '철의 삼각형'이라 불리는 이 계급적 카르텔은 지금도 일본 경제를 지배하고 있다. 존슨의 개발 정부도 이 3자 연대에 의해 가능해진 것이다.[51]

50 Chalmers Johnson(1982), *MITI and the Japanese Miracle: The Growth of Industrial Policy, 1925-1975*, Stanford, CA: Stanford University Press.

51 John Dower(1975), "Recent Japan in Historical Revisionism: Occupied Japan as History and Occupation History as Politics." *Journal of Asian Studies*, 34, p. 487. Janis Mimura(2011).

6. 맺음말

위의 연구에서 우리는 미국의 대일 점령 7년이 일본 경제대국화에 미친 영향에 대해 살펴보았다. 그런데 전후 일본의 고도성장의 원인을 찾기에는 모순된 부분들이 많이 있는 것도 사실이다. 점령 초기의 정책들은 일본이 국제사회에 군사적 위협이 되지 않도록 하는 것을 최대 목표로 하였으며, 자유와 경쟁이 민주주의와 평화의 기초라는 전제에서 수립된 것들이었다. SCAP(연합군 최고사령관)은 그러한 초기 대일 정책에 따라 재벌 해체, 경제인 추방, 반독점 정책 등의 개혁적인 경제정책들을 추진하였다. 그런데 역코스로의 전환 이후 일본의 안정과 경제 회복을 위해 택한 정책들은 재벌 보호, 기득권 유지, 공직 추방 취소 등이었다. 이들 정책들은 일본을 공산주의에 대응하는 동아시아의 보루이자 동아시아의 공장으로 만드는 것을 최대 목표로 한 것이었다. 자유 시장경제보다는 독과점 경제, 나아가 제국주의적 전시체제하의 일본 경제, 그리고 대동아공영권 구상이 훨씬 더 안정적이고 효율적이라는 가정에서 출발한 것들이다. 역코스 채택 이후 미국의 대일 정책의 상징이 바로 닷지라인이었다. 이들 두 가지 점령 정책의 기조들이 점령 종료 후 일본의 성장에 끼친 영향에 대해서는 많은 비교 연구가 진행되어 왔다.

이상의 논의에서 우리는 전후 일본의 경제 회복과 고도성장의 출발점에 대해 다음과 같은 결론을 내릴 수 있다. 첫째, 미국 대일 점령 정책이 일본의 경제성장에 미친 영향에 대해서는 지금도 논란이 계속되고 있다. 특히 재벌 해체나 반독점법과 같은 역코스 이전 GHQ의 개혁 정책들과 역코스 정책인 닷지 라인의 개별 성과도 단정할 수 없을 뿐 아니라 비교는 더욱 어렵다고 할 수 있다. 둘째, 한국전쟁이 일본 경제 회복의 기폭제였다는 점에는 의심의 여지가 없다. 셋째, 미일강화조약 이후 일본 내에 형성된 보수 연대와 정부 주도의 경제정책이 고도성장의 엔진 역할을 했다는 점 또한 역사학자들 사이에 합의가 형성되어 있다. 이를 종합하면 결국 미국의 7년 대일 점령 정책이 일본의 경제에 미친 영향에 대한 평가는 지금도 논란의 중심에 있음을 알 수 있다.

역코스 정책의 효과는 닷지 라인과 같은 경제정책보다 점령 종료 이후 산업 정책을 가능하게 한 계급적 카르텔의 형성과 같은 정치적 분야에서 더 두드러진다고 할 수 있다. 이는 존 다우어나 제이니스 미우라가 주장한 보수 연합의 복귀가 일본 경제의 장기적인 부활을 가능하게 하였다는 주장과 일치한다. 오늘날 아베 내각의 역사 인식의 뿌리도 바로 여기에 있음을 알 수 있다.

| 참고 문헌 |

- 다케마에 에이지 저(송병권 옮김, 2011), 『GHQ: 연합군 최고사령관 총사령부』, 평사리, 72~115쪽.
- 최운도(2020), 「미국의 대일점령정책: 분석수준에 따른 역코스로의 전환 과정」, 『일본 공간』 제27호, 국민대학교 일본학연구소 153~194쪽. DOI: https://doi.org/10.35506/jspace.2020..27.004.

- 天川晃(2016), 「1970年前後の占領史研究とその周辺」, 『参考書誌研究』, 第77号, 東京：国立国会図書館, 56~78쪽.
- 五百旗頭真(1985), 『米国の日本占領政策 戦後日本の設計図 (上)』, 東京: 中央公論社, 215~282쪽.
- 片岡鉄哉(1999), 『日本永久占領：日米関係 隠された真実』, 東京: 講談社＋α文庫, 69~118쪽.
- 柴垣和夫(1989), 『昭和の歴史9：講和から高度成長へ』, 東京: 小学館ライブラリー, 61~66쪽.
- 竹前栄治(2015), 「占領研究40年」(2015. 3. 18.) 国立国会図書館東京本館での講演, 21~44쪽.
- 福永文夫(2014), 『日本占領史1945~1952: 東京・ワシントン・沖縄』, 東京: 中公新書, 11~78쪽.

- Bisson, T.A.(1947), "Reparations and Reform in Japan", Far Eastern Survey Vol.16-2(Dec. 17. 1947), American Council, pp.241~247.
- Bix, Herbert(2000), Hirohito and the Making of Modern Japan, New York: Harper Collins, pp.19~40.
- Cohen, Jerome(1948), "Reform vs. Recovery," Far Eastern Survey, Vol.17(12) (Jun. 23, 1948), American Council, pp.137~142.
- Cohen, Theodore(1980), "Comments to Howard Schonberger", in Lawrence H. Redford (ed.), The Occupation of Japan: Economic Policy and Reform, Symposium Proceedings, Norfolk, The MacArthur Memorial, p 79.
- Dower, John(1999), Embracing the Defeat, New York: W.W. Norton, pp.19-30.
- Dower, John(1975), "Recent Japan in Historical Revisionism: Occupied Japan as History and Occupation History as Politics", The Journal of Asian Studies 34, Association for Asian Studies, pp.485~504.
- Edwards, Corwin D.(1946), Report of the Mission on Japanese Combines: Part I. Analytical and Technical Data. A Report to the Department of State and the War Department, March 1946.
- Edwards, Corwin D.(1946), "The Dissolution of the Japanese Combines," Pacific Affairs

19(3), University of British Columbia, pp.237~238.

- Hein, Laura 2011), "Revisiting America's Occupation of Japan", Cold War History 11(4), Routeldge, pp.579~599. DOI: https://doi.org/10.1080/14682745.2010.524210
- Johnson, Chalmers(1982), MITI and the Japanese Miracle: The Growth of Industrial Policy, 1925~1975, Stanford, CA: Stanford University Press, pp.35~82.
- Mimura, Janis(2011), Planning for Empire: Reform Bureaucrats and the Japanese Wartime State, Ithaca: Cornell University Press, pp.7~40.
- Miwa, Yoshihiro & J. Mark Ramseyer(2005), "The Good Occupation", Discussion Paper No. 514, Harvard Law School, pp.1~49.
- Morris Jr., Seymour(2014), Supreme Commander: MacArthur's Triumph in Japan, New York: Harper Collins Publisher, 20장, pp.217-268.
- Nester, William(1996), "Ch.5. Demilitarization and Democratization, 1945~7", Power across the pacific: A Diplomatic History of American Relations with Japan, New York: Macmillan, pp.191~223.
- Ohno, Takushi(1975), "United States Policy on Japanese War Reparations, 1945~1951", Asian Studies, pp.23~45.
- Overseas Consultants, Inc.(1948), Industrial Reparations Survey of Japan (Feb. 1948).
- Pauley, Edwin(1946), Report on Japanese Reparations to the President of the United States: November 1945 to April 1946, Depart of State Publication 3174. Apr.1, 1946, pp.1~12.
- Raymond, Daniell(1945), "'Hard' or 'Soft' Peace? A Summing Up: Either way observers foresee a future which will require our eternal vigilance", New York Times, Mar. 25, 1945.
- Reischauer, Edwin & Marius Jansen(1977), Japanese Today: Change and Continuity, Cambridge: Harvard University Press, pp.231~294.
- Schaller, Michael(1985), The American Occupation of Japan: The Origins of the Cold War in Asia, New York: Oxford University Press, pp.77~140.
- Schaller, Michael(1986), "MacArthur's Japan: The View from Washington," Diplomatic History, 10-1, Oxford University Press, pp.1~23.
- Schonberger, Howard B.(1989), Aftermath of War: Americans and the Remaking of Japan, 1945~1952, Kent: Kent State University Press, pp.11~39
- Schonberger, Howard B.(1998), "A Rejoinder," in Edward R. Beauchamp (eds.) History of Contemporary Japan, 1945~1998, New York: Garland Publishing, pp.193~203.
- Schonberger, Howard B.(1973), "Zaibatsu Dissolution and the American Restoration of Japan", Bulletin of Concerned Asian Scholars 5(2), Taylor&Francis, pp.16~31.
- Thorsten, Marie & Yoneyuki Sugita(1999), "Joseph Dodge and the Geometry of Power in US~Japan Relations," Japanese Studies 19-3, Society for Japanese Studies, pp.297~314.

- Yoshiro, Miwa(2005), State Competence and Economic Growth in Japan, New York: Routledge, pp.1~49.

〈참고자료〉

- Department of State(1948), Foreign Relations of tne United States (FRUS), vol.6.
- _____(1950) Foreign Relations of tne United States (FRUS), vol.6.
- _____ Office of Intelligence Research, Report 5247, "Japanese Political Trends Affecting U.S. Position in Japan, 23 May, 1950", DOS, RG 59.
- Joint Chief of Staff, JCS-1380/15 https://www.ndl.go.jp/constitution /e/shiryo /01/036/ 036tx. html (검색일: 2020. 5. 4.)
- SCAP, SCAPIN 550, "Removal and Exclusion of Undesirable Personnel from Public Office." 1946.1.4. https://dl.ndl.go.jp/info:ndljp/pid/9885619 (검색일: 2020. 5. 5.)
- State-War-Navy Cordination Committe, SWNCC 150/3, SWNCC-150/4, SWNCC 150/4/a. https://www.ndl.go.jp/constitution/e/shiryo/01/036/ 036tx.html (검색일: 2020. 5. 4.)

제3장

일본 보수 정치인들의
역사 인식과 역사 정책 전개

| 이종국 ▪ 동북아역사재단 연구위원 |

1. 머리말

그동안 한일 관계는 일본 정치가들의 과거사 관련 '망언'으로 양국이 대립하는 상황에 자주 직면하였다. 일본은 최근 '역사 인식' 문제[1]를 둘러싸고, 우파 정치인·보수적인 역사학자들이 역사수정주의 노선을 지지하면서 '우경화'하고 있다. 이러한 현상에 대해 한국을 비롯한 동아시아 그리고 미국과 유럽국가들이 염려하고 있다. 2015년 아베 총리의 방미 후, 미국 학자들과 세계의 역사학자들이 연대하여 일본의 역사 인식을 문제 삼아 성명서를 내는 등 과거와는 달리 일본의 역사 인식 문제는 글로벌한 문제로 확대되었다.

2015년은 제2차 세계대전이 종결된 지 70년이 되는 해였다. 지난해 동아시아 3국은 물론 관계국들은 관련 행사들을 치르기도 하였다. 그리고 여러 국가의 전문가들은 전쟁 종결과 전후 처리, 전후 질서에 관

---

1 동북아시아에서 논쟁이 생기게 된 계기는 냉전이 종식되고 난 이후 일본의 침략 전쟁으로 인한 피해자들의 목소리가 높아지면서였다. 그리고 탈냉전 이후 근대국가의 역할이 변화하면서 역사 인식 문제도 새롭게 제기되었다. 일본에서는 90년대 전반 일본 정부가 법적 책임을 부인하는 입장을 보이자, 1995년 일본의 가해 책임에 대한 대법정이 개최되면서 시민들에 의한 평화운동이 전개되었다. 90년대 후반은 반동기로 일본의 전후 역사는 '자학사관'이라고 비판하면서 자국 중심적인 역사관을 주장하는 그룹들의 활동이 강화되었다. 그러므로 90년대는 역사 인식을 둘러싸고 논쟁이 치열하게 전개되었다. 그 이후 일본의 역사 인식은 글로벌사로 인식되는 흐름도 있으나, 새로운 국가주의적인 경향이 강화되는 상황에 있다. 이러한 논의에 대한 참고 문헌으로는 이하를 참고하기를 바란다. 다카하시 데쓰야, 임성모 옮김, 『역사 인식 논쟁』(동북아역사재단, 2009년); 若宮啓文, 『和解とナショナリズム』(朝日新聞社, 2006년); 若宮啓文, 『戦後70年保守のアジア観』(朝日新聞社, 2014년); 中野晃一, 『右傾化する日本政治』(岩波書店, 2015); 菅英輝 編, 『東アジアの歴史摩擦と和解可能性』(凱風社, 2011年)

한 전후사 재평가 연구를 진행하고 있다. 다시 말해 제2차 세계대전을 '어떻게 기억' 할 것인가? 그리고 전후 처리가 남긴 역사적인 의미를 기억하면서 어떤 교훈을 얻을 것인가? 그동안 진행된 가해자의 전후 처리 정책들을 상기하면서 무엇이 부족했으며, 그러한 것들을 향후 어떻게 보완해야 하는가? 이러한 것들을 주로 논의하였다.

그러나 전후 질서를 둘러싸고 관계국들은 서로 인식을 달리하고 있다. 그것은 '전쟁 책임론'[2]과 '전후 질서 탈각'[3]과 같은 형태로 주장되고, 역사 인식을 통한 정체성 수립 과정에서 갈등으로 나타났다.

이 글에서는 그동안 논의된 선행 연구들을 확인하면서 왜 이러한 현상이 발생하였는지를 살펴볼 것이다. 먼저 전후 일본이 경제대국으로 성장하는 동안 냉전기에 집권한 자민당 보수 정치인들이 한일 관계에서 어떠한 역사 인식을 가졌는지 중점적으로 설명한다. 그리고 냉전이 종식된 후 보수 정치인들이 자국의 정체성과 이데올로기를 강화하면서 역사수정주의 노선을 선택하는 과정을 볼 것이다. 마지막으로 자민당 보수연합이 진행한 역사 정책이 왜 만들어졌으며, 한일 관계에 어떠한

---

2 전쟁에 초점을 맞추어 일본의 근대사 전체를 문제시하는 것으로, 1945년 이전뿐만 아니라 그 이후의 역사를 대상으로 하는 시각이다. 그리고 전쟁 책임을 회피하는 일본을 비판한다. 전쟁 책임과 관련하여 일본 내에서는 전쟁 책임 긍정파(大沼保昭,高橋哲哉小管信子)와 부정파(小堀桂一郎, 渡辺昇一)로 나뉜다.

3 아베 총리를 비롯하여 일본의 보수 정치인들이 주장하는 것으로, 역사 교과서 기술을 둘러싸고 『新しい教科書をつくる会』의 활동이 활발하게 전개되었고, 교과서 기술에서 위안부(慰安婦) 문제를 삭제하려는 국민운동을 전개하기도 하였다. 정치인들도 『明るい日本国会議員連盟』을 결성하여 자학사관을 비판하기 시작하였다. 1990년대 일본의 동향은 정치 차원과 민간 차원에서 동시에 전후의 역사관을 바꾸려는 움직임이 나타났다(다카하시 데쓰야, 『역사 인식 논쟁』, 104쪽 참조)

영향을 미쳤는지를 확인할 것이다.

동아시아의 전후 질서 속에서 한일 양국은 안전보장과 경제성장이라는 두 가지 과제에 집중하였고 역사 문제는 이차적인 문제로 다루었다. 그 결과 식민지 문제와 제2차 세계대전에 대한 전쟁 책임과 같은 '역사문제'는 충분히 논의되지 못하였고, 일본의 역사 왜곡 정책에 대해서도 한국은 충분한 대응을 하지 못하였다. 그렇게 미완의 전후 질서가 형성되었고, 역사 문제는 동아시아 국가들 사이에서 논의의 대상이 되지 못한 채 국교 정상화와 같은 외교 행위로 봉합되었다.

그러나 역사 문제는 일본 정치가들의 망언 등으로 거듭 외교 문제가 되었고, 이것이 정치와 외교에 영향을 미쳐 사죄와 반성을 촉구하는 형태로 진행되었다. 1980년대 이후 세계적으로 상호의존관계가 깊어지고 동시에 국가 간 우호적인 관계가 진전되면서도 역사 문제는 국가 간의 상호 협력 관계를 약화시키는 형태로 간헐적으로 나타났다.

일본의 역사 인식을 둘러싼 문제와 그들의 역사 정책은 정치인 개인의 사과와 장관직 해임이라는 형태로 마무리되기도 하였으나, 냉전이 종식되고 글로벌화가 진전되면서 일본 내에서는 '신대국주의'[4]와 '신자유주의 개혁'[5]과 함께 중요한 쟁점이 되었다. 동시에 민주당의 정책 실

---

4 1990년대 이후 등장한 '신대국주의'의 흐름은 전후 존재하였던 복고주의와는 달리 전개되기 시작하였다(渡辺治, 『日本の大国化とネオナショナリズムの形成』 桜井書店, 2001年, 139쪽 이하 참고). 90년대 이후 일본의 보수·우익 정치인들이 안전보장면에서 새로운 우파의 정책 전환을 적극적으로 전개하였다. 참고로 1980년대부터 일본의 내셔널리즘이 부활하기 시작했으며, 두 가지 흐름에 따라 국가 이념과 운동이 진행되었다(鄭敬娥 "歴史認識をめぐる日韓摩擦の構造とその変容"(菅英輝 編『東アジアの歴史摩擦と和解可能性』劃風社, 2011年, 235~236쪽)고 설명하고 있다.

5 渡辺修 『安倍政権と日本政治の新段階』(旬報社, 2013年), 65~66쪽

패로 자민당이 정권을 탈환하고, 아베 총리가 집권하면서 역사 문제를 대하는 태도가 보다 보수·우익적인 경향으로 진행되었다.

아베 정권 탄생 이후에도 일본 정치인들은 선거를 치르면서 그들의 포퓰리즘적인 입장에서 역사 문제를 왜곡하여 한일 관계를 악화시켰다. 특히 하시모토 도루(橋下徹)와 같은 선동 정치인은 "모든 현상은 역사성이 있다. 또는 모든 나라가 전쟁에서 여성을 이용했다"고 주장하여 한일 간에 문제를 초래했으며, 정치인들이 망언하는 논리를 제공하였다. 비슷한 현상으로 '혐한(嫌韓)' 서적이 증가하는 등 일반적으로 다른 국가에서 볼 수 없는 풍경들이 관찰되었다. 그 결과 한국과 일본의 관계는 점점 냉각되었다.

반면, 한국의 정치인들은 일본의 바람직한 역사 인식이 모든 한일 관계 정상화의 기본이라는 입장을 취하면서 일본의 역사 인식을 비판하였다. 즉 일본군'위안부' 문제를 비롯하여 한일 관계의 현안들은 결국 과거사에 대한 철저한 반성과 바람직한 인식 아래에서 해결되어야 한다는 입장이다.

2. 문제 인식과 선행 연구

일반적으로 일본의 역사 인식 문제는 과거 일본이 동아시아에서 행한 식민지 지배와 전쟁범죄 행위를 둘러싸고 도덕적·법적 책임을 충분히 인식하지 못하면서 제기되었다.

일본은 제2차 세계대전 종결 후 미국의 점령 통치를 받았다. 1960년 대에 일본의 경제성장이 어느 정도 완성되자 자립이 강조되기 시작하였다. 냉전 종식 이후 패권 국가 미국이 후퇴하는 과정에서 '강한 국가' 일본으로서의 정체성이 논의되었다. 일본의 정체성 논의는 잃어버린 20년과 중국의 부상이라는 상황 속에서 미래 일본을 둘러싸고 더욱 활발해졌다. 이러한 과정에서 일본의 역사 인식은 일본이 주변 국가들의 관계속에서 과거사와 전쟁을 어떻게 인식하느냐의 문제로 학술적인 차원에서 논의되었다. 일본의 보수 우익 정치인들은 약화되는 일본을 지키기 위해 침략 전쟁을 부인하고 전후 체제를 부정하면서 바람직한 역사 인식을 거부하고 있다.

그동안 진행된 선행 연구를 세 그룹으로 나누면 다음과 같다.

첫째, 일본의 보수적인 시각[6]이다. 일본 전후사의 해방이라는 입장에서 러일전쟁부터 아시아태평양전쟁까지 다룬 호소야 유이치(細谷雄一)의 『역사 인식이란 무엇인가?』는 보수와 진보를 넘어서서 논의를 시작한다. 그러나 호소야의 시각은 보수 진영의 논리를 아주 세련되게 설명하고 있다. 또한 기무라 칸(木村幹)의 『일한 역사 인식 문제란 무엇인가』는 한일 역사 인식 문제를 연구한 것으로, 지금까지 진행된 한일 양국의 역사 문제를 둘러싼 관계 악화의 원인과 양국의 문제를 지적하고 있다. 그리고 이러한 문제를 해결하기 위해서는 객관적인 분석과 해결 방

6　細谷雄一, 『歷史認識とは何か日露戰爭からアジア太平洋戰爭まで』(新潮選書, 2015); 木村幹, 『日韓歷史認識問題とは何か』(ミネルヴァ書房, 2014)

법을 찾아야 한다고 설명한다. 그는 한일 양국의 역사 인식을 설명하기 위하여 그 원인을 찾으면서 이론적 분석틀을 사용하였다. 기존의 연구들이 시도하지 못한 것을 시도했다는 점에서 어느 정도 설득력을 가지고 있다.

둘째, 리버럴한 시각에서 이루어진 연구[7]이다. 다카하시 데쓰야의『역사 인식 논쟁』이 있다. 데쓰야는 역사 인식 문제를 총괄적으로 다루었다. 동아시아 국가와 유럽 국가들 사이에서 초국가적 역사 인식의 가능성을 시험한 것으로, 동아시아에 있어서 과거 극복을 하는 데 좋은 자료를 제공하고 있다. 특히 그는 '전쟁 책임'이라는 말 대신 '역사 인식' 문제가 사용되고 있는 듯하다고 지적하면서 일본의 식민주의 역사를 대상으로 사용하고 있다. 또한 역사 인식 논쟁이란 우리 자신이 살고 있는 현재의 과제와 직접적으로 관련된 투쟁의 장이라고 지적하고 있다. 동시에 그는 1990년대의 역사 인식 논쟁을 설명하면서 전후 강요당하고 있던 사람들의 목소리를 들을 수 있게 되었음을 지적하고 치열한 역사 인식 논쟁을 소개하면서 한계성을 지적하였다. 1990년대 역사 인식을 둘러싸고 동아시아에 논의되는 상황을 잘 설명하고 있다. 그런가 하면 일본 전후의 아시아관 속에서 역사 인식을 비판하고 있는 연구로는 와카미야 요시부미(若宮啓文)의 연구가 있다. 그는 전후 70년 보수 정치인들의 아시아관을 소개하면서 탈냉전 이후 일본의 정치지도자들의 역사 인식을 설명하였다. 특히 '화해와 내셔널리즘'을 통하여 일본의 전후

---

7 다카하시 데쓰야,『역사 인식 논쟁』(동북아역사재단, 2009년) ; 若宮啓文『和解とナショナリズム』(朝日新聞社, 2006년) ; 中野晃一『右傾化する日本政治』(岩波書店, 2015) ; Lind Jennifer, Sorry States: Apologies in International Politics(Cornell University Press, 2008)

보수주의자들의 역사관을 설명하고 있다. 그리고 그는 자신의 경험을 바탕으로 전후사에 대한 자신의 인식을 설명하면서, 화해와 내셔널리즘의 균형의 이미지를 잡아가며 아시아와 일본 정치를 설명하였다. 또한 55년 체제부터 냉전종식 이후 현재에 이르는 과정에서 일본의 우경화를 만들어 낸 원인을 분석한 연구로 나카노 고이치(中野晃一)의 『우경화하는 일본 정치』가 있다. 나카노의 연구는 전후 일본 정치 속에 응축되어 있는 일본 정치사회의 좌표축이 점점 오른쪽으로 진행되고 있음을 지적하고 그 과정을 설명하고 있다. 특히 일본의 신우파연합이 진행한 신자유주의와 국가주의의 영향으로 일본의 역사 인식은 점점 우경화되면서 역사수정주의가 영향력을 발휘하고 있다고 주장한다. 즉 일본의 근대를 긍정하면서 신우파연합은 복고적인 국가주의적인 특징을 보여 주고 있다고 비판하고 있다.

셋째로, 국경을 초월하여 역사 인식을 공동 연구하는 작업에 관한 연구[8]로 동북아역사재단이 펴낸 『역사적 관점에서 본 동아시아의 아이덴티티와 다양성』이 있다.

이렇게 다양하게 연구된 선행 연구들은 각각 장단점을 가지고 진행되었으나, 일본의 역사 인식과 역사 정책을 동시에 고려한 연구는 부족한 상황이다. 일본의 역사 정책은 물론 전전 일본이 전개한 제국주의 정책의 연장선에서 진행된 것이다. 제국주의가 전제한 역사 정책의 핵심은 식민지 정책을 통한 제국질서의 유지 발전이었을 것이다. 이러한 논

---

8 동북아역사재단 편, 『역사적 관점에서 본 동아시아의 아이덴티티와 다양성』(동북아역사재단, 2010년)

리에 의해서 전개된 식민지 정책은 일본의 전전 역사의 내용을 이루었다. 그리고 일본 제국은 서양의 제국주의와 국제주의의 시각을 차용하여 공존하는 논리로 만들어 갔다.[9]

이 글에서는 일본의 역사 인식과 역사 정책이 근대일본의 제국주의의 위상과 그 연속성을 유지하면서 망언 역시 진행되었다고 가정한다. 전후 일본의 보수 정치인들은 국제관계의 성격과 내용을 어떻게 파악하면서 역사 인식을 하였으며, 어떻게 한국과 마주보면서 주권국가 간의 공간 속에서 정상화를 모색하였는지를 분석할 것이다.

3. 점령기의 역사 무관심 정책

이렇게 점령당국의 일본 리버럴 세력에 대한 평가가 진행되는 가운데, 3성 조정위원회(SWNCC)는 점령기 동안 대일 점령 정책의 실질적인 최고기관이었다. 1945년 6월부터 미국의 초기 대일 방침을 검토하고, 정당에 대해서 원칙적으로 정당 활동의 자유를 보장한다고 발표하였다. 이것은 '포츠담선언'에서 표명한 민주적 경향의 부활·강화라는 기준을 따른 것이었다. 즉 포츠담선언과 GHQ 그리고 SWNCC는 점령당국이 일본의 점령 정책을 수행하는 데 있어서 기본 지침이 되었다.

---

9 사카이 데쓰야, 『근대일본의 국제질서론』(연암서가, 2010年), 251~252쪽

먼저 맥아더 사령관에게 전달된 기본지령(JCS1380/15)[10]을 보면 초기 방침이 어느 정도 구체적으로 표현되어 있음을 확인할 수 있다. 이러한 워싱턴의 정책 결정과는 별도로 점령당국은 일본에 진주한 후 '일본에서 정치 개혁에 대한 제언'[11]이라는 문서를 만들었다. 여기서 정당과 국회를 언급하면서, 종래 국회는 민의를 대표하는 입법부의 역할을 하지 못하였으며, 정당도 자율성을 갖지 못하였다고 평가했다. 또 "정당의 장래 역할을 주장하면서 시민적 자유권 문제가 현재 최고의 관심을 불러 일으키고 있다. 국회의 앞으로의 역할의 중요성은 누구든지 인정하는 것이며, 자유로이 조직된 정당의 필요성은 명백하다"고 제안하였다. 이 단계에서는 정당이 앞으로 중요한 역할을 해야 한다고 제시하였다.

그리고 이어서 '일본에서 정당의 부활'이라는 문서를 통해 보다 구체적으로 설명하였다. 이 문서에서는 패전으로 정당의 부활이 가능해져, 대일본정치회, 호국동지회, 익장(翼壯)의원동맹 등의 해산에 이어서 다양한 정치단체가 생겨났지만, 아직 그 지위는 확정되지 않고 장래 어떻게 발전할 것인지도 불투명하였다.

당시 일본의 상황은 포츠담선언으로 민주적 정당 활동이 유리한 조

---

10 JCS1380/15, Basic Initial Post-Surrender Directive to Supreme Commander for the Allied Powers for the Occupation and Control of Japan, November 1, 1945 그 내용을 보면, 먼저 일본정치회, 정익찬회, 대정익찬정치회, 그것에 가맹한 단체 및 산하기관 등 모든 초국가주의적, 폭력적, 애국적 비밀결사의 해산, 둘째로 기존 정당, 정치단체를 연합국 사령관의 지배 아래 둘 것, 군사점령의 필요 목적에 따라 활동하고 있는 정당은 조장되고, 이것에 반하는 정당은 해산시킬 것, 민주주의 정당의 결성 및 활동은 지지되고, 점령군의 치안 유지에 지장이 없는 한 집회 및 공개 토론의 권리를 가진다고 되어 있다.

11 Proposal for a Political Reform in Japan, September 21, 1945

건이었지만, 부활한 정당들은 정치적인 체질을 가지고 있었고, 민의로부터 유리된 구태의연한 전전의 보수정당들이 대부분이었다. 국회, 정당에 관한 헌법상 법률상 제한도 변함이 없었고, 정당은 어려운 경제 상황을 극복할 수 있는 정책도 제시하지 못하였다. 그러므로 국민들은 정당에 대한 관심도가 떨어졌다.

점령당국은 전후 초기 부활한 일본의 보수정당이 한계가 있음에도 불구하고 진정 대항할 수 있는 반대 정당이 없음을 알면서도 정치단체의 결성에 기대감을 표시하였다. 일본의 패전과 전후 처리를 둘러싼 문제에는 관심을 두지 않았다. 이러한 상황하에 점령당국은 자유주의를 앞세워 군국주의적 초국가주의적인 일본의 구 세력을 해체하고자 공산주의자를 이용하는 정책을 사용하였다. 그리고 정치범들이 석방되어 일본 공산당이 합법화된 이후 그들이 어떠한 정책과 행동을 취할 것인지에 관심을 가졌다. 당시 점령당국의 가장 큰 관심은 일본 공산당과 소련의 관계였으며, 천황제 문제였다. 먼저 소련과의 관계에 대해서 도쿠다 규이치(德田球一)는 일본 공산당은 소련과 관계를 맺어서는 안 된다고 주장하였다. 소련 공산당이 너무나 크기 때문에 가까워지면 일본 공산당은 정체성과 독립성을 잃을 수 있고, 소련공산당에 너무 의존하면 위험하고 자신들은 약체화될 수 있다고 설명하였다.[12] 이러한 입장을 취하면서 당면한 문제는 천황제를 선택할 것인가, 민주제를 선택할 것인가이며, 일본 공산당은 영국과 미국의 정책을 지지한다고 설명하였다.

---

12 Interrogation of Tokuda Kyuichi, released political prisoner, conducted at General Headquarters, Tokyo, October 7, 1945, by John K.Emmerson, under the auspices of the Counter Interlligence Section.

도쿠다는 천황제 문제에 대해서도 "천황과 궁내청 장관은 치안유지법 성립에 책임이 있으며, 천황은 전쟁 시작과 패전의 책임이 있다. 천황제는 민주주의와는 어울리지 않는다. 천황제는 타도되지 않으면 안 된다"고 설명했다. 도쿠다의 이러한 생각은 천황제에 있어서 약간 차이가 있긴 하지만, 중국에 있던 노사카의 전후 혁명 구상과 일치하는 것이었다. 그리고 점령당국이 구상하였던 기본 방향과도 일치하는 것으로 GHQ 정치고문 에머슨이 일본 공산당에게 적극적인 정책을 추진하는 계기가 되었다.

다음으로 GHQ는 일본 사회당에 대하여 리버럴한 정당이라고 인식하면서, 사회당이 가지고 있는 국체 수호, 파벌주의적인 분열 등 전전의 체질을 비판하였다. 만약 사회당이 분열의 체질을 청산하면 대중의 지지를 받을 것이라고 생각하였다. 당시 지도력이 부족한 사회당은 시카고에 있는 오야마 이쿠오가 귀국한다면 당수로 환영받을 것이라고 생각하였다.

GHQ 점령당국은 공산당에 대한 적극적인 정책으로부터 후퇴하는 가운데, GS는 사회당만이라도 전후 민주주의 정치의 중심적인 추진자가 되기를 기대하였다. 1946년 4월 선거에서 사회당이 많은 선전을 보이자, 민주주의 실현을 위한 첫걸음이라고 높이 평가하였다.

당시 점령당국은 전전의 정우회, 민정당이 부활한 전후 보수3당이 여전히 구태의연한 국체 수호적인 체질을 가지고 있어 아직 영향력이 있다고 판단하고 사회당에 의한 민주주의를 실현하기 위해 사회당을 높이 평가하였다. 특히 대정익찬회(大政翼贊会) 같은 체질을 계승한 반동적인 일본 진보당이 점령 정책에 교묘히 저항하면서 정계에서 힘을 발휘하고 있으므로, 이러한 혼란을 피하기 위해 GHQ의 정치고문부는 진정한 리버럴 및 사회민주주의 정당의 성장을 촉진시키고자 초국가주의적 정당에게 제한을 가하면서 1946년의 선거를 허가하였다.

이상과 같이 공산당과 사회당에 대한 점령당국의 정책이 진행되는 동안 GHQ는 일본에 있어서 정당 활동의 자유를 보장하면서 리버럴 정당이 민주주의 발전에 기여해 주기를 기대하였다. 그러나 냉전의 시작으로 공산당의 활동이 후퇴하면서 사회당의 활동은 전후 리버럴 정당으로서의 재건과 역할이 중시되었다. 46년 선거에서도 나타나듯이 사회당의 활동은 노동 조직과 관계를 강화하면서 재건 운동의 움직임이 활발하였는데, 바로 혁신 정당의 재건과 노동운동 재생이 나타났다. 그들은 미국의 점령 통치가 진행되는 과정에서 점령당국과 리버럴은 어느 정도 현실정치 속에서 교감을 이루어 가면서 민주적인 일본을 만들어 간다는 공통의 인식을 가졌을지 모른다.

당시 점령당국은 일본을 민주화시키는 방법으로 초국가적이고 군국주의적인 정당과 단체를 해산시키면서 정당 활동의 자유화를 생각하고 있었다. 당시 일본의 보수계 정당은 전쟁 책임 문제로, 공산당은 간부들이 옥중에 있었기 때문에 정당 활동이 어려운 상황이었다. 사회당은 전전에 분열 양상이었지만 전후 직후 사회민주주의 계열의 비익찬 의원들을 중심으로 반군국주의, 반 도조(東条英機), 반 익찬의 입장에 서면서 전후 무산 정당 재건에 앞장섰다.

그들이 생각한 정당의 성격은 좌로부터 우에 이르기까지 폭넓은 지지를 얻지 않으면 안 되었기 때문에 전전과 같은 분열을 극복하지 않으면 안 되었다. 그러므로 좌우의 한계를 어떻게 극복할 것인가가 신당 결성에 많은 영향을 미칠 것으로 여겨졌다.

점령기 미국 점령당국의 목표는 일본의 전후 민주주의의 기초를 다지는 일이었다. 이러한 과정에서 과거 일본 정치가들의 복귀와 전통적인 가치관을 허락하면서, 앞으로 다가올 한일 관계에 직접적인 영향을 미치게 되었다. 그리고 점령당국은 보수적인 경향을 가진 숙련된 행정관을 필요로 했다. 그 결과 요시다 시게루(吉田茂) 같은 정치적 인물이 급격히 등장하게 되었다.[13]

4. 패전 후 일본 보수와 리버럴의 경쟁

1945년 8월 14일 포츠담선언을 수락한 일본은 다음 날 일왕이 항복을 선언하면서 태평양전쟁을 종결하는 조서(詔書)를 방송하였다. 당시 일본의 정당들은 패전과 동시에 부활하려는 움직임을 보였다. 그들은 전쟁 책임 문제에 직면하였다.

패전 직후 히가시쿠니(東久邇) 내각이 발족하면서 일본 국회가 개회하였다. 히가시쿠니 총리는 국회에서 '1억 총참회론'을 주장하면서 국체보호와 '1억 총참회론'을 강조하였다. 당시 임시국회는 패전 국회로 패전 관련 보고를 하는 것이 목적이었으나, 질의하는 국회의원은 1명뿐으

---

13 李庭植, 『戰後日韓關係史』(中公叢書, 1989年), 38쪽

로 거의 형식적으로 진행되었다. 그러자 무소속의 아시다 히토시(芦田均) 의원이 전쟁 책임론을 추궁했다. 그의 질문은 전쟁 책임의 원인과 그 책임 소재가 어디에 있는지 명확히 할 것과 정부가 어떤 조치를 취할 것인가를 질문하였다. 일본 정부의 답변은 전쟁 책임에 애매한 태도로 답하는 추상론에 머물렀고, 구체적인 책임론에 이르지 못하였다.

당시 일본 국회에서 진행된 전쟁 책임의 문제는 애매하게 끝났지만, 그 이후 연합국의 점령 정책은 엄격하게 시작되었다. 점령당국은 포츠담선언에 따라 군국주의 타파를 선언하고, 일본 국민을 전쟁으로 몰아넣은 일본의 권력자들을 영원히 제거하고, 전쟁범죄인에 대한 처벌과 일본 정부가 민주주의로 부활하기 위한 장애 요소를 모두 제거하도록 명령하였다. 그리고 9월 11일 도조 히데키(東条英機) 총리 체포를 서두르면서 39명의 전범 용의자들을 넘기라고 일본 정부에 명령하였다. 여기까지는 점령당국의 역사 청산의 당위성과 목표는 명확했다. 즉 전전과 전후 일본 역사의 단절을 추구하면서 구 제국주의 일본의 유산들을 정리하는 정책들을 추진했으나 제대로 진행되지 못하였다.

당시 점령당국의 기본 방침은 기본적인 인권을 존중하고 민주주의에 기초한 정당을 장려하는 것이 그 중심이었고 역사 문제와 전쟁 책임론, 전후 배상 문제는 전혀 언급조차 없었다. 점령당국은 항복 후 미국의 촉의 대일 방침을 보도하면서, 개인의 자유에 대한 욕구 및 기본적 인권 특히 신조, 집회, 언론 출판 자유의 존중을 증대하도록 장려했다. 동시에 민주주의적인 대의 조직을 형성해야 한다는 정책만 명확히 하였다.[14] 그

---

14 군국주의자와 호전적인 국가주의자를 적극적으로 추진한 자들은 공직이나 공적 그리고 중

러나 당시 일본 정치의 주도권을 잡은 사람들은 전전의 정치 지도자들로 계속 경쟁하였다. 그들은 패전과 점령이라는 정치적 환경 속에서 전쟁 책임 혹은 패전 책임의 문제를 제기하고 이러한 문제를 해결하고자 새로운 정치 지도자로서의 역할을 해야 했으나 전혀 불가능한 사람들이었다.

일본 자유당은 하토야마 이치로(鳩山一郎)를 중심으로 정당을 결성하였다. 당시 GHQ의 민정국(GS)이 작성한 『일본의 정당』이라는 보고서를 보면 일본의 패전을 예상하고 전후의 정치 구상을 한 정치인이 아시다 히토시(芦田均)라고 인식하였다. 점령당국은 아시다를 높이 평가하면서 향후 있을 일본 정치의 민주적 운영에 관심을 가졌다. 특히 가타야마·아시다 연립정권을 지지하면서 점령 정책의 기본적인 방침을 관철시켜 나가려고 하였다. 점령당국은 정치인들 중 민주적인 인사를 찾는 데 관심을 기울이면서 자신들이 만든 보고서를 기초로 검증해 나갔다.

점령 통치가 진행되는 가운데 일본의 보수 혁신 정치인들은 서로 만나면서 활로를 모색하였다. 아시다와 사회당의 가타야마, 후에 사회당 창립의 핵심들인 스에히로, 히라노, 미즈타니 등의 행동이나 하토야마 그룹의 활동은 당시 일본 정치에 있어서 의회제 민주정치의 시대를 알리는 새로운 모색을 위한 노력이었다. 당시 그들은 보수와 혁신이라는 대립의식보다는 전시 의회에서 공통으로 경험한 것을 바탕으로 전쟁 협력 체제 세력과 대항한다는 공통점을 가지고 있었다.

이러한 분위기 속에서 니시오 그룹과 하토야마 그룹의 회담이 실현

요한 사적 책임으로부터 어떠한 지위더라도 배제한다는 것이다.

되고 신당 창립 이야기가 나왔다. 하토야마의 회고에 의하면, 당시 정당을 만든다면 전전의 무산 정당적인 세력을 포함한 진보적인 큰 정당을 만들고 싶었다고 한다. 그러나 사회주의 정당을 결성하려고 결의한 니시노는 소극적이었다. 결국 하토야마는 성장 배경이 다르므로 같이 가기는 어렵다고 판단하고 새로운 보수 세력 내의 결집을 서두른다.

당초 하토야마파 이외에 사이토 다카오, 가와사키 카츠, 이치노미야 후사지로 등과 같은 구 민정당(民政党, 민세이토우) 계열의 자유주의자들도 참가하였다. 그러나 전전부터 정우회(政友会, 세이유), 민정당 양당의 대립이 청산되지 않으면서 전시 중에는 동지였으나 하토야마와 사이토는 결별하였다.

이렇게 민정당계 정치인들이 하토야마의 신당 계획과 멀어지자 하토야마는 그 공백을 채우기 위해 제3자의 입장에서 우수한 인재를 입당시키려고 노력하였다. 그 결과 미노베 다쓰키치(美濃部達吉) 박사나 이시바시 단잔(石橋湛山) 등을 불러들여 입당 승낙을 받았다. 이렇게 하여 신당 창립준비위원회를 열고 1945년 11월 9일 일본자유당[15]이 결성되었다.

패전 직후 하토야마 그룹이 신속하게 정당정치의 움직임을 진행시킨 것에 비해 대일본정치회에 속해 있던 주류의 보수 세력들은 둔감하였

---

15 당 강령으로는 5가지가 언급되었다. 먼저 자주적으로 포츠담선언을 실천하고, 군국주의적인 요소를 근절하고 세계의 도리에 따라 신일본을 건설하는 계기로 삼는다. 둘째로, 국제를 보지하고 민주적인 책임 정치체제를 확립하고, 학문, 예술, 교육, 신교를 자유롭게 하여 사상, 언론, 행동의 창달을 기한다. 셋째로, 재정을 강고히 하고 자유로운 경제활동을 촉진하고, 농공상 각 산업을 재건하여 국민경제를 충실히 기한다. 넷째로, 정치도덕, 사회도의를 앙양하여 국민생활의 명랑을 기한다. 마지막으로, 인권을 존중하고, 부인의 지위를 향상하고 활발하게 사회정책을 행하고 생활의 안정과 행복을 기한다.

다. 전쟁 협력에 적극적이었던 정치단체 일정회(日政会)는 해산되었지만, 정계에서 계속 주류의 지위를 유지해야 한다는 목소리가 있자 그들도 다시 움직이기 시작하였다. 일정회가 주류가 되어 신당 결성의 움직임이 진행되고, 주로 당선 3회 이하의 젊은 그룹들의 목소리가 주목받고 있는 가운데, 당수가 없는 일본진보당이 발족하였다. 그들은 기본적으로 일본자유당과 유사한 입장을 갖고 있었지만, 전쟁에 대한 반성이라는 표현이 전혀 없었다. 그리고 산업 조정이나 분배의 공정을 주장하고 통제경제라는 지향을 남겨 놓으면서 전전의 유산을 계속 유지하는 입장을 취했다. 그들의 한계는 전시 의회의 지도자들로 구성되었다는 것과 전쟁 책임의 문제에 대한 문제의식이 없는 상황에서 당을 결성했다는 것이다. 결국 이러한 문제는 그해 11월 제89회 임시국회에서 재연되었다.

당시 정치인들은 전전과 일본의 단절에 불철저했고, 전후 일본의 정체성에 대한 인식이 부족한 한계를 가지고 출발하였다. 따라서 점령당국이 진행한 공직 추방 바람에 많은 타격을 입었다.

패전 후 일본의 보수적인 정당들의 탄생은 점령당국의 정책이 진행되는 상황 속에서 민주적인 정당 결성이라는 목표에 따라 하나하나 탄생하였다. 보수 3정당의 형성 과정에서 잘 나타나 있듯이 점령당국의 조언과 경고가 있었음에도 불구하고 정당 결정은 자주적으로 진행되었음을 알 수 있다. 패전과 점령이라는 상황 속에서 보수 정치인들의 판단은 둔감한 상태였으며 당시 일본 의회는 중의원 선거법 개정 및 선거법 개정과 같은 부분에 민감하였다.

일본 보수 정치의 전후 질서는 오랫동안 자민당이 주도하면서 유지

발전시켜 온 정책과 이념이 그 중심을 이루었다고 볼 수 있다. 일본의 보수 정치인들이 전개한 전후 질서 인식과 정책은 미국의 맥아더 사령부가 진행한 점령 통치 속에 잘 나타나 있다.

연합국의 점령 정책 중 다른 하나는 그들에 의해서 진행된 리버럴 정치 세력에 대한 것이다. 점령당국은 전전 일본의 소수당을 권력으로부터 쫓아내고, 보수적 민족주의자를 관리하면서 민주주의적인 과정을 활성화시키는 역할을 하였다. 그러나 점령당국은 민주주의 수립을 목표로 하면서 구세력인 보수 세력뿐만 아니라 혁신 세력에게도 그 역할을 기대하면서 복잡한 정치과정을 전개하였다.

점령당국의 개혁 의지는 강했다. 점령 개혁의 내용을 보면 재벌 해체, 정당의 자유화, 부인의 참정권 부여 등이 대표적이다. 이러한 것을 실질적으로 달성하려면 일본 경제의 성장과 혁신 정당이 성장하고 노동운동이 활성화되어야 하는 현실적인 문제가 전제되었다.

당시 점령당국 초기의 정당 정책 가운데 일본 리버럴에 대한 평가를 보면 초국가적이고 군국주의적인 정당과 단체를 배제하면서 혁신 정당에 관심을 기울였다. 그러나 리버럴 정치 세력에 대한 대처 방법에 있어 신중론이 나타났다. 왜냐하면 당시 미국 국무성에서 작성한 보고서[16]에 따르면, 1920년대 일본의 친미적인 리버럴 세력에 대해 분석하면서 그들이 1930년대 일본 군부에 영합하기도 하고 군국주의와 초국가주의를 예찬하기도 하였다는 것이다. 그러므로 점령당국과 미국은 일본의

---

16 "Abolition of Militarism and Strengthening Democratic Processes", May 9, 9, 1944, FR, 1944. vol. V, pp.1257-1260

리버럴에 대해 신중하게 분석하면서 권고하는 입장을 가지고 있었다.

1944년부터 미국은 군사적 우위 속에서 일본 항복 이후의 점령 계획을 생각하였다. 점령과 동시에 진행할 정치적, 경제적 재건을 위해 이용 가능한 세력들의 성격과 그 방법을 모색하기 시작하였다. 당시 일본의 상황이 복잡한 가운데, 미국의 할레 특사와 에머슨도 함께하였다. 에머슨은 일본 국내의 반전, 반군국주의, 반파쇼, 민주주의 세력 조직을 결성하는 구상을 하였다.

5. 냉전의 전개와 일본의 역사 인식

냉전기에 동아시아 질서에 있어서 역사 문제는 중요한 이슈가 아니었다. 냉전기 한일 양국에게 있어서도 중요한 문제는 공산주의에 대응하기 위한 안전보장정책이었다. 그러므로 당시 미국은 역사 문제와 관련된 사항에 대해 동아시아 국가들과 논의를 제기하지 않았다.[17]

과거 동북아 냉전 질서는 두 가지 요소에 의하여 구성되었다. 첫째는 미소를 중심으로 한 팍스 루소 아메리카라고 명명된 세계 질서였다. 둘째로는 두 초강대국에 의해 유지되는 강력한 대결 구조의 국제정치 전

---

17 Mike Mochizuki, "修正主義, ナショナリズム, グローバリゼーション"『東アジアの歴史摩擦と和解可能性』(刊風社, 2011年), 439쪽

개라고 할 수 있다. 이러한 요소들이 냉전 초기부터 전쟁이라는 형태를 거치면서 변용되기 시작하였다. 그리고 냉전의 시작과 함께 미국의 태평양전쟁에 대한 기억과 일본의 냉전관은 전쟁 책임이라는 측면에서 서로 다른 양상을 보였다. 일본인들은 전전의 행동 양식이 아직 지배적인 상황 속에서, 그리고 나가사키 히로시마 원폭 피해라는 입장에서 전쟁 책임과 피해라는 두 가지 입장을 동시에 가지고 있는 상황이었다. 이러한 상황 속에서 냉전의 시작은 일본의 보수 정치인들에게 절호의 기회였다. 특히 요시다 시게루는 냉전이 일본의 가치를 증대하는 것을 의미한다고 생각하고[18] 적극적으로 이 기회를 활용하려고 하였다.

전후 일본의 보수 정치인들은 냉전에 대해 그들이 전전에 경험한 영국과 미국 사이의 협조 노선을 기억에 떠올리면서 긍정적으로 평가하였다. 냉전은 미국의 대일 정책을 변화시켰고 공산주의에 대한 위협을 강조하면서 일본의 경제적 재건을 가능하게 하였다.

당시 미국 국무성 정책실장인 조지 케넌과 연합군사령관 맥아더는 회담을 통해 일본 점령 정책의 방침을 민주화에서 경제 부흥으로 전환했다. 동시에 적으로 여겨 감옥에 가두었던 전범들을 하나둘 석방하였다. 냉전이 시작되면서 일본은 안전보장 문제를 미국에게 의존하기 시작하였다.[19]

1952년 샌프란시스코 강화조약은 일본에게 관대한 내용을 담고 있었다. 여기에는 미국의 도움이 있었다. 특히 덜레스는 구연합국의 불평

---

18 高坂正尭, 『宰相吉田茂』(中央公論社, 1968), 51쪽
19 細谷千博 · 入江昭 · 大芝亮 編 『記憶としてのパールハーバ』(ミネルヴァ書房), 2004년, 177쪽.

과 불만을 억제하면서 일본의 재군비 금지 등 엄격한 규정들을 인정하지 않았다. 이러한 상황에서 많은 아시아 국가들은 일본이 역사를 충분히 반성하지 않고 침략 책임도 분명히 하지 않은 점에 불만을 가졌지만, 미국은 냉전 시작과 함께 일본의 전쟁 책임 문제에 집착하지 않았다. 특히 피해 당사자인 중국이 국제사회로부터 배제되고 발언권을 상실함으로써 일본의 침략 책임 문제는 부각되지 않았다.[20] 한반도 역시 강화조약에 초대되지 않음으로써 한일 간의 문제는 미완성으로 남게 되었다. 결국 일본은 전쟁 책임을 지지 않고 미국의 안전보장에 의존하면서 정치적·경제적인 이익을 얻게 되었다.

이렇게 미국이 완성한 질서 속에서, 미일 관계는 가치를 중심으로 재편성되었다. 그리고 냉전기 한일 관계는 기능적인 명분보다는 실리 위주의 관계를 중심으로 전개되었다. 역사 인식 문제는 정책 당국에게 관심 밖의 문제였으며, 혹시 문제가 발생하더라도 대응하기에 급급하였다.

냉전 체제는 기능주의적으로 안전보장과 경제협력 분야에서 한일 관계를 가깝게 하는 역할을 했다. 그러나 역사 문제에 있어 한국의 정체성과 관련해서는 부분적으로 부정적인 역할을 하여 식민지 청산을 어렵게 만든 측면도 있었다. 그러므로 한일 관계는 냉전 체제의 변화와 함께 '망언'과 사죄 요구라는 역사 문제의 형태를 경험하게 되었다.

이러한 의미에서 냉전 구조는 한일 간의 역사 문제를 해결하는 데 장애 요인이기도 했다. 그 이유는 미소 간의 냉전은 군사적, 경제적, 이데올로기적인 차원에서 대립하였기 때문이다. 냉전이라는 대립 구도 속에

---

20 위의 책, 177쪽

서 서방 진영 간의 관계 정상화가 우선이었고, 식민지 청산 문제는 첨예하게 대립했음에도 불구하고 우선순위에서 밀려났다. 그 결과 한일 관계의 역사 갈등 문제도 외교 문제의 쟁점이 되지 못하였다.

냉전기 역사 문제는 주로 과거에 대한 일본 정치인들의 망언, 일본 교과서 검정 문제를 둘러싼 갈등, 그리고 일본 국내에서는 야스쿠니 관련 법안을 둘러싼 대립이 주 내용이었다. 이를 둘러싸고 일본은 항상 회피하려는 입장이었다. 한일기본조약에서도 과거 청산 문제는 역사적 배경으로만 기록되는 등 문제점을 남긴 채 국교 정상화 교섭이 진행되어 역사 문제는 경제協力의 방식으로 부분적으로만 해결되었다. 양국 간 교섭 과정에서 역사 문제는 배제된 채 불완전한 국교 정상화가 이루어졌다. 그 이후 양국은 가끔 분출하는 역사 문제를 둘러싼 갈등을 해결하고자 여러 가지를 모색하였지만 처리되지 못하고 현재에 이르고 있다.

당시 냉전 구조 속에서 역사 문제가 처리되려면 어떠한 조건과 노력이 필요했을까? 물론 한일 양국은 역사 문제가 양국 간의 중심 과제가 되기를 원하지 않았고, 그 영향을 잘 알고 있었으므로 갈등 요인을 관리하고자 노력하였다. 당시 양국 지도자들은 경제문제와 안전보장 문제가 중요했으므로 역사 문제에서 발생하는 긴장 관계는 관리해야 한다고 생각했다. 그 결과 국교 정상화 교섭이 진행되었으며 1965년 국교 정상화가 성립하였다. 이러한 한일 간의 형태는 동아시아 냉전 시스템 속에서 작동하면서 한일 관계는 관리 대상이 되었다.[21]

---

21 Christopher W. Hughes, "修正主義,ナショナリズム,グロ—バリゼ-ション"『東アジアの歴史摩擦と和解可能性』(凱風社, 2011年),163쪽; Victor D.Cha, Alignment Despite Antagonism: The United States-Korea-Japan Security Triangle(Stanford University Press, 1999)

한국 정부는 역사 문제를 '보류' 상태로 하고 안전보장과 경제 교류를 중심으로 국가를 운영했다. 그러나 한국이 민주화되면서 그동안 보류 상태에 있던 역사 문제가 점점 목소리를 내게 되었고 정체성의 새로운 정의를 시작하였다. 이러한 상황 속에서 한일 양국은 기능적인 접근을 통해[22] 역사 문제를 다루었으나, 1982년 교과서 문제 등으로 갈등이 재현되었다.

냉전의 구조 속에서 일본은 미국과 함께 일본의 안전보장정책을 중심으로 자국의 국익 강화에 적극적이었다. 그러나 헌법 9조나 강하게 주장되는 평화주의 노선, 그리고 군국주의 노선에 대한 저항감 등이 안전보장정책을 전개하는 데 제약이 되었으며, 방위 계획을 세우는 데 있어서 신중함을 요구하였다.

요시다 시게루는 미국의 덜레스의 요구에 저항하면서 제한적인 재군비를 선택하였는데 요시다의 선택은 미국을 만족시키는 수준의 것이었다. 일본은 미국의 안전보장에 의존하면서 경제발전을 위해 노력하였다. 당시 요시다 정권의 통일된 견해 역시, 헌법상 '전력'이란 근대전을 수행하는 데 도움이 되는 정도의 장비, 편성을 준비하는 군사력을 의미하는 것이었다. 요시다 이후의 정권들도 요시다 노선을 답습하였고, 1957년 5월 기시 내각은 '국방의 기본방침'을 채택하였다.

안전보장 문제와 달리 일본은 국내의 인권 문제나 민족 차별 문제에는 미온적이었다. 그들은 1943년 대동아선언에서 인종적 차별 철폐를 주장하였지만, 전쟁이 끝나자 이러한 문제에 대응하지 않았다. 그러므

---

22 위의 논문, 164쪽

로 일본에 있는 재일한국인과 조선인 그리고 중국인들은 계속 차별을 받게 되었다. 다시 말해 일본인들은 스스로 민족 차별을 시정하려고 하지 않았으며, 보수적인 정치가들도 과저 식민지를 미화하는 망언을 계속하였다. 그리고 식민지 시대를 이야기하면서 식민지를 정당화하는 태도를 보였다.[23] .

일본의 역사 왜곡으로 한국에서 반일 내셔널리즘이 강하게 나타나자, 일본에서는 80년대부터 '망언'이 분출[24]하기도 하였다. 당시 자민당의 우파는 친한파로 반공을 중시하면서 한일 협력을 진행하였으나, 다른 한편으로는 자신들의 과거의 역사를 정당화하려는 사람들이었다.[25]

1982년 제1차 교과서 문제에서 일본은 자신들의 대외 침략을 '진출'로 표시하고, 우리의 3·1운동을 '폭동'이라고 서술하여 한국과 중국의 비판을 받았다.[26] 그러자 일본은 내정간섭이라는 논리로 대응하는 등 과거 역사에 대한 인식 문제가 한일 간에 표면화되었다. 또 하나의 사건으로는 1986년 9월 당시 문부대신이었던 후지오 마사유기(藤尾正行)가 월간 잡지에 "한일 강제 병합은 합의하에 이루어졌다고 주장하고 한국에도 책임이 있다"고 기고하여 문제를 일으켰던[27] 제2차 교과서 사건이다. 이 사건은 나카소네 총리가 야스쿠니 참배 후 중국으로부터 비판

---

23 위의 책, 185~186쪽

24 박진우, "야스쿠니 문제의 논리적 비판을 위해서"(동북아역사재단 편, 『일본 아베 정권의 역사 인식과 한일 관계』), 87쪽

25 若宮啓文, 『和解とナショナリズム』(朝日新聞社, 2006년), 206쪽

26 당시 일본 국내에서는 군국주의 대두의 증거라고 보기도 하였다(木村 幹, 134쪽)

27 若宮啓文, 『和解とナショナリズム』(朝日新聞社, 2006년), 208~209쪽

을 받고, 자신의 방침을 전환시키려고 하는 과정에서 발생했으며, 자민당 우파의 반발이었다. 이처럼 나카소네 정권에서도 일본의 강경파 정치인들은 한국의 감정을 자극하는 논리를 전개하면서 계속해서 자신들의 정당화를 주장하였다. 그 이후 호소카와 수상이 취임하였다. 1993년 10월에는 이시하라 신타로(石原慎太郎)가 "전쟁에 대해 일본이 사과할 필요가 없다"고 주장하는 등 자민당의 우파 가운데 반미파들은 반한적인 논리 구조로 한국인의 감정을 건드렸다.

이상에서 본 것처럼 일본은 1950~1970년대까지 고도성장기를 거치면서 서서히 자신감을 얻기 시작했고, 국내 정치는 일본의 국가 내셔널리즘을 강화시키는 환경을 만들어 갔다. 그리고 1980년대 나카소네 정권에 이르러 국제적으로 신자유주의 흐름과 함께 대국화 논의를 활발하게 진행하면서 역사 왜곡을 강화해 나갔음을 확인할 수 있다.

1980년대 이후 일본의 역사 인식은 역사 교과서 논쟁 등을 통해 왜곡된 역사 인식을 반영하기도 하였다. 특히 교과서 논쟁이 정치 문제화하면서 일본 정부는 근린제국조항을 추가하였다. 그리고 역사 교과서에 전시 가해 관련 내용이 기술되면서 가해자의 책임을 묻는 목소리가 높아졌다. 그동안 침묵했던 아시아·태평양 지역의 피해자들의 목소리가 높아지면서 전후 보상에 대한 요구도 높아 갔다.[28]

1980년대부터 한국의 시민운동단체들에 의해 일본군'위안부' 문제도 제기되기 시작하였다. 식민지 시대에 발생한 일본군'위안부' 문제는 일본의 왜곡된 역사 인식 속에서 발생한 것으로, 여성 문제라는 시각에

28 다카하시 데쓰야, 『역사 인식 논쟁』(동북아역사재단, 2009), 117~118쪽

서 접근하기 시작하였다. 이러한 문제의식은 한일 양국에서 새로운 역사 인식을 요구하는 계기가 되었다. 당시 일본의 나카소네 정부는 이웃 국가들의 역사 교과서에서 보이는 역사관을 수용하는 방향으로 다가섰다. 한국은 일본의 사회당과 함께 역사 인식 문제로 협력 관계를 유지하기 시작하였고, 일본의 자민당과는 갈등 관계를 유지하였다. 일본의 사회당은 식민지 지배 청산과 침략 전쟁에 대한 책임을 일본 국회에서 제기하면서[29] 한국과 관계 개선을 적극적으로 추진하기도 하였다.

6. 맺음말

동북아 질서는 냉전기의 엄격한 구조로부터 새로운 질서를 모색하면서 미중일 3국 관계가 새롭게 전개되었다. 세계에서 유일한 패권국이 된 미국은 새롭게 등장하는 중국의 대두 속에서 동북아시아 지역에 어떠한 형태로 관여할 것인가를 고민하면서 정책 변화를 모색하였다. 그리고 그 이외 국가들은 지역의 패권을 차지하기 위해 치열하게 경쟁하였다.[30]

이러한 상황에서 일본은 냉전 종식과 함께 자신들의 정체성을 강화

---

29 木村 幹, 『日韓歷史認識問題とは何か』(ミネルヴァ書房, 2014), 144쪽
30 로버트 케이건, 황성돈 옮김, 『돌아온 역사와 깨진 꿈』(아산정책연구원, 2015)

시켜 나갔고 강대국화 전략을 추구하기 시작하였다. 먼저, 미국과의 관계를 중요시하였다. 동아시아 질서 속에서 일본의 위치를 어떻게 할 것인가? 그리고 대국주의 이데올로기를 어떻게 구축할 것인가? 이러한 일본의 문제의식은 기본적으로 일본의 내셔널리즘과 깊은 관계가 있으며, 당시 대국주의의 특징은 과거 제국주의 침략성을 사과하지 않으면서 대국화를 이루려는 구상을 하였다.[31] 특히 자민당 우파에 속하는 보수주의 정치인들의 입장이 여기에 해당한다. 이러한 새로운 대국주의를 주장하는 분위기 속에서 일본의 보수 정치인들은 침략 전쟁, 식민지 사과 등을 둘러싸고 충분한 사과와 행동을 하지 않고 오히려 역사를 왜곡하면서 자신들의 논리를 정당화시키려 했다.

일본 정치인들의 이러한 움직임, 즉 일본의 '우경화'에 대해 외국 언론과 일본 국내, 그리고 한국 언론들은 과거보다 많은 비판을 가했다. 특히 일본의 안전보장과 역사 인식 두 분야와 관련된 논의가 활발하게 진행되었다. 먼저, 안전보장 측면에서 보면 일본은 미일동맹을 중심으로 전개되고 있는 우파적이고 군비 확장을 중심으로 하는 안보 정책을 채택하고 있다며 염려하였다. 그리고 일본의 역사 인식 문제는 과거의 침략 전쟁에 대해 조금은 반성하면서, 새로운 대국으로서의 행동과 과거를 구별하려는 움직임을 보였다고 분석하였다.

전후 일본 정치인들의 역사 인식은 1995년 이전까지 '망언'이라는 표현으로 널리 표면화되었다. 당시 정치인들은 자민당의 거물들로 자신의 의정 활동에서 어느 정도 경륜과 자신감을 가지고 있던 인사들이었

---

31 渡辺治, 『日本の大国化とネオナショナリズムの形成』(桜井書店, 2001年), 142쪽

으나, 과거의 침략이나 식민지 지배에 관한 종합적인 지식에서는 이웃 국가들에 대한 배려가 부족하였다.

그들의 주장은 3가지 형태의 망언으로 전개되면서,[32] 한국 국내에서 비판의 대상이 되었다. 먼저, 그들은 '아시아 해방사관'을 강하게 주장하면서, 국회 결의가 있을 경우 표결 반대쪽에서 문제 발언을 계속하였다. 대표적인 인물은 자민당 우파의 대표격인 오쿠노 세이스케(奧野 誠亮)였다. 그리고 법무대신이었던 나가노 시게토(永野 茂門)는 난징사건 날조론을 주장한 인물로 오쿠노보다 더욱 심각한 인물이었다. 이러한 연장선에서 사쿠라이 신(桜井 新)은 "일본은 침략 전쟁을 하려고 싸운 것은 아니다… 아시아는 일본 덕에 유럽 지배의 식민지로부터 독립하여 아시아가 경제부흥의 기세가 생겨났다"고 발언하여 경질되었다.

두 번째로는 "한일병합이 원만하게 이루어졌다"라는 식의 망언 형태이다. '식민지 지배'와 '침략'이라는 문구를 넣을 것인가 말 것인가를 둘러싸고 국회에서 공방이 오가는 중, 와타나베 미치오는 "일한병합은 원만하게 이루어진 국제적 조약"이라고 주장하였다. 그래서 국회에서 '식민지 지배'와 '침략'이라는 문구를 넣을 필요가 없다는 것이다. 이러한 발언은 한국의 심각한 반발에 직면하였다.

마지막으로, "일본이 좋은 것도 했다"는 망언 형태이다. 무라야마 수상이 무라야마 담화를 준비하는 중에, 에토 다카미(江藤 隆美)는 수상의 발언이 잘못이라고 지적하면서, "식민지 시대에 일본이 좋은 것도 하였다"고 주장하여 한국을 자극하였다.

---

32 若宮啓文, 『和解とナショナリズム』(朝日新聞社, 2006년), 258~261쪽

당시 왜 이러한 현상이 발생하였는가? 한일국교정상화를 진행하는 과정에서 나타난 일본 외교관들의 모습에서 볼 수 있듯이 당시 일본 정부와 의회 그리고 여론은 전전의 일본의 '아시아관'[33]과 비슷한 인식을 갖고 있었기 때문이다.

그들이 주장하는 망언은 기본적으로 전전 일본의 지도자들이 주장한 것과 비슷하였다. 전후 50년이 되는 해인 1995년을 맞이하면서 일본 정치인들에게서 다수의 망언이 등장하였다. 특히 일본 정치인들이 바라보는 '아시아관'과 과거사에 대해 많은 문제를 일으켰다. 즉 사죄와 망언이 당시 한일 관계를 긴장시키는 요인이 되었다.

당시 3당 합의로 무라야마 총리가 '무라야마 담화'를 채택하면서 담화의 중심 내용인 과거의 '침략', '식민지 지배', 통절한 '반성'과 진심으로 '사과' 문제를 둘러싸고 자민당 우파 정치인들과 우익들의 저항이 강해졌다.[34] 자민당 우파 정치인들은 우익적인 활동을 강화하면서 내셔널리즘을 고양시키고, 역사 교과서를 둘러싼 새역모 등이 조직적으로 활동을 전개하였다. 예를 들면, 무라야마 정권의 통산장관이었던 하시모토 류타로(橋本龍太郎)는 아시아 국가들을 "상대로 침략 전쟁을 일으키려고 하였다"는 등의 발언을 하면서 아시아 침략의 역사를 왜곡하려고 하였다. 하시모토 역시 자민당 소속의 매파 국회의원으로 당시 진행되던 일본의 내셔널리즘을 강화하는 측에 속했다. 다음으로 와타나베 미치

---

33 일본의 아시아관은 대체로 대일본주의와 소일본주의로 나누어 설명 가능하다.
34 당시 무라야마 정권은 전후 50년 결의를 채택하려고 하였지만, 사죄 결의에 반대하는 세력들이 존재하여 어려운 상황에 직면하였다. 특히 오쿠노 세이스케 등은 일본이 아시아를 해방시켰다는 논리를 거듭 주장하며 무라야마 정권에 저항하였다.

오(渡辺美智雄)는 강제 병합을 "국제적으로 합법적이라는 것이 일본 정부의 입장"이라고 주장하여 우리 정부와 여론은 그것을 도발 행위라고 강하게 비판하였다.

| 참고 문헌 |

- 다카하시 테츠야, 임성모 역(2009), 『역사 인식 논쟁』, 동북아역사재단.
- 동북아역사재단 편(2010), 『역사적 관점에서 본 동아시아의 아이덴티티와 다양성』, 동북아역사재단.
- 박철희(2011), 『자민당 정권과 전후 체제의 변용』, 서울대 출판문화원.
- 와다 하루키, 「동아시아 영토문제에 관한 일본의 정책」, 현대송 편, 『한국과 일본의 역사 인식』.
- 이면우(2014), 『일본민주당 정권의 정책성향과 대외 관계』, 세종연구소.
- 이면우(2014), 『일본정계의 '우익'성향 강화와 동북아』, 세종연구소.
- 정재정(2008), 「한일의 역사 갈등과 역사대화」, 현대송 편, 『한국과 일본의 역사 인식』.
- 진창수(2013), 「일본정치권의 변화와 아베정권의 역사 인식」, 도시환·박진우 편, 『일본 아베 정권의 역사 인식과 한일 관계』, 동북아역사재단.
- 현대송(2008), 『한국과 일본의 역사 인식』, 나남.
- クリストファー・ヒューズ(2011), 「修正主義, ナショナリズム, グロ＿バリゼ-ション」, 『東アジアの歴史摩擦と和解可能性』, 剴風社.
- マイク・モチツキ(2011), 「未完の課題としての歴史和解」, 『東アジアの歴史摩擦と和解可能性』, 剴風社.
- 菅英輝(2011), 『東アジアの歴史摩擦と和解可能性』, 剴風社.(菅英輝, 東アジアの歴史摩擦と和解可能性:冷戦後の国際秩序と歴史認識をめぐる諸問題)

- 渡辺治(2001), 『日本の大国化とネオナショナリズムの形成』, 桜井書店.
- 渡辺治(2007), 『安倍政権論: 新自由主義から新保守主義へ』, 旬報社.
- 渡辺治(2013), 『安倍政権と日本政治の新段階』, 旬報社.
- 木村幹(2014), 『日韓歴史認識問題とは何か』, ミネルヴァ書房.
- 細谷雄一(2015), 『歴史認識とは何か日露戦争からアジア太平洋戦争まで』, 新潮選書.
- 小熊英二(2003), 「〈民主〉と〈愛国〉」, 新曜社.===〉논문인지 확인 필요
- 小熊英二・上野陽子(2003), 『〈癒し〉のナショナリズム＿草の根保守運動の実証研究』, 慶應義塾大学出版会.
- 若宮啓文(2006), 『和解とナショナリズム: 新版・戦後保守のアジア観』, 朝日新聞社.
- 若宮啓文(2006), 『和解とナショナリズム』, 朝日新聞社.
- 鄭敬娥(2011), 「歴史認識をめぐる日韓摩擦の構造とその変容」, 菅英輝 編, 『東アジアの歴史摩擦と和解可能性』, 剴風社.
- 中野晃一(2015), 『右傾化する日本政治』, 岩波書店.

- 和田春樹(2006), 「安倍晋三氏の歴史認識を問う」, 『世界』 10월호.
- Gilbert man edt(2010), *U.S. Leadership, History, and Bilateral Relations in Northeast Asia*, Cambridge University.
- Lind Jennifer(2008), *Sorry States: Apologies in International Politics*, Cornell University Press.
- Sheila A. Smith(2015), *Intimate rivals*, Columbia University Press.
- Victor D.Cha(1999), *Alignment Despite Antagonism: The United States-Korea-Japan Security Triangle*, Stanford University Press.

제4장

야스쿠니신사법안의 정치 지형

– 『일본유족통신』, 『야스쿠니』, 『신사신보』의 검토를 통한 시론

| 이세연 ▪ 한국교원대학교 역사교육과 조교수 |

1. 머리말

1969~1973년까지 다섯 차례에 걸쳐 일본 국회에 상정된 야스쿠니신사법안(靖國神社法案)과 그 주변의 담론들은 메이지유신(明治維新) 100년에 즈음한 일본 사회의 역사 인식과 정치 지형을 잘 보여 준다.

GHQ(General Headquarters, 일본어 명칭은 연합국군최고사령관총사령부)의 통치하에서 숨을 고르던 보수 우익 세력들은 1960년대에 접어들어 '대동아전쟁긍정론'[1]을 대대적으로 전개하고 '국체' 회복을 주창했다. 그런 그들의 로드맵에서 야스쿠니신사의 국가호지(國家護持)는 반드시 실현시켜야 하는 중요 사안이었다. 야스쿠니신사가 사사로운 일개 종교법인으로 자리매김되는 한, 달리 말해 야스쿠니신사가 공적 제사의 중심으로 재규정되지 않는 한, 천황을 정점으로 하는 국가 신도의 부활은 공허한 선언에 그칠 수밖에 없었다.

반면 1952년 이후 한층 거세진 '역코스'의 물결에 짙은 의구심을 품고 있던 자들에게 종교법인 야스쿠니신사는 반드시 사수해야 하는 마지노선이었다. 그들에게 야스쿠니신사의 국가호지는 일본국 헌법에 규정된 신교의 자유(제20조), 정교분리의 원칙(제89조)을 일거에 무너뜨리는 첨병, 궁극적으로는 천황제 군국주의 국가로의 회귀를 유도하는 마중물로 인지되었다.

---

1 대표적인 저작으로는 다음을 들 수 있다. 林房雄, 『大東亞戰爭肯定論』, 番町書房, 1964; 名越二荒之助, 『大東亜戦争を見直そう』, 原書房, 1968.

야스쿠니신사법안을 둘러싼 1960~1970년대의 담론을 단순화하면, 법안에 대한 찬성과 반대로 양분할 수 있지만, 이 같은 구분만으로 당시의 실태를 온전히 파악할 수 있을지는 의문이다. 예컨대, 야스쿠니신사 국가호지운동을 실질적으로 떠받친 일본유족회의 가야 오키노리(賀屋興宣) 회장이 대동숙(大東塾) 소속의 우익 청년에게 구타당한 사건, 당초 야스쿠니신사 국가호지에 반대하던 불소호념회교단(佛所護念會教團)이 찬성으로 입장을 바꾼 일 등은 당시의 정치 지형이 결코 평탄한 것이 아니었음을 시사한다. 찬성과 반대의 각 진영 내부에도 미묘한 갈등과 대립이 존재했을 것으로 상정되며, 한없이 굳건해 보이는 찬성과 반대 진영 사이에는 모종의 교섭이 이루어지는 '회색지대'도 존재했을 것으로 추정되기에 한층 섬세하고 구체적인 분석이 필요하다.

이 글에서는 이 같은 인식을 바탕으로 야스쿠니신사법안을 추진한 보수 우익 세력들의 정치 지형을 살펴보고자 한다. 이에 대해서는 일찍이 신사신보정교연구실(神社新報政教研究室)과 아카자와 시로(赤澤史朗)가 언급한 바 있지만, 구체적인 형태가 제시되었다고 보기는 어렵다.[2]

예컨대, 전자는 이른바 야마자키안(山崎案)을 둘러싼 대립 구도를 제시하기는 했지만, 이 안에 찬성한 일본유족회의 태도가 어떤 맥락에서 등장하고 이후 어떻게 변용되어 갔는지는 규명되지 않았다. 야마자키안에 대한 일본유족회의 찬성은 단순히 일시적인 일탈로 간주되었다. 후자는 소위 무라카미안(村上案)과 야마자키안을 둘러싼 자민당 내의 갈등

---

2 神社新報政教研究室編, 『增補改訂 近代神社神道史』, 神社新報社, 1995(초판은 1976), 335~369쪽; 赤澤史朗, 『靖国神社: 「殉国」と「平和」をめぐる戦後史(文庫版)』, 岩波書店, 2017(초출은 2005), 제4장; 島田裕巳, 『靖国神社』, 幻冬舎, 2014, 151~159쪽도 아울러 참조할 것.

구도를 제시했지만, 그 같은 구도가 일본유족회를 비롯한 기타 세력과 어떻게 링크되어 있었는지는 충분히 해명되지 않았다. 다시 말해 기존 연구에서는 야스쿠니신사법안에 관여한 보수 우익 세력의 움직임을 통시적, 유기적으로 파악하는 시각이 부족했다고 생각한다.

이 글에서는 선행 연구의 한계를 극복하기 위해, 야스쿠니신사법안에 관여한 주요 보수 우익 세력으로 일본유족회, 야스쿠니신사, 신사본청(神社本廳), 자민당을 상정하고, 이들 세력이 1960~1970년대에 걸쳐 어떤 정치 지형을 나타냈는지 추적하고자 한다. 주요 활동 주체를 설정함으로써, 당대의 정치 지형을 보다 선명하고 구체적으로 드러낼 수 있으리라 기대한다. 특히 일본유족회 등에 주목한 것은 이들이 야스쿠니신사법안에 깊이 관여한 주요 세력이기 때문이지만, 한편으로는 각각의 기관지 등을 통해 그 동향을 비교적 상세히 추적할 수 있기 때문이기도 하다. 이 글에서는 일본유족회 기관지인 『일본유족통신(日本遺族通信)』, 야스쿠니신사의 기관지인 『야스쿠니(靖國)』, 신도계 유일의 종합신문이자 신사본청의 실질적인 기관지로 평가받는 『신사신보(神社新報)』를 주요 자료로 활용할 것이다. 그 밖에 일찍이 일본유족회의 입장을 종합적으로 정리한 『야스쿠니신사 국가호지 법안에 관한 조사보고서(靖国神社国家護持に関する調査報告書)』[3]를 적극 참조하고, 각종 시안과 법안의 내용은 『야스쿠니신사문제자료집(靖國神社問題資料集)』[4]에서 확인하고자 한다.

---

3 『靖国神社国家護持に関する調査報告書(本編)』, 『靖国神社国家護持に関する調査報告書(別冊)』. 두 자료 모두 財団法人日本遺族会에서 1966년에 출간했다.

4 国立国会図書館調査立法考査局編, 『靖國神社問題資料集』, 国立国会図書館, 1976.

기관지를 주요 자료로 활용할 경우 논의가 표면적인 것에 그칠 우려도 없지 않지만, 현재의 연구 수준에서는 우선 관련 기관지를 집중적으로 살펴보고 대략의 밑그림을 제시하는 기초 작업이 필요하다고 판단했다. 그런 의미에서 이 글은 시론에 해당한다고 할 수 있다.

본문의 내용은 시기적으로 크게 둘로 구분된다. 2장에서는 야스쿠니신사 국가호지운동이 전개되는 가운데 여러 가지 시안(試案)들이 등장하는 과정을 살펴볼 것이다. 특히 무라카미안과 야마자키안을 둘러싸고 보수 우익 세력 간에 갈등이 빚어진 상황을 주목하고자 한다. 3장에서는 네모토안(根本案)을 계기로 야스쿠니신사법안이 국회에 상정되고 이후 폐안에 이르는 과정을 살펴볼 것이다. 특히 반복되는 폐안에 대한 반응과 평가에 주목하며 보수 우익 세력의 정치 지형을 조망하고자 한다.

2. 1968년까지의 경과와 두 가지 층위

1) 야스쿠니신사 국가호지운동의 개시와 시안들의 등장

야스쿠니신사 국가호지운동의 연원은 일본이 주권을 회복하는 1952년까지 거슬러 올라간다.[5] 이해 11월 6일, 일본유족후생연맹은 제4회 전국

---

5 이하 본절에서 다루는 야스쿠니신사 국가호지운동의 경과는 주 3)의 『靖国神社国家護持に

전몰자유족대회에서 야스쿠니신사의 추도 행사에 대한 국비 지변(支辨)을 결의하고 이를 정부와 국회에 청원했다. 이듬해에도 일본유족후생연맹의 후신인 일본유족회가 같은 내용의 결의와 청원을 이어 갔다.

'국가호지'라는 명확한 표현은 1956년에 등장했다. 이해 1월 25일, 일본유족회는 제8회 전국전몰자유족대회에서 야스쿠니신사 국가호지를 결의했으며, 3월에는 〈야스쿠니신사 국가호지에 관한 소위원회〉를 설치했다. 이 소위원회는 약 한 달간의 조사 활동 끝에 '야스쿠니신사법안(가칭)에 대한 의견서'를 중의원 〈해외동포 인양 및 유가족 원호에 관한 조사특별위원회〉에 제출했다. 여기에 등장하는 '야스쿠니신사법안'은 자민당에서 작성한 '야스쿠니사법초안요강(靖國社法草案要綱)'을 가리키는데, 비슷한 시기 사회당에서는 '야스쿠니평화당(靖國平和堂)(가칭)에 관한 법률초안요강'이 작성되기도 했다.

일본유족회는 1959~1960년에 걸쳐 야스쿠니신사 국가호지에 관한 서명 운동을 전개하여 약 295만 명의 서명을 수집하고 국회에 관련 청원서를 제출했으며, 1962년에는 양원(兩院)에 '야스쿠니신사 국가호지에 관한 요강'을 제출했다. 또 이듬해 1월에는 〈야스쿠니신사 국가호지에 관한 위원회〉가 구성되어 같은 해 9월에 조사보고서를 발표했다.

이처럼 당초 야스쿠니신사 국가호지의 불을 지핀 것은 일본유족회였는데, 당사자인 야스쿠니신사 역시 침묵을 지키고 있지는 않았다. 예컨대, 야스쿠니신사는 1962년 11월에 〈야스쿠니신사제사제도조사위원회(靖國神社祭祀制度調査委員會)〉를 설치하는데, 이 조사위원회는 이듬해 4월에

關する調査報告書(本編)』를 바탕으로 정리한 것이다.

'야스쿠니신사국가호지요강'이라는 문건을 발표했다. 1964년에는 일본 유족회와의 사이에 연락회를 설치하고, 이후 양자는 한층 긴밀한 공조를 이어 나갔다.

일본유족회와 야스쿠니신사 사이에 연락회가 조직된 1964년은 야스쿠니신사 국가호지운동에서 큰 전환점이 되었다. 이해 3월, 국회 유가족의원협의회(遺家族議員協議會) 산하에 〈야스쿠니신사 국가호지에 관한 소위원회〉가 설치되어, 야스쿠니신사 국가호지 문제가 제도권 정치의 장에서 지속적이고 체계적으로 검토되었던 것이다. 일본유족회는 이 소위원회와 긴밀히 연계하는 한편, 회장 자문기관으로 〈야스쿠니신사 국가호지에 관한 조사회〉를 설치하고 각계 전문가들의 의견을 수렴하며 구체적인 방안 작성에 몰두하게 된다.

1965년 10월, 일본유족회의 〈야스쿠니신사 국가호지에 관한 조사회〉는 조사보고서를 발표했다. 이 조사보고서에 수록된 '야스쿠니신사법요강(案)'은 〈야스쿠니신사 국가호지에 관한 소위원회〉의 아라후네 세이주로(荒舩淸十郎) 위원장을 거쳐 중의원 법제국장 미우라 요시오(三浦義男)에게 전달되었다. 이로써 국회 상정을 목적으로 하는 야스쿠니신사법안 작성 작업이 본격적으로 시작되었다.

중의원 법제국에서 작성한 시안은 1967년 3월, 〈야스쿠니신사 국가호지에 관한 소위원회〉의 무라카미 이사무(村上勇) 위원장(아라후네 세이주로의 뒤를 이음)에게 제출되었다. 무라카미 등은 약 3개월에 걸쳐 법제국의 법안을 검토하고 수정한 끝에 새로운 시안, 즉 무라카미안을 유가족의원협의회 총회에 보고했다. 그러나 무라카미안은 총회에서 통과되지 못했으며, 야스쿠니신사법안 건은 자민당 정무조사회 내각부회 안에 새롭게 설치된 〈야스쿠니신사 국가호지에 관한 소위원회〉[위원장 야마자키 이와오(山崎巖)]에서 주관하게 되었다.

야마자키가 이끈 소위원회는 새로운 시안, 즉 야마자키안을 내놓기는 했지만 국회 상정을 위한 성안(成案)에는 실패하고, 1968년 3월 해산한다. 그 뒤를 이은 것은 자민당 내각부회와 헌법조사회였으며, 법안에 대한 실제 검토 작업은 헌법조사회 산하에 설치된 〈야스쿠니신사법에 관한 소위원회〉에서 이루어지게 된다.

이상에서 살펴본 것처럼 야스쿠니신사 국가호지운동은 일본유족회에 의해 촉발된 후 야스쿠니신사가 이에 호응하는 가운데 전개되었으며, 1964년 이후 제도권 정치의 장에서 체계적인 형태로 공론화되었다. 그러나 제도권 정치의 장으로 진입한 운동은 매끄럽게 전개되지는 못했으며, 구체적인 시안이 등장할 때마다 큰 폭의 불협화음이 발생했다. 머리말에서 언급한 바와 같이, 야스쿠니신사 국가호지운동의 정치 지형은 결코 평탄한 것이 아니었다. 다음 절에서는 우선 불협화음의 징후에 대해 살펴보도록 하겠다.

2) 불협화음의 징후

앞서 확인한 것처럼 야스쿠니신사 국가호지운동을 선도한 것은 일본유족회였다. 일본유족회의 운동은 1950년대부터 전개되었지만, 지속적이고 체계적인 운동은 1960년대에 접어들어 전개되었다고 해도 과언이 아니다. 대규모 대중 집회와 서명 운동이 한층 정력적으로 추진되었으며, 일본유족회의 입장을 세밀하게 정리한 문건들이 생산되었고, 정부 여당과는 보다 긴밀한 소통이 이루어졌다.

이 같은 변화의 중심에는 머리말에서 언급한 가야 오키노리가 존재했다. 1962년 8월 당시 중의회 의원이자 자민당 정무조사회장이었던 가야 오키노리는 일본유족회 4대 회장으로 취임하여 이후 국가호지운동을 진두지휘했다. 그는 1963~1964년에는 이케다 하야토(池田勇人) 내각에서 법무대신을 맡기도 했다. 일본유족회는 가야 오키노리라는 두터운 파이프를 통해 제도권 정치와 긴밀히 연결되었던 것이다.[6]

이처럼 일본유족회를 둘러싸고 새로운 정치적 환경이 조성된 점과 관련하여 한 가지 흥미로운 사실은 일본유족회의 야스쿠니신사 국가호지 관련 문건들에서 특정한 기본 입장이 반복해서 확인된다는 것이다. 즉, 1963년 1월에 발족한 〈야스쿠니신사 국가호지에 관한 위원회〉의 '조사연구의 기본방침'은 "야스쿠니신사는 종교가 아니라고 하는 역사적 이론적 근거를 구하고, 이를 통해 헌법 개정에 대해 언급하는 일 없이 야스쿠니신사 국가호지의 촉진을 도모"(밑줄=인용자)하는 것이었으며,[7] 1964년 8월에 설치된 〈야스쿠니신사 국가호지에 관한 조사회〉의 기본방침 역시 "여러 가지 문제점을 규명, 검토하여 현행 헌법하에서 합리적이고 구체적으로 야스쿠니신사 국가호지의 방책을 찾아내는 것"(밑줄=인용자)이었다.[8]

6　田中伸尚・田中宏・波田永実, 『遺族と戦後』, 岩波書店, 1995, 70~74쪽을 참조.
7　주 3)의 『靖国神社国家護持に関する調査報告書(本編)』, 7쪽.
8　주 3)의 『靖国神社国家護持に関する調査報告書(本編)』, 16쪽. 참고로 덧붙이면, 조사 보고서에는 다음과 같은 한층 노골적인 문장도 보인다. "본 조사회는 현 헌법하에서 야스쿠니신

요컨대, 일본유족회는 어디까지나 합헌(合憲)을 전제로 야스쿠니신사 국가호지운동에 임한다는 확고한 입장을 지니고 있었던 것이다. 즉, 운동을 개헌론까지 밀고 나가지 않는다는 입장으로, 이는 훗날 야스쿠니신사법안의 국회 상정에 즈음하여 대부분의 보수 우익 정치인들이 취하는 입장을 예기하는 것이었다.

그런데 합헌을 추구한다는 것은 결국 헌법 제20조(신교의 자유)와 제89조(정교분리)에 저촉되지 않도록 야스쿠니신사법안을 구상한다는 것이고, 이는 곧 야스쿠니신사의 비종교성을 강조한다는 이야기로 귀결된다. 야스쿠니신사의 비종교성 추구는 제사 관련 제반 요소들의 개변에 관한 구상으로 이어질 수밖에 없는데, 이 지점에서 일본유족회의 입장과 야스쿠니신사의 입장은 미묘하게 갈라졌다. 1967년 중의원 법제국의 시안이 등장하기 전에 양측이 제시했던 문건에서 해당 사항을 찾아보면, 다음과 같이 명시되어 있다.

'야스쿠니신사국가호지요강' (야스쿠니신사, 1963)[9]	'야스쿠니신사법요강(案)' (일본유족회, 1965)[10]
(특성의 保持) 야스쿠니신사 창건 이래의 유서(由緒) 및 전통에 의한 시설, 의식행사 및 기타 중요한 사항은 그 역사를 존중하고 본래의 형태를 유지 보전하는 것이 가능하도록 규정하는 것이 바람직하다.	야스쿠니신사가 행하는 감사 봉사의 요강은 일본민족 전통의 예식을 중시하여 별도의 법령으로 이를 정하는 것으로 할 것. 봉사하는 자의 직명, 복장 등에 대해서도 정령(政令)으로 정하는 것으로 한다.

사를 국가가 호지할 수 있는 구체적 방책을 조사하는 것이 그 목적이므로, 개헌론으로 이어지는 부분까지 논급하는 것은 야스쿠니신사 국가호지 문제를 복잡하게 하고 곤란하게 만든다"(『靖国神社国家護持に関する調査報告書(本編)』, 52쪽).

9 주 4)의 자료집, 125쪽.
10 주 4)의 자료집, 127쪽.

제사와 관련된 제반 요소들을 '별도의 법령'과 '정령'을 통해 규정하겠다는 일본유족회의 입장은 야스쿠니신사의 안에 비해 다분히 현실타협적이라고 할 것이다. 시류에 따라 탄력적으로 유연하게 대처할 수 있는 여지를 남겨 두고 싶다는 속내가 읽힌다.

이 같은 일본유족회의 입장이 야스쿠니신사의 입장과 미묘하게 엇갈린다는 점은 당시에도 이미 간파되고 있었다. 『신사신보』의 어느 기자는 일본유족회의 '야스쿠니신사법요강(案)'에 대해 "이 요강안에서 특징적인 것은 ① 제식(祭式), 봉사자의 명칭·복장 등에 대해서는 별도로 고려한다. … 등으로 특히 ①에 대해서는 앞서 야스쿠니신사가 작성한 '야스쿠니신사국가호지요강'(昭和 38년)이 '신사의 유서·전통에 의한 시설, 의식 행사 등의 존중 유지'를 명료하게 내세우고 있었던 것과는 표현상 상당히 다른 것으로, 이후의 취급이 주목된다"[11]라며 우려했다.

1절에서 언급한 것처럼 일본유족회와 야스쿠니신사는 1964년에 연락회를 설치해 긴밀히 소통하고 있었지만, 그럼에도 야스쿠니신사 국가호지에 관한 양자의 인식은 애초에 미묘하게 엇갈리고 있었던 것이다.

3) 교차하는 시선

1967년 이후 구체적인 시안들이 등장하면서 불협화음은 한층 가시

---

11 「日本国憲法の解釈上靖国神社は非宗教 要綱案について調査会が'説明'」(『神社新報』 926호, 1965. 10. 23, 1면)

화되었다. 우선 중의원 법제국의 시안에 기초하여 만들어진 무라카미안이 제시되자, 거센 비판의 목소리들이 터져 나왔다. 문제가 된 것은 역시 비종교성과 관련된 사안들이었다.

예컨대, 목적을 밝히는 제1조에는 당시 야스쿠니신사의 본질에 직결되는 것으로 여겨지고 있던 '영령(英靈)', '합사(合祀)', '봉재(奉齋)'와 같은 문구들이 일절 보이지 않았으며, 비종교성에 관한 제5조에는 "야스쿠니신사는 신찰(神札) 수여소(授與所) 및 새전(賽錢)을 받기 위한 시설을 마련하거나 또는 보유해서는 안 된다"고 명기되어 있었다.[12]

무라카미안을 비판하는 글들은 『신사신보』와 『야스쿠니』에서 쉽게 찾아볼 수 있다. 대표적인 사례를 제시하면 다음과 같다.

【자료 1】… 야스쿠니신사의 국가호지라는 것은 창건 이래의 제의를 지켜 나가기 위해서야말로 요망되고 있는 것이다. 야스쿠니의 충혼에 대한 제의가 이루어지지 않고 단지 사호(社號)와 시설의 잔해를 남기는 것만으로는 아무런 의미도 없다. … 창건 이래의 제의가 행해지지 않는 사태가 벌어진다면 정신적으로는 국가가 야스쿠니신사를 멸망시키는 것과 같은 일이 된다. … 그렇게 되어서는 국가호지가 아니라 … 터무니없는 탈선이 된다.[13]

【자료 2】유가족의원협의회 야스쿠니신사 국가호지에 관한 소위원회

---

12 주 4)의 자료집, 132~133쪽.
13 「論説 靖国法案を脱線させるな」(『神社新報』 1007호, 1967. 7. 1, 1면).

(村上委員會)가 작성한 야스쿠니신사법안은 부대(附帶) 구신(具申)에 있듯이 제1조를 "야스쿠니신사는 전몰자 및 국사(國事)에 목숨 바친 사람들에 대한 국가 및 국민의 경의와 추모의 정신을 표현하기 위해 그 영령을 합사 봉재하는 것을 목적으로 한다"로 고치고 제2조 이하를 이에 준하여 고쳐야 한다. 만약 이 수정이 불가능하다면, 야스쿠니신사법안에는 반대이다. … 14

위 인용문들에 보이는 주장은 야스쿠니신사 본연의 모습을 유지하는 것을 전제로 법안이 만들어져야 한다는 것이다. 2절에서 살펴본 야스쿠니신사의 입장이 떠오르는 대목이다. 이 같은 주장의 근간에는 야스쿠니신사는 본질적으로 '종교'와 무관하므로 본연의 모습을 그대로 유지해도 현행 헌법에 저촉되는 바가 없다는 인식이 존재했다. 이 인식에 따르면, 헌법 저촉 운운의 언동은 일본이 아직 진정한 독립, 정신적 독립을 쟁취하지 못했음을 보여 주는 고백과 다름없었다.

다분히 근본주의적인 위 주장은 차제에 헌법을 개정하자는 주장으로도 이어졌다.

【자료 3】… 전해지는 바에 따르면 국회의원 일부가 야스쿠니신사로 하여금 그 신격성을 부정하고 창건 이래의 제사를 폐지하고 단순한 전몰자 명부 보관소가 되게끔 하는 법안을 입안 중이라는 것이다. … 우리는 야스쿠니신사 제신의 신격을 부정하는 것과 같은 법안에 단

---

14 青木一男, 「靖国神社法案に対する意見」(『靖国』 145호, 1967. 8. 15, 4~5면).

연코 반대하는 것이다. 만약 위 법안이 일부 논자의 말처럼 헌법 위반의 의심을 두려워한 대책이라고 한다면 주저하지 않고 한 발 더 나아가 '일본국헌법'을 고쳐 의문의 여지를 없애고 솔직하게 국민적 요망에 부응해야 할 것이며, 안이하고 고식(姑息)한 수단은 단연코 피해야 할 것이다. … [15]

위 인용문의 저자는 야스쿠니신사를 형식적으로만 보존하고자 하는 '국회의원 일부'에게 분노하며 걸림돌이 되고 있는 헌법을 개정하자고 주장한다. 그러나 당시 야스쿠니신사 국가호지와 관련하여 헌법 개정을 주장하는 사람들의 목소리가 다수였다고 보기는 어렵다. 1964년에 일본유족회의 〈야스쿠니신사 국가호지에 관한 조사회〉가 의견을 구했던 당대 최고의 전문가 20여 명 가운데도 헌법 개정을 언명한 사람은 없었다.[16] 다분히 소수 의견이었던 헌법 개정론이 『야스쿠니』에서 확인되는 것은 그만큼 상징적인 의미가 있다 할 것이다.

이처럼 『야스쿠니』와 『신사신보』에는 무라카미안에 대한 명확하고 격렬한 비판이 확인되지만, 이에 반해 『일본유족통신』에는 그 같은 흔적이 보이지 않는다. 일본유족회는 야스쿠니신사나 신사본청과는 분명다른 입장을 취하고 있었던 것이다.

이듬해 3월 야마자키안이 등장해도 상황은 변하지 않았다. 일본유

---

15 太田耕造, 「靖国神社国家護持に関する要請書」(『靖国』149호, 1967. 12. 15, 6면).
16 주 3)의 『靖国神社国家護持に関する調査報告書(本編)』, 20~42쪽; 주 3)의 『靖国神社国家護持に関する調査報告書(別冊)』, 59~215쪽 참조.

족회는 야스쿠니신사의 목적을 밝히는 제1조의 수정을 요구하기는 했지만,[17] 기본적으로 수용하는 입장을 취했다. 그 결과 머리말에서 언급한 구타 사건이 발생했다. 이와 관련하여 일본유족회는 "일부에는 본회의 입장에 대한 오해 혹은 곡해가 있다. 최근 모 우익 단체가 가야 오키노리 회장에 가한 공격은 그런 종류이다. 본회가 야마자키안을 고집하고 야스쿠니신사의 파괴를 획책하고 있다는 비난만큼 잘못되고 터무니없는 생트집은 없을 것이다"라고 해명하지 않을 수 없었다.[18] 참고로 덧붙이면, 일본유족회의 입장에 대해 신도계는 야스쿠니신사 국가호지의 조기 실현을 위한 부득이한 입장으로 이해하면서도 수정되어야 할 것으로 인식하고 있었다.[19]

한편 신도계 자신은 향후 국회에 상정될 야스쿠니신사법안에 대해 영령 제사라는 목적을 명확히 밝히고 야스쿠니신사 본연의 모습을 담보하는 것이어야 한다는 입장을 고수하고 있었다. 야마자키안에 격렬히 반대한 자민당 헌법조사회장 이나바 오사무(稻葉修)의 의견이 『신사신보』에 다음과 같이 요약 게시된 것은 이 점을 잘 보여 준다.

---

17 다음 인용문의 바탕글이 야마자키안의 제1조이며, 취소선과 밑줄 부분이 일본유족회가 각각 생략과 추가를 요구한 부분이다. "야스쿠니신사는 전몰자 및 국사에 목숨 바친 자를 ~~공적으로 재사지내고 그 英靈을 존숭해야 한다는~~ 영령 존숭의 국민감정을 감안하여 이 사람들에 대한 경의와 감사의 마음을 표하기 위해 그 유덕(遺德)을 기리고 이를 위로하며 그 공적을 칭양하는 행사 등을 거행함으로써 그 위업을 영원히 전하는 것을 목적으로 한다." 『日本遺族通信』 206호, 1968. 3. 1, 1면 참조.

18 『日本遺族通信』 217호, 1969. 2. 1, 1면.

19 「論説 靖国神社問題に望む」(『神社新報』 1082호, 1969. 2. 1, 1면), 「創建の伝統護れ 日本遺族会靖国神社と共同で'要望'」(『神社新報』 1083호, 1969. 2. 8, 1면) 참조.

【자료 4】○ 야스쿠니신사는 종교법인법에서 규정하는 '종교단체'의 정의에도, 또 앞으로 제정될 '야스쿠니신사법' 제5조(수정)의 '종교단체'에도 해당하지 않는다.

○ 야스쿠니신사에서 거행되고 있는 의식은 전몰자의 영혼을 위로하고 그 유덕을 칭양하는 국민의 보은 감사의 마음 표명을 경건하고 엄숙하게 만드는 데 도움이 되는, 창건 이래로 정착된 관행을 답습하고 있는 것에 불과하다. 그것은 선량한 국민적 습속이며 헌법이 금하는 '종교 활동'과는 별개의 것이다.

○ 무라카미안과 야마자키안은 과도하게 헌법 알레르기의 경향이 있으며 불충분하다. 그것은 헌법상의 의문을 없애기 위해 여러 가지 주의 깊게 종교색을 불식시키는 규정을 마련하고 있지만 오히려 역효과를 내고 있다. 야스쿠니신사법안은 가능한 한 현재의 야스쿠니신사의 설비와 행사를 합헌 합법인 것이 되도록 규정해 두지 않으면 결과적으로 영령의 뜻을 손상시키는 일이 된다.[20]

야스쿠니신사는 '종교'와 무관하다는 점, 현행 제사 의식은 그간의 '관행'과 '습속'에 따른 것에 불과하다는 점이 확인되고 있으며, 야마자키안은 헌법을 지나치게 의식한다는 점에서 무라카미안과 다를 바 없다고 규정하고 있다.

그런데 여기서 한 가지 짚어 둘 점은 야마자키안을 비판하는 이나바

---

[20] 「現狀のままで合憲 靖国問題 自民党憲法調査会が結論」(『神社新報』 1045호, 1968. 4. 20, 1면). 稲葉修의 의견 전문은 『야스쿠니신사問題資料集』, 138~145쪽에 실려 있다.

의 의견에서 알 수 있듯이, 자민당 내에 야스쿠니 문제를 둘러싼 갈등이 존재했다는 사실이다. 실은 이 같은 갈등은 무라카미안이 제출되었을 때도 불거진 바 있다. 앞서 인용한 【자료 2】는 참의원 의원 아오키 가즈오(靑木一男)가 제시했던 의견의 일부로, 아오키는 야마자키안이 마련되는 과정에서도 새로운 시안에 근본주의적인 내용을 반영하기 위해 활발히 활동했다.[21] 아오키의 입장이 이나바의 입장과 상통한다는 점은 두말할 나위 없다.

아오키 가즈오, 이나바 오사무와 대립각을 세운 무라카미, 야마자키의 입장은 현실 타협적인 것이라 할 것이다. 이처럼 현실 타협적인 국회의원들의 속내에 대해 『신사신보』는 "전 야당의 동조하에서 만장일치로 결정하고 싶다. 나중에 위헌 합헌 논쟁이 없도록 하고 싶다. 메이지 100년을 기하여 반드시 실현하고 싶다"[22]는 것, 좀 더 구체적으로 말하면, "헌법과의 균형상 법제국이 만들 수 없는 법안을 무리하게 만들어도 국회대책상 무리가 발생한다. 국가를 위해 목숨 바친 영령을 제사 지내는 신사에 관한 결정을 다수결로 밀어붙이는 것도 불가능하다. 가능하다면 야당과도 공동제안하여 전 국민이 납득할 수 있도록 하고 싶다"는 것이라고 보도하기도 했다.[23]

자민당 내의 엇갈리는 입장은 2절 이하에서 언급한 일본유족회, 야스쿠니신사의 입장과 각각 호응하는 것이었다. 요컨대, 야스쿠니신사법

---

21 「靖国神社法案と私の意見(一)」(『靖国』 163호, 1969. 2. 15), 「靖国神社法案と私の意見(二)」(『靖国』 164호, 1969. 3. 15), 「靖国神社法案と私の意見(三)」(『靖国』 165호, 1969. 4. 15) 참조.
22 『神社新報』 1007호, 1967. 7. 1, 1면.
23 「靖国神社法案の作成進まず」(『神社新報』 1036호, 1968. 2. 10, 1면).

안을 둘러싼 보수 우익 세력의 정치 지형은 일견 매끄럽게 연결되어 있는 듯 보이지만 실제로는 두 가지 층위가 뒤틀린 채 접합되어 있는 모양을 띠고 있었다. 일본유족회 너머로는 현실 세계와 긴밀히 소통하는 제도권 정치의 장이 펼쳐져 있었고, 야스쿠니신사 너머로는 가파른 근본주의와 교감하는 또 다른 정치의 장이 펼쳐져 있었던 것이다.

3. 법안의 국회 상정과 부침하는 경계선

1) 네모토안(根本案)과 공동전선의 구축

야마자키안을 둘러싼 갈등 이후 한동안 소강상태에 있었던 야스쿠니신사법안의 국회 상정 논의는 1969년에 접어들어 비약적으로 진전되었다. 이해 1월 자민당은 총무회를 열고 기존의 시안을 재검토하여 최종 법안을 만들고 이를 국회에 상정하기로 정식 결의했다. 그로부터 일주일 후 일본유족회는 야스쿠니신사와 함께 '야스쿠니신사 창건 이래의 전통을 호지하는' 법안의 작성 및 국회 제출에 관한 요망서를 자민당에 제출했다.[24] 이 같은 동향하에 법안 작성 작업은 신속히 진행되어, 자민당은 3월 7일 정무조사회 회장 네모토 류타로(根本龍太郎) 명의의 시안,

---

24 「要望書」(『神社新報』 1083호, 1969. 2. 8, 1면).

즉 네모토안을 발표했다.

네모토안에 대한 보수 우익 세력의 반응은 대체로 긍정적이었다. 그간의 시안에서 보수 우익 세력 내의 갈등과 분열을 초래했던 것은 특히 야스쿠니신사의 목적을 밝히는 제1조였는데, 네모토안 제1조에 대해서는 그 누구도 이의를 제기하지 않았다. 비교 검토를 위해 무라카미안, 야마자키안, 네모토안의 제1조를 제시하면 다음과 같다.[25]

무라카미안(1967)	야스쿠니신사는 전몰자 및 국사에 목숨 바친 자에 대한 국민의 숭경의 대상으로, 감사와 숭경의 마음을 표하기 위해 이 사람들의 유덕을 기리고 이를 위로하며 그 공적을 칭양하는 행사 등을 거행함으로써 그 위업을 영원히 전하는 것을 목적으로 한다.
야마자키안(1968)	야스쿠니신사는 전몰자 및 국사에 목숨 바친 자를 공적으로 제사 지내고 그 영령을 존숭해야 한다는 국민감정을 감안하여 이 사람들에 대한 경의와 감사의 마음을 표하기 위해 그 유덕을 기리고 이를 위로하며 그 공적을 칭양하는 행사 등을 거행함으로써 그 위업을 영원히 전하는 것을 목적으로 한다.
네모토안(1969)	야스쿠니신사는 전몰자 및 국사에 목숨 바친 사람들의 영령에 대한 국민의 존숭의 마음을 표하기 위해 그 유덕을 기리고 이를 위로하며 그 사적을 칭양하는 의식 행사 등을 거행함으로써 그 위업을 영원히 전하는 것을 목적으로 한다.

'영령'이라는 표현에 초점을 맞춰 보면 알 수 있지만, 제1조에는 야스쿠니신사와 연계되는 세력들의 주장이 점차 반영되어 갔다. 우선 야마자키안은 무라카미안과 달리 '영령'이라는 표현을 사용했다. 다만, '국민감정' 운운하며 그 존재에 대해서는 애매한 태도를 취하고 있으며, 야

---

25 주 4)의 자료집, 116~119쪽에는 위의 3개 시안을 포함한 각종 시안의 '목적'이 제시되어 있어 시대의 흐름을 파악하는 데 큰 도움이 된다.

스쿠니신사의 행사는 어디까지나 '사람들'을 대상으로 한다는 점이 의식적으로 명기되어 있다. 장문인 점에서 작성자의 고뇌의 깊이를 미루어 짐작할 수 있다. 야마자키안에 비해 네모토안은 간단명료하다. '영령'은 '국민의 존숭의 마음'이 가닿는 실체로 인정되고 있다.

그러나 네모토안에 대한 불만의 목소리가 전혀 없었던 것은 아니다. 가장 큰 비판의 대상이 된 것은 '업무의 범위'를 규정한 제22조였다. 구체적으로는 그 앞머리에 보이는 "야스쿠니신사는 제1조의 목적을 달성하기 위해 창건 이래의 전통을 뒤돌아보며 다음의 업무를 행한다"는 문장이 문제시되었다.

『신사신보』의 논설위원은 '뒤돌아보며'라는 표현이 '단순히 과거를 참조한다는 정도'로 해석될 여지가 있고 따라서 야스쿠니신사의 전통이 훼손될 가능성이 있다고 지적하는 한편, 이 같은 표현이 사용된 것은 "국회심의에서의 야당의 공세를 두려워하고 소위 여론의 저항을 우려한 결과"라고 잘라 말했다.[26]

위의 인식은 일본유족회와 야스쿠니신사, 나아가 신도계 일반이 공유하는 것이었다. 이들은 자민당에 문구 수정을 요구했는데, 제시된 대안은 동일했다. 즉, 일본유족회 등은 입을 모아 '전통을 뒤돌아보며'를 '전통에 근거하여' 혹은 '전통을 존중하여'로 수정할 것을 요구했다.[27]

---

26 「論説 根拠なき国家護持反対論」(『神社新報』 1087호, 1969. 3. 15, 1면).

27 「根本私案基本的に了承」(『日本遺族通信』 219호, 1969. 4. 1, 1면), 「靖国神社法案に対する要望書」(『靖国』 165호, 1969. 4. 15, 6면) 참조. 야스쿠니신사는 다음과 같이 구체적인 이유를 적기하기도 했다. "법안 제22조에 '전통을 뒤돌아보며'라고 보입니다만, 이 '뒤돌아보'다는 말은 한자로 고치면 … 14가지나 있어서 그 의미도 매우 다양한데다 그 가운데 '保持한다', '지킨다'라는 의미의 것은 전혀 없습니다. 따라서 '전통을 뒤돌아보며'로는 제사의 전통을 보지할 수 있는 것

또 일본유족회와 야스쿠니신사는 공통적으로 제5조의 표제 '비종교성'을 '종교적 활동의 금지' 혹은 '종교상의 제한'으로 수정할 것을 요구하기도 했다.[28] 그 밖에 각자의 이해관계에 따라 엇갈리는 수정 요구사항이 있었지만, 그것은 지엽적인 문제라 해도 과언이 아니다. 네모토안을 계기로 보수 우익 세력의 갈등과 분열은 봉합되었던 것이다.

이제 보수 우익 세력에게 남은 과제는 네모토안이 야스쿠니신사법안의 이름으로 국회에 상정되고 통과될 수 있도록 공동전선을 구축하고 운동에 매진하는 일이었다. 공동전선의 구축은 금세 가시화되었다. 1969년 5월 16일 일본유족회의 주도로 개최된 야스쿠니신사 국가호지 관철 국민대회를 계기로, 각종 보수 우익 단체의 연합 조직인 야스쿠니신사국가호지관철국민협의회[이하 야스쿠니협의회(靖國協)]가 결성되어 이후 운동을 주도해 나가게 된다.

이처럼 네모토안을 계기로 야스쿠니신사법안을 둘러싼 보수 우익 세력의 정치 지형은 이렇다 할 굴곡이 없는 평탄한 모양으로 변모했다. 그러나 보수 우익 세력의 정치 지형에는 탄성(彈性)이 작용하고 있었다. 이 점에 대해서는 다음 절에서 살펴보기로 하자.

인지 보지할 수 없는 것인지 매우 애매하며 실로 우려할 만한 사태가 발생할 수도 있으므로, 이 점을 명확히 하기 위해 '전통에 근거하여' 혹은 '전통을 존중하여'로 수정해 주실 것을 강력히 요망하는 바입니다"(위의 「靖国神社法案に対する要望書」 기사에서 인용한 것임).

28 위 각주의 자료를 참조할 것.

2) 반복되는 폐안과 차이의 환기

야스쿠니신사법안은 1969년 6월 30일 제61회 국회에 제출되었다. 1969년 7월 1일 자『일본유족통신』(222호) 1면의 〈잊을 수 없는 날 '6월 30일'〉이라는 표제는 당시 한껏 고조되었을 보수 우익 세력의 감정을 상상케 한다.

그러나 당초의 기대와는 달리 야스쿠니신사법안은 오랫동안 계류된 채 좀처럼 다음 단계로 진입하지 못했다. 법안이 중의원 내각위원회에 회부된 것은 회기 종료를 하루 앞둔 8월 4일이었다. 결국 법안은 심의되지 못한 채 폐안 처리되었다.

이 사태에 대한 일본유족회와 신도계의 반응은 사뭇 달랐다. 일본유족회는 법안 제출 자체가 '운동에 있어서 커다란 전진'이라 평가했다.[29] 가야 회장은 폐안 직후에 열린 일본유족회의 합동회의 석상에서 다음과 같이 발언하기도 했다.

【자료 5】자민당 집행부는 최선의 노력을 기울였다는 점을 이해해 주기를 바란다. 그러나 일본의 안전과 70년 혁명의 위기를 극복하기 위해서는 무슨 일이 있어도 비상한 결단을 내릴 수밖에 없었다. 일본을 혁명으로부터 지키지 않으면 안 된다. 그것이야말로 영령의 마음에 답하는 길이다. 야스쿠니신사법안을 성립시키는 것은 결코 손쉬운 일이 아니다. 당연한 것이 당연한 것으로 통용되지 않는 것이 오늘날의

29『日本遺族通信』225호, 1969. 10. 1, 1면.

세상이고 국회의 상황이다. 그런 가운데 한 발 한 발 쌓아 올려 여기까지 온 것에 대해서는 자민당 집행부를 비롯하여 관계 의원의 그야말로 비상한 노력이 있었다는 점을 알아 주었으면 한다. 앞으로도 굳은 신념하에 한 발씩 전진하여 반드시 목적을 관철하지 않으면 안 된다.[30]

가야는 현역 자민당 의원답게 자당(自黨)의 노력을 평가해 달라고 호소하고 있다. 야스쿠니신사법안이 기타 법안과의 우선순위 싸움에서 밀린 것에 대해, 일본의 안전 확보야말로 '영령의 마음에 답하는 길'이라 강변하고 자민당의 노력을 반복해서 강조한다. 이 같은 태도에 대해 불만의 목소리가 없었는지 의문이지만, 적어도 『일본유족통신』에는 그런 흔적이 보이지 않는다. 가야의 발언에 대해 참석자 전원이 이해하고 받아들였다고 보일 뿐이다.

이에 반해, 폐안 직후에 발행된 『신사신보』에는 '자민당의 자세에 대한 분개(憤慨)', '자민당에 대한 분격(憤激)의 목소리'를 담은 기사[31]와 더불어 아래와 같이 자민당의 체질을 힐난하는 논설도 실렸다.

【자료 6】 우리들은 자민당 자체의 체질을 새삼스럽긴 하지만 목도했던 것이다. … 자민당이 야스쿠니법안을 심의미료(審議未了)로 폐안하기로 결정한 배경에는 국민 일반의 사상 경향에 대한 오인이 있었던 것은 아닌가. … 또 당초부터 야스쿠니 문제를 장기 작전으로 생각하

---

30 「一步ずつ前進を」(『日本遺族通信』 223호, 1969. 8. 1, 1면).
31 「廃案になった靖国法案」(『神社新報』 1107호, 1969. 8. 16, 1면).

고 지레 뒤로 물러서는 허약함이 있었던 것으로 여겨진다.[32]

『신사신보』의 논설위원은 자민당의 강단 있는 행동을 촉구하고 있는 셈인데, 당시 정황에 비춰 볼 때 이는 결국 강행 채결을 촉구하는 이야기와 다를 바 없다. 실제로 야스쿠니신사법안은 1974년에 이르러 중의원에서 강행 채결되는데, 이에 대해서는 3절에서 다시 살펴보도록 하겠다.

다시 본론으로 돌아가면, 폐안을 둘러싼 일본유족회와 신도계의 상이한 반응은 이후에도 반복해서 확인된다.

1970년 5월 13일 제63회 국회에 다시 제출된 야스쿠니신사법안이 폐안 처리되었을 때도 일본유족회는 "사태를 냉정하게 분석하면 결코 후퇴가 아니라 오히려 분명하게 크게 전진했다고 말할 수 있는 것이 진상"[33]이라며 국회 폐회 중에도 여당과 야당이 중의원 내각위원회 이사회를 통해 대화를 나누기로 한 것을 높이 평가했다.[34] 폐안과 관련하여 자민당을 추궁하는 일은 없었으며, '야스쿠니신사 문제 그 자체의 곤란성'이 강조될 뿐이었다.[35]

1971년 5월 24일 법안이 세 번째 폐안 처리되었을 때도『일본유족통신』에는 "휴회 중에도 각 당이 이야기를 나누게 된 것은 전진이다"라는

32 「論説 靖国法案へ再度の努力を」(『神社新報』1107호, 1969. 8. 16, 1면).

33 「与野党で協議続ける 期待される総理の言明」(『日本遺族通信』232호, 1970. 5. 1, 1면).

34 「話合いの場生れる 内閣委理事懇談会で」(『日本遺族通信』232호, 1970. 5. 1, 1면).

35 「対決さけた今国会 継続審議の努力実らず」(『日本遺族通信』232호, 1970. 5. 1, 1면)

문장이 보인다.[36]

자민당에 대한 정치적 배려에서 비롯된 반응일 수도 있지만, 독자인 유족들의 심정을 감안한 문장일지도 모르겠다.

한편 신도계의 태도는 대조적이었다. 다음 인용문에 보이듯이, 두 번째 폐안과 관련하여 자민당의 미온적인 태도가 비판의 표적이 되었으며, 일본유족회에서 높이 평가한 이사회를 통한 대화는 평가절하되었다.

【자료 7】 신사계(神社界)와 유족회, 기타 열심히 야스쿠니신사 국가호지 실현의 노력을 계속해 온 관계자 사이에서는 국회, 특히 자민당에 대한 커다란 불만의 목소리가 나오고 있다. … 야당 특히 사회당의 "만약 계속심의로의 전환을 강행한다면 심의 중인 방위 관련 두 개 법안을 저지하겠다"는 반대에 부딪혀 결국 자민당 집행부는 이 문제의 처리에 적극적인 방침을 제시하지 않았다. … 겨우 "폐회 중에도 이사 간담회에서 협상을 계속한다"라고 얼버무리는 형태로 마무리 되었다.[37]

위 인용문 가운데 세 번째 줄 이하의 내용은 당시 자민당과 사회당 간에 정치 협상이 이루어졌음을 시사하는데, 『신사신보』의 논설위원은 한층 노골적으로 야스쿠니신사법안이 "여·야당 사이에서 방위 관련

---

36 「各党話合うことは前進 記者会見靖国法案で首相語る」(『日本遺族通信』 245호, 1971. 6. 15, 1면).
37 「靖国法案また廃案 一回の審議も行はず 防衛二法の成立と取引き？」(『神社新報』 1144호, 1970. 5. 25, 1면).

두 개 법안의 성립을 위한 거래의 도구가 되었다"고 비판하기도 했다.[38]

두 번째 폐안을 거치면서 자민당에 대한 신도계의 불신은 결정적인 것이 되었다고 할 수 있다.

세 번째 폐안 처리가 예상되는 시점에서도 신도계는 "반대당과의 무대 뒤 교섭에서 다른 법안을 성립시키는 것을 조건으로 야스쿠니 법안을 미심의인 채로 폐기해 버리는 거래를 한 듯하다. … 확실히 자민당을 지배하고 있는 대조류에는 신뢰하기 어려운 점이 있다"며 "자민당 신뢰해서는 안 된다"는 분노의 목소리를 정당한 것이라고 평가했다.[39]

이처럼 폐안이 반복되면서 일본유족회와 신도계의 인식 차이는 다시금 극명하게 드러나게 되었다. 한 가지 흥미로운 점은 양자가 서로의 입장에 대해 상호 비판하는 일은 없었다는 사실이다. 서로 다른 입지에서 서로 다른 목소리를 내는 것에 대해서는 상호 암묵적인 양해가 이루어졌던 것은 아닐까 생각한다.

그런데 세 번째 폐안 이후 마치 네모토안이 그랬던 것처럼 양자 사이의 경계선을 수면 아래로 사라지게 만드는 계기가 주어졌다. 그 계기는 무엇이었는지, 또 사라졌던 경계선이 다시금 수면 위로 모습을 드러내는 일은 없었는지에 대해서는 다음 절에서 살펴보겠다.

---

38 「論説 神社人と政治」(『神社新報』 1144호, 1970. 5. 25, 1면).

39 「無視された国民意識」(『神社新報』 1190호, 1971. 5. 24, 1면).

3) '나카소네(中曾根) 구상' 이후

각종 보수 우익 단체의 연합 조직인 야스쿠니협의회가 '영령에 답하는 국민집회'를 성황리에 개최한 1972년 1월 28일, 자민당 총무회에서는 소위 '나카소네 구상'이 발표되었다. '나카소네 구상'은 야스쿠니신사법안의 통과는 난망하므로 야스쿠니신사는 현행대로 유지하고 국가 차원의 영령 현창 성역을 따로 마련하자는 다분히 현실 타협적인 정치 구상이었다.

'나카소네 구상'은 일견 돌발적인 것으로 보이지만, 그것이 출현할 만한 환경은 자민당 내에 이미 조성되어 있었다. 앞서 2장 3절에서 현실 타협적인 국회의원들의 속내에 대해 언급한 바 있지만, 그것은 일시적인 것이 아니었다. 오히려 그것은 야스쿠니신사법안의 국회 제출과 폐안 처리가 반복되는 가운데 부단히 울려 퍼지던 '집요저음'[40]이었다. 예컨대, 두 번째 폐안에 즈음하여 다나카 가쿠에이(田中角榮) 간사장을 비롯한 자민당 간부들은 "야스쿠니신사법안은 대학 법안 등과는 다르다. 강제로 통과시키면 된다는 식은 안 된다. 서로 피를 흘리며 성립시키는 것은 영령에게 면목 없는 일이다. 유족과 국민의 기대도 저버리는 것이 된다. 가능한 한 야당과도 이야기를 나누고 한 사람이라도 많은 국민의

---

40 마루야마 마사오(丸山眞男)는 신화 텍스트로부터 일본 사회의 원형질이라 할 만한 요소들을 추출하고, 그것이 일본 사회의 역사적 전개 과정에 일정한 틀을 제공했다고 주장했다. 마루야마는 이와 관련하여 '古層' 혹은 '집요저음(basso ostinato)'이라는 음악학의 용어를 사용했다. 丸山眞男, 「歷史認識の'古層'」, 『丸山眞男集 第10卷』, 岩波書店, 1996; 同, 「政事の構造-政治意識の執拗低音-」, 『丸山眞男集 第12卷』, 岩波書店, 1996을 참조.

찬성을 얻어 통과시켰으면 한다"라며 입을 모았다고 한다.[41] '나카소네 구상'을 단순히 나카소네 야스히로(中曾根康弘) 개인의 일탈로 보는 것은 단편적이라 할 것이다.

야스쿠니신사법안의 포기를 의미하는 '나카소네 구상'에 대한 반발은 거셌다. 1972년 3월 7일 나카소네는 야스쿠니협의회가 개최한 야스쿠니신사법성립촉진국민대회(靖國神社法成立促進國民大會)에 내빈으로 참석했는데, 나카소네가 인사를 겸하여 자신의 구상을 밝히자 회장(會場)에서는 "일제히 맹렬한 반발과 야유가 터져 나왔다."[42]

시종일관 현실 타협적인 태도를 취해 왔던 일본유족회도 '나카소네 구상'은 자신들이 "염원하는 야스쿠니신사 국가호지와는 별개의 것으로 인정되므로 찬동하기 어렵다"며 반대 입장을 분명히 했다.[43] '나카소네 구상'은 보수 우익 세력 간의 차이를 지우고 그들로 하여금 전열을 재정비하게 하는 계기가 되었다. 그러나 '나카소네 구상'의 효과는 일시적이었다. 법안이 다시금 폐안 처리되었을 때 보수 우익 세력을 양분하는 경계선은 다시금 수면 위로 떠올랐다.

1973년에 다섯 번째 국회에 제출된 야스쿠니신사법안은 회기 종료일인 1973년 9월 27일에 곧바로 폐안 처리되지 않고 '계속심의(繼續審議)'하기로 결정되었다. 즉, 심의 절차를 일단 '동결'하고 차기 국회가 개시되면 재차 법안이 회부되었던 중의원 내각위원회에서 논의를 이어 가기로

---

41 「成立推進を迫る 自民党若手議員の決議」(『日本遺族通信』 232호, 1970. 5. 1, 1면).
42 「靖国法促進国民大会開催」(『靖国』 202호, 1972. 5. 1, 5면).
43 「靖国法案の審議こそ筋 納得できない"中曾根構想"」(『日本遺族通信』 253호, 1972. 2. 15, 1면).

했던 것이다.

일본유족회는 "매스컴의 일부에서는 사실상의 폐안이라고 전하고 있지만, 결코 폐안이 아니며 실질적으로도 계속심의라고 말할 수 있을 것이다. 일보 전진으로 평가하는 까닭이다"라며 사태를 긍정적으로 바라보았다.[44]

이에 반해 신도계는 유족들의 '평생을 건 통절한 기도'에 대한 자민당의 냉담한 반응을 비판하는 한편,[45] '계속심의'를 거쳐 이루어진 강행 채결에 대해서도 의심의 눈초리를 거둬들이지 않았다.

【자료 8】자민당 최초의 고자세에 기분이 좋아진 유족 대표가 법안의 앞날을 기대하여 참의원의 친밀한 의원을 방문했다. 의원은 부재중이었지만 비서가 딱하다는 듯 진상을 밝혔다. "국회 심의는 야당이 대망하는 일중항공협정의 승인을 요구하는 정부 제안이 있어서 재개되는 것은 정해져 있습니다. 하지만 야스쿠니법안은 그때 사실상 폐기하는 것으로 되어 있어서 참의원에서 성립시키기 위한 준비는 하지 않고 있는 것이 진상입니다"라고. … 상세한 시간표가 정해져 있어서 여당은 여당대로 야당은 야당대로 그 열렬한 지지자에 대해 크게 힘을 써서 격렬하게 싸우고 있는 듯한 연기를 하고 있는 셈이다. 하지만 연기자는 결코 본심은 아니고 타협할 생각인 것 같다. 국민은 미리 승부가

---

44 「次期国会を期し力強い奮起を」(『日本遺族通信』273호, 1973. 10. 15, 1면).
45 「悲痛な靖国の遺族 自民党の冷淡に失望と怒り」(『神社新報』1292호, 1973. 7. 16, 1면).

조작된 프로레슬링에 열광하고 있는 팬에 불과한 존재가 된다.[46]

【자료 9】5월 25일 야스쿠니신사법안이 중의원을 통과했다. 참의원이 남아 있지만 여하튼 중의원이라는 산을 넘었으니 일보 전진으로 환영하고 싶은 대목이지만, 실은 암담한 불쾌감을 금할 수 없다. 너무나도 불성실한 정치 무대 뒤편의 거래와 타협이 드러났기 때문이다. … 본지(本紙)만이 아니라 아사히, 마이니치를 비롯한 유력 신문도 모두 중의원에서의 강행 채결을 통한 가결, 그리고 참의원에서 폐안하는 것으로 조야(朝野) 간에 '합의(合意)'가 이루어졌다든지, '양해(諒解)'가 형성되어 있다고 공공연하게 써 대고 있다. … 수상은 "참의원의 자민당 의원 과반수가 의욕이 있다면 야스쿠니신사법안은 성립시켜야 한다"고 언명했다. … 만약 신문의 예보대로 참의원에서 법안이 정지한다면 "자민당의 과반수는 의욕이 없다"고 단정하지 않으면 안 된다. 야스쿠니법안을 당의 결정이라고 칭해도 그것은 그저 표를 모으기 위한 슬로건으로 당으로서는 '의욕 없음'으로 판단하는 수밖에 없다.[47]

1974년 4월 12일 야스쿠니신사법안은 중의원 내각위원회에서 강행 채결되었으며, 이어서 5월 25일 중의원 본회의에서 의결되었다. 이제 법안은 참의원에 송부되어 보수 우익 세력들의 숙원이 이뤄지는 듯했다. 그러나 사태는 그리 녹록하지 않았다.

---

[46] 「靖国法案の前途 強行採決は本気なのか」(『神社新報』 1329호, 1974. 5. 6, 1면).
[47] 「靖国法案の前途 やる気があるのか無いのか」(『神社新報』 1333호, 1974. 6. 3, 1면).

【자료 8】은 법안의 강행 채결 이후 한껏 희망에 들뜬 유족 대표가 평소 알고 지내던 참의원 의원을 방문했을 때의 에피소드를 전한다. 그는 국회의 무대 뒤에서 펼쳐지는 '정치'와 마주하고 만다. 『신사신보』 기자는 강행 채결을 둘러싼 법안 거래를 스포츠 경기의 승부 조작에 비유하며 비판한다.

【자료 9】에서는 법안의 중의원 통과에 대한 냉철한 비평이 노골적으로 전개되고 있다. 기자는 야스쿠니신사법안이 여야 합의하의 각본에 따라 강행 채결되었고 향후 참의원에서 폐안 처리될 것이라는 업계의 공공연한 비밀을 가감 없이 내뱉고 있다. 아울러 폐안 처리 여부는 자민당 의원들의 속내를 가늠하는 바로미터가 될 것이라고 덧붙인다. 야스쿠니신사법안은 '업계의 공공연한 비밀'대로 1974년 6월 3일 참의원의 위원회에 회부되지도 않은 채 폐안 처리되었다.

이 같은 상황 전개에도 불구하고 『일본유족통신』에서는 자민당에 대한 비판의 목소리는 찾기 힘들다. 오히려 1975년 이후 자민당이 추진한 소위 '단계론', 즉 국가기관 대표의 야스쿠니신사 공식 참배를 추진한다는 방침에 동조하는 태도조차 확인된다.[48]

야스쿠니신사는 다음과 같이 대조적인 반응을 보였다.

【자료 10】이 법안에 대해 얼마 전에 중의원 법제국의 견해가 발표되었다. 법제국의 견해대로 법률이 시행되면 솔직히 말해 야스쿠니신사는 신령 부재, 말하자면 정체불명의 시설로 전락할 것은 틀림없다. …

---

48 「暫定措置を条件に段階論を了承」(『日本遺族通信』 290호, 1975. 3. 15, 1면).

오랜 기간 야스쿠니신사 국가호지 달성을 일체가 되어 강력하게 추진해 온 우리에게 이 법안은 여전히 재삼 심의할 필요가 있다. … "성과를 서둘러 야스쿠니신사 창건 본래의 모습을 유지하지 못하고 '악법도 법'이라는 결과를 부득이 받아들인다면 후회를 천세에 남길 것이다."[49]

야스쿠니신사는 원점으로 돌아갔다. 야스쿠니신사의 국가호지 문제는 긴 호흡으로 대해야 하는 중대사라는 것이 야스쿠니신사의 결론이었다. 이런 자세를 취한 야스쿠니신사는 위에서 언급한 자민당의 '단계론'을 어떻게 받아들였을까? 향후의 연구 과제라 할 수 있지만, 보다 신중한 대응이 이뤄졌을 것이라는 점은 분명해 보인다.

이상에서 살펴본 바와 같이, 1969년 네모토안의 성립 이후 1974년 야스쿠니신사법안의 다섯 번째 폐안 처리에 이르기까지 보수 우익 세력의 정치 지형은 일정한 모양을 유지하지 않았다. 네모토안과 '나카소네 구상'이 발표되었던 시기에 그것은 평탄한 모양을 띠었지만, 이 같은 모양은 일시적인 것에 불과했다. 무라카미안이 등장하기 전에 확인되는 일본유족회와 야스쿠니신사 사이의 미묘한 균열은 커다란 복선이었다. 일본유족회와 야스쿠니신사를 꼭짓점으로 하는 두 가지 층위는 결코 하나의 층으로 통합되지 않았다. 야스쿠니신사법안을 둘러싼 보수 우익 세력의 정치 지형은 현실주의와 근본주의를 배경으로 오랜 기간 움푹 파인 모양을 하고 있었다.

---

49 「靖濤」(『靖国』 230호, 1974. 9. 1, 1면).

4. 맺음말

향후의 과제를 언급하며 글을 맺고자 한다.

첫째, 기관지에 대한 분석을 통해 추출된 정치 지형을 기타 자료들을 통해 세밀하게 검증하는 작업이 필요하다. 머리말에서 밝힌 바와 같이, 본고에서는 현재의 연구 수준을 감안하여 다분히 전략적으로 기관지의 검토에 힘을 기울이며 당대의 정치 지형을 거시적으로 조망해 보고자 했다. 그로 인해 논의가 다소 표면적인 수준에 머무르고 있다는 점은 부정할 수 없다. 보다 다양한 자료들을 종합적으로 검토한다면, 일본유족회와 야스쿠니신사를 중심축으로 양편에 펼쳐진 '정치의 장'의 실태도 구체적으로 제시할 수 있으리라 생각한다.

둘째, 이 글에서는 야스쿠니신사법안을 둘러싼 보수 우익 세력의 정치 지형과 관련하여 두 가지 층위를 제시했지만, 각 층위를 좀 더 면밀하게 들여다볼 필요가 있다. 예컨대, 일본유족회라는 조직의 '우직함'에 가린 다른 목소리들은 어떻게 바라봐야 할까? 자민당 본부에서 연좌농성을 하고 국회에서 울부짖는 유족들의 모습은 보수 여당의 갖가지 타협책에 적극 동조하는 기관지의 논조와 전혀 겹치지 않는다. 또 "지금까지 우리들은 자민당의 양심을 믿어 왔지만, 만일 이번 국회에서 심의에도 들어가지 않는다면 도의선(都議選), 참의원선(參議院選)에서 자민당을 응원할 의지는 없다"[50]고 일갈한 일본유족회 청년부 대표 나루시마 하

---

50 「靖国神社法の必成を」(『神社新報』 1284호, 1973. 5. 21, 1면). 이 점과 관련해서는 다음 논고도 참조

지메(成島肇)의 발언이 정작 『일본유족통신』에서는 확인되지 않는 점도 의문이다. 중앙의 각 세부 조직, 각 지역의 유족회에 눈길을 돌린다면 모종의 실마리를 얻을 수 있지 않을까 생각한다.

셋째, 보수 우익 세력의 정치 지형과 지도리가후치 전몰자묘원(千鳥ヶ淵戦没者墓苑)의 관계이다. 본문에서는 구체적으로 다루지 못했지만, 야스쿠니신사법안 문제의 전개 과정에서 지도리가후치 전몰자묘원은 부단히 의식되었던 것 같다. 예컨대, '나카소네 구상'과 관련하여 이 묘원이 재조명되는 움직임도 있었다.[51] 일본의 주권 회복 이후 전사자 추도 공간의 재편이라는 거시적인 틀에서 사태를 조망해 본다면, 야스쿠니신사법안을 둘러싼 정치 지형도 한층 입체적으로 그려 낼 수 있지 않을까 생각한다.

할 만하다. 田中伸尚, 「日本遺族会の五十年」, 『世界』 599, 1994.
51 「主張 道理は曲げられぬ 中曾根発言の盲点を衝く」(『日本遺族通信』 254호, 1972. 3. 15, 1면).

| 참고 문헌 |

1. 자료
• 『神社新報』
• 『靖国』
• 『日本遺族通信』
• 『靖国神社国家護持に関する調査報告書(本編)』(財団法人日本遺族会, 1966).
• 『靖国神社国家護持に関する調査報告書(別冊)』(財団法人日本遺族会, 1966).
• 国立国会図書館調査立法考査局編, 『야스쿠니신사問題資料集』, 国立国会図書館, 1976.

2. 연구논저
• 広瀬重夫(1970), 「日本の圧力団体 日本遺族会」, 『自由』12(9).
• 竹中労(1974), 「賀屋興宣と「日本遺族会」の内幕」, 『新評』21(3)
• 平田哲男(1981), 「日本遺族会と「英霊の顕彰」」, 『歴史評論』370.
• 藤原正信(1987), 「「靖国」問題と日本遺族会」, 『近代真宗史の研究』, 永田文昌堂.
• 田中伸尚(1994), 「日本遺族会の五十年」, 『世界』599.
• 田中伸尚・田中宏・波田永実(1995), 『遺族と戦後』, 岩波書店.
• 中島三千男(1995), 「戦争と日本人」, 『岩波講座 日本通史 第20巻 現代1』, 岩波書店.
• 神社新報政教研究室編(1995), 『増補改訂 近代神社神道史』, 神社新報社.
• 박철희(2011), 『자민당 정권과 전후 체제의 변용』, 서울대학교출판문화원.
• 波田永実(2002), 「国家と慰霊: 日本遺族会と靖国神社をめぐる戦後の諸問題」, 『歴史評論』 628.
• 島田裕巳(2014), 『靖国神社』, 幻冬舎.
• 赤澤史朗(2017), 『靖国神社: 「殉国」と「平和」をめぐる戦後史(文庫版)』, 岩波書店.

제5장

일본의 전후 아시아 '배상 외교'와 역사 인식

– 정부 간 화해의 성과와 한계

| 조진구 ■ 경남대학교 극동문제연구소 조교수 |

* 이 글은 『일본역사연구』 제51집(2020. 4. 30), 55~88쪽에 게재된 원고에 약간의 자구 수정을 가한 것이다.

1. 머리말

1957년 9월 처음 발간된 일본 외무성의 외교청서(『우리 외교의 근황(わが外交の近況)』)는 '유엔 중심주의', '자유주의 국가들과의 협조', '아시아 일원으로서의 입장 견지'라는 외교 3원칙을 천명하면서 아시아의 일원으로서 '아시아의 공명과 신뢰'를 얻고 '아시아의 지위 향상과 발언권 확보'를 위해 노력해 왔다고 지적했다.[1] 그러나 전쟁이 끝나고 70여 년이 지났지만, 일본이 일으킨 전쟁과 식민지 지배에 기인한 역사 문제는 여전히 일본과 주변국과의 신뢰관계를 저해하는 요인이 되고 있다.

일본과 동남아시아 국가들과의 관계는 1951년 9월에 체결되고 이듬해 4월에 발효된 샌프란시스코 강화조약에 따라 새롭게 형성되었다. 강화조약 제14조(a)에는 과거의 전쟁과 점령으로 인한 피해와 고통에 대해 일본은 연합국에 배상해야 한다는 내용이 포함되어 있었기 때문이다. 미국이 중심이 되어 만들어진 조약 초안에 포함된 배상 조항에 불만을 품은 국가도 적지 않았는데, 특히 인도네시아, 필리핀, 베트남 대표가 노골적으로 불만을 표출했다. 그로 인해 일본 정부 대표단을 이끌고 강화회의에 참석한 요시다 시게루(吉田茂) 총리는 "조약을 수락한 이상 성의를 갖고 배상을 이행할 결의"를 표명하지 않을 수 없었다.

또한 동남아시아 국가 가운데 인도네시아, 베트남, 필리핀, 라오스, 캄보디아 등 5개국이 강화조약에 서명했지만 비준하지 않았던 국가도

---

1 https://www.mofa.go.jp/mofaj/gaiko/bluebook/1957/s32-1-2.htm#a(검색일: 2019년 11월 10일).

적지 않아 이들 국가와의 전후 처리는 배상 문제를 둘러싼 교섭에 초점이 맞춰져 그 과정에서 적지 않은 진통을 겪어야 했다.

이 글에서는 현재에도 일본 외교의 커다란 과제이기도 한 '역사 인식' 문제의 기원을 탐구하기 위해 전후부터 1970년대까지 일본이 아시아 국가들과 국교를 정상화하는 과정에서 전쟁과 식민지 지배 문제를 어떻게 처리하였는지 살펴볼 것이다. 또한 1995년과 2005년, 그리고 2015년 8월, 세 번에 걸쳐 발표된 총리 담화의 내용을 아시아 국가들과의 전후 처리 맥락에서 살펴봄으로써 정부 간 화해의 한계와 현재적 의미를 재음미해 보고자 한다.

2. 요시다 노선과 경제 중시 배상 외교의 시동

샌프란시스코 강화조약이 1952년 4월 28일에 발효되어 일본은 독립 국가로서 국제사회에 복귀했다. 소련과 소련에 동조한 폴란드와 체코는 강화회의에는 참가했지만 서명하지 않았고, 1949년 10월 1일에 대륙에 수립된 중화인민공화국과 타이완으로 쫓겨난 중화민국은 강화회의에 초대조차 받지 못했다.

철저한 현실주의자였던 요시다에게 공산 측을 포함한 모든 교전국가와 화해를 모색하는 전면 강화는 '관념의 유희'로 비춰졌으며, 미소 냉전을 이용해 일본의 소생을 추구하는 단독 강화가 현명한 선택이라고 생각했다. 한국전쟁 발발 후 재군비를 요구하는 미국에 대해 과도한 재정 부담, 일본 국민의 반발, 아시아·태평양 국가들의 반대 등을 이유로 저항했지만, 결국은 안보를 미국에게 의존하는 대신 일본이 기지를 제공하는 미일안보체제를 선택했다.[2]

요시다의 대미 의존, 경무장 방침에 대해 보수 진영 내부에서 헌법 개정과 명확한 형태의 재군비를 주장하는 반대론자도 있었다. 요시다의 정적이었던 하토야마 이치로(鳩山一郎)가 대표적이었지만, 방위력 증강보다 피폐한 경제를 부흥시켜야 한다는 요시다의 노선은 그 뒤에 등장한 정권에서도 계승되었다.

냉전으로 중국이라는 거대한 시장에 접근할 수 없었던 일본에게 동남아시아는 시장과 원료 공급지로서 중요했다. 또한 강화조약 체결 후 중국과의 강화 문제는 여전히 복잡했다. 일본과 중화민국과의 강화조약이 필요하다고 생각했던 미국은 강화회의에 참석하지 못했던 중화민국과 일본이 교섭을 시작하면 조약의 적용 범위 문제가 발생할 것으로 봤으며, 이에 관한 사전 검토를 중화민국 정부에 요구했다.

그러나 일본 측은 중화민국과 평화조약을 체결하는 것에 소극적이었다. 1951년 10월 30일에 하니 고로(羽仁五郎) 참의원 의원의 질문에 대해 요시다는 일본은 중화인민공화국과 중화민국 가운데 강화 상대를 선택할 권리가 있으며, 이 권리를 행사할 때에는 객관적 필요와 중국 정세를 고려해야 한다면서 중국과 일본의 장래를 가볍게 결정해서는 안 된다고 말해 미국과 중화민국 측을 놀라게 했다. 미국은 일본이 공산 중

---

2 内田健三, 『前後宰相論』, 文藝春秋, 1994, 25~27쪽.

국과 관계를 맺는 것에 반대했으며, 대일 강화조약 체결에 관여했던 덜레스 국무부 고문을 일본에 보내 직접 요시다를 설득하기로 한다.

공산 중국을 승인했던 영국의 지원을 받았던 요시다는 공산 대륙과의 경제 관계를 중시했다. 그러나 반공 의식이 강했던 덜레스나 미국 의회의 강력한 반발을 우려해 덜레스에게 보낸 12월 24일 자 서한에서 일본은 타이완의 중화민국 정부를 중국의 정통 정부로 승인하고 정상적인 관계를 수립할 의사를 표명하게 된다. 이것이 덜레스의 강한 압력에 의해 만들어진 '요시다 서한'이다.

1951년 12월 18일, 외상을 겸하고 있던 요시다는 외상 관저에서 연합국군최고사령관총사령부(GHQ)의 윌리엄 시볼트 외교국장과 함께 덜레스를 만났다. 덜레스는 국회에서의 요시다 발언이 "유감스럽게도 중국 문제에 대해 미국 국민에게 일본의 진의를 오해하게 만든" 측면이 있다면서 "이런 오해를 완화하고 (샌프란시스코강화)조약 비준을 촉진한다는 견지에서" 자신에게 "요시다 총리가 보내는 서한(안)을 작성해 봤다"고 말했다. 덜레스 특사에게 보내는 요시다 서한을 덜레스 자신이 작성하고 적당한 시기에 공표함으로써 강화조약 비준에 도움이 되게 하자는 매우 '위압적인' 발언에 대해 요시다는 "특별히 이의가 없지"만 "자구에 관해 연구해 본 뒤 연락"하겠다고 밝혔다.[3]

결국 미국이 일본에게 압력을 가했다는 오해를 피하기 위해 덜레스 귀국 후인 12월 24일에 요시다는 덜레스가 작성한 요시다 서한 초안을 공표했다. 초안에 포함된 문안대로 일본 정부는 "중국 국민정부가 희망

---

3 『日本經濟新聞』, 2014년 1월 18일 전자판.

한다면 다수 국가 간의 평화조약에 나타난 제 원칙에 따라 양 정부 사이에 정상적인 관계를 재개하는 조약을 체결할 용의가 있으며" 이 조약의 조항은 "중화민국에 관해서는 중화민국 국민정부의 지배하에 현재 있고, 또는 앞으로 들어갈 모든 영역에 적용"될 것이며, 일본 정부는 "중국의 공산 정권과 양자 조약을 체결할 의도를 가지고 있지 않다는 것을 확신할 수 있다"고 밝혔다.[4]

1952년 1월 14일에 덜레스는 구웨이진(顧維鈞) 미국 주재 중화민국 대사를 만나 조만간 일본이 중화민국과 양자 조약을 체결하고 싶다는 의사를 공식 표명할 것이라고 알려 주었다. 이틀 뒤인 1월 16일, 도쿄와 워싱턴에서 요시다 서한의 내용이 공표되었다. 장제스(蔣介石)는 샌프란시스코 강화조약 발효 전에 조약을 체결할 것을 지시했다. 대장상을 역임했던 가와다 이사오(河田烈)와 예쿵차오(葉公超) 외교부장이 전권대표로 임명되어 2월 중순 타이베이에서 조약 체결 교섭이 시작되었다.

당초 일본은 '평화조약'이라는 명칭의 사용을 반대했지만, 2월 27일에 열린 비공식 접촉에서 일본 측은 '중화민국과 일본 간의 평화조약'으로 하는 데 동의했다. 3월 1일에는 일본이 자국 조약 초안을 제시했는데, 쟁점이 되었던 것은 배상과 적용 범위였다. 중화민국 측은 2월 20일에 열린 제1차 회담에서 내용 면에서 샌프란시스코 강화조약과 유사한 21개조로 구성된 평화조약 초안을 제시했다. 대일전쟁의 최대 피해국인 중국이 배상을 포기하는 것은 국민감정이 허용하지 않을 것이라는 강

---

4   五百旗頭眞編, 『戰後日本外交史 第3版』, 有斐閣, 2010, 73~74쪽; 田中明彦, 『日中關係
     1945~1990』, 東京大学出版会, 1991, 37~38쪽.

경한 입장을 취했다.

그러나 미국 상원에서 샌프란시스코 강화조약이 비준될 가능성이 높아지자 3월 중순부터 양보할 움직임을 보였다. 3월 19일에 예쿵차오는 배상 이외 문제에 관해 일본 측이 자국 입장을 수용하면 배상 요구를 자발적으로 포기하겠다고 말했다. 조약의 적용 범위에 대해서도 중화민국 측은 가능한 한 적용 지역을 제한하려고 했던 일본 측의 주장을 받아들였으며, 4월 13일에 열린 제13차 비공식회담에서 샌프란시스코 강화조약이 규정하는 이익을 포기한다는 가와다 안을 수용했다.

2월 18일에 열린 예비회담을 시작으로 불과 두 달 열흘 만인 4월 28일 양국은 일화평화조약에 조인했으며, 14개조로 구성된 평화조약 제1조에서 양국은 전쟁상태의 종료를 선언했다. 또한 부속의정서에서 중화민국은 "일본 국민에 대한 관후(寬厚)와 선의(善意)의 표징으로서" 샌프란시스코 강화조약에 따라 "일본국이 제공해야 할 역무의 이익을 자발적으로 포기"했는데, 평화조약이었지만 조약과 부속문서 어디에도 배상이란 말은 사용되지 않았다.[5] "원한을 덕으로 갚는다(以德報怨)"는 생각을 가지고 있던 중화민국은 당초부터 배상 청구를 할 의도가 없었다는 지적도 있다. 그러나 1943년부터 배상 청구를 준비했던 중화민국은 일

---

5 구체적인 교섭 과정은 이시이 아키라(石井明, 「中国と対日講話-中華民国政府の立場を中心に」, 渡邊昭夫·宮里政女編, 『サンフランシスコ講和』, 東京大学出版会, 1986, 293~316쪽) 논문 참조. 조약의 적용 범위에 관해서 교환공문은 요시다 서한의 표현대로 "중화민국에 관해서는 중화민국 정부의 지배하에 현재 있고, 또는 앞으로 들어갈 모든 영역에 적용"하기로 했으며, 합의의사록에서는 중화민국 측의 의견을 반영해 '또는 앞으로 들어갈'을 '및 앞으로 들어갈'이라는 의미라고 확인했다. 조약, 의정서, 교환공문, 합의의사록은 竹内実編, 『日中国交基本文献集 下巻』, 蒼蒼社, 1993, 152~172쪽 참조.

본에게 자신들의 정통성을 인정하게 하는 것을 최우선 과제로 보면서 조인 단계에서 청구권을 포기했던 것으로 알려지고 있다.[6]

한편, 강화회의에서 동남아시아 국가들은 미국의 무배상 원칙에 강하게 저항했다. 결국 샌프란시스코 강화조약 제14조는 일본의 재외재산 몰수 이외에도 일본의 배상 책임을 인정해 일본에 의해 손해를 입은 연합국이 희망할 경우 해당 국가와의 개별 교섭으로 역무배상을 지불하도록 규정했다. 따라서 1950년대 동남아시아 국가와의 관계 수복을 위한 일본의 외교는 당연히 배상 문제 해결에 초점이 맞춰지지 않을 수 없었다. 강화조약 제14조에 의한 "전시 중 일본에 의해 점령당해 손해를 입고 또한 그 손해 배상을 희망한다는 의지를 표명한 연합국"은 필리핀, 인도네시아, 버마(현재의 미얀마), 베트남, 라오스, 캄보디아 등 6개국이었다. 라오스와 캄보디아는 나중에 배상청구권을 포기했으며, 버마는 강화회의에 참가하지 않았다.

당초 버마는 인도와 보조를 맞춰 비동맹 중립주의 입장에서 미국 주도의 강화조약에 반대했을 뿐만 아니라, 배상조항에 불만을 표시해 회의 출석을 거부했었다. 필리핀과 인도네시아가 일본과 교섭을 시작하자 진행 상황을 주시하던 버마는 1954년 8월에 사절단을 일본에 파견했다. 버마는 전쟁 피해액이 25억 달러에 달한다면서 일본과 필리핀 사이에 잠정 합의되었던 4억 달러, 20년간 지불을 버마에도 적용해 줄 것을 요구했다. 일본 측은 2억 달러를 10년에 걸쳐 제공하는 안을 제시했는데, 외화 사정이 좋지 않았던 버마는 일본 측의 제안을 받아들이지

6 모리 가즈코 지음, 조진구 옮김, 『중일관계: 전후에서 신시대로』, 리북, 2006, 29쪽.

않을 수 없었다. 최종적으로 양국은 11월 5일에 평화조약과 함께 배상 2억 달러와 경제협력 5천만 달러 상당의 일본인의 역무와 일본산 생산물을 10년에 걸쳐 분할 제공하는 배상 및 경제협력 협정 체결에 합의했다.

평화조약 제8조 1항에서 일본은 버마와 버마 국민에 대한 모든 청구권을 포기했을 뿐만 아니라, 일본이 다른 배상 청구국가에 대한 배상의 최종 해결 결과와 비교해 양국 간 합의가 공정하고 형평성 있는 대우였는지 재검토한다는 버마 측 요구를 받아들였다[평화조약 제5조 1항 (a) (III)]. 이 재검토 조항은 다른 국가와의 협정에서는 찾아볼 수 없는 것이었던 만큼 중·참 양의원 외무위원회 심의 과정에서도 의원들의 주목을 받았다. 다른 국가와의 배상 협정과 불균형이 발생하자 1959년 4월에 버마 정부는 배상의 재검토와 증액을 요구했으며, 일본은 1961년 1월에 무상경제협력에 의한 해결안을 제시했다. 버마는 일본 측 제안을 받아들였지만 금액을 둘러싸고 양측 사이에 견해 차이가 컸다. 일본은 4천만 달러를 주장했지만, 버마는 2억 달러 요구 주장을 굽히지 않았다. 결국 1963년 1월에 향후 배상의 재검토를 요구하지 않는 대신 무상경제협력자금 1억 4천만 달러를 12년에 걸쳐 제공한다는 합의가 이루어졌고, 3월 29일에는 양국 사이에 경제기술협력협정이 체결되었다.[7]

동남아시아 국가 가운데 유일하게 극동위원회에 참가했던 필리핀은 강화조약 작성 과정에서 미국의 무배상 방침을 집요하게 비판하고 배상 조항을 포함시키는 데 공헌했지만, 내전과 재정 위기에 더해 미국에

---

7 高塚年明,「国会から見た経済協力・ODA⑴ ~ 賠償協定を中心に ~」,『立法と調査』, 256, 2006. 6.

대한 의존도가 매우 높아 교섭력에는 많은 한계가 있었다. 1952년 1월에 일본 정부는 쓰시마 주이치(津島壽一) 외무성 고문을 단장으로 하는 배상사절단을 마닐라로 파견해 필리핀 측과 교섭을 시작했다. 그러나 필리핀 측이 역무만이 아니라 현금과 현물 지급을 포함해 80억 달러라는 거액의 배상을 요구해 합의에 이르지 못하고 2월 중순 귀국했다.

배상 교섭 타개를 위해 1953년 10월에 필리핀을 방문한 오카자키 가쓰오(岡崎勝男) 외상은 가르시아(Carlos Polestico Garcia) 외무장관에게 일본이 지불 가능하다고 보는 배상 총액은 7억 달러라면서 이것을 필리핀=4, 인도네시아=2, 버마=1의 비율로 배분한다는 '4 · 2 · 1 배분율'을 제시했다고 한다. 11월에 필리핀에서는 정권이 교체되어 대통령에 막사이사이(Ramon Magsaysay)가 취임했는데 그는 필리핀의 요구가 과도하다는 점에 이해를 표하면서 유연한 태도를 보였다. 일본은 교섭을 재개할 절호의 기회로 보고 12월에 오오노 가쓰미(大野勝己) 공사를 파견해 '10년간 2.5억 달러 지불' 안을 제시했지만, 필리핀의 가르시아 외무장관은 20억 달러를 제시해 교섭은 결렬되었다. 그러나 배상협정 체결에 대한 의욕이 강했던 양측은 교섭을 거듭해 1954년 4월 "4억 달러를 20년 동안 지불한다. 다만, 일본 측은 실질적으로 10억 달러의 효과가 필리핀에 생길 수 있도록 한다"는 데 합의하였다. 이것이 '오오노 · 가르시아 예비협정'이라 불리는 것이다.

그러나 일본을 방문했던 필리핀의 경제조사단이 일본의 배상 능력을 10억 달러 정도라고 산정한 것을 계기로 필리핀 야당이 '8억 달러, 5년 지불' 혹은 '10억 달러, 5년 지불'을 주장하면서 '오오노 · 가르시아 예비협정'은 파기되고 교섭은 중단되었다. 1954년 10월, 필리핀의 교섭 재개

요구에도 불구하고 일본 국내에서 요시다 내각이 총사직하고 하토야마 이치로 내각이 등장하면서 교섭은 진전을 보지 못했다.

1955년 3월 5일에 막사이사이 대통령은 하토야마 총리에게 "배상 문제를 조기에 해결하고 싶다"는 서한을 보냈다. 필리핀은 자신들이 수립하는 개발계획에 일본이 제공하는 물자와 역무를 활용하려는 의도가 있었다. 3월부터 필리핀 외무부 경제국장이 상세한 개발계획을 가지고 일본 외무성의 나카가와 도루(中川融) 경제국장 등을 만나 배상 품목을 개별적으로 검토해 가며 배상액을 결정하는 전문가 회의가 개최되었다. 전문가 회의와 병행하여 진행된 비공식 배상 교섭에서 필리핀은 배상 총액은 8억 달러로 하지만, 여기에는 경제개발을 위한 차관이 포함된다는 데 양해가 성립했다. 8월 12일 막사이사이 대통령은 순수배상 5.5억 달러와 경제개발을 위한 차관 공여 2.5억 달러를 합친 8억 달러를 20년에 걸쳐 제공하는 배상안을 공식적으로 하토야마 총리에게 전달했다.

일본 국내에서는 8억 달러라는 거액의 총액만이 아니라 현금 배상이 포함된 것에 대한 불만이 나타나 10월 5일에 자유당의 외교조사회는 반대를 표명했다. 11월 15일에는 보수적인 자유당과 일본민주당이 자유민주당으로 합당하여 하토야마 제3차 내각이 발족했다. 1956년 3월 14일에 하토야마 총리는 후지야마 아이이치로(藤山愛一郎) 아시아협회 회장을 특사로 마닐라에 보내 배상이 시작되어도 일본과 필리핀의 무역은 줄어들지 않고 오히려 확대해 갈 것이라는 방침을 전달했다. 5월 8일에는 다카사키 다쓰노스케(高崎達之助)가 일본 측 전권대표로 임명되어 5월 9일의 배상협정에 서명했는데, 이 협정에는 어떠한 업종을 배상으로 제공할 것인가가 포함된 부속문서 이외에 경제개발차관에 관한 교환공문, 역무에 관한 교환공문, 무역확대에 관한 공동성명 등이 포함되어 있었다.

필리핀에 대한 배상이 버마와 다른 점은 경제개발차관이 배상협정 본문에 포함되지 않았다는 점인데, 이것은 배상 총액이 8억 달러라는 인상을 주지 않기 위해서였다. 태평양전쟁에서 미일 양국군의 격렬한 전장이었던 필리핀은 샌프란시스코 강화조약에 조인했던 국가 가운데 일본이 처음으로 배상을 한 국가가 되었다. 샌프란시스코 강화조약에 조인은 했지만 비준하지 않았던 필리핀은 버마와 달리 새로운 평화조약을 체결할 필요가 없었다. 필리핀 의회는 1956년 7월 16일에 샌프란시스코 강화조약과 일본과의 배상협정을 승인했다. 7월 23일에는 강화조약 비준서가 미국 국무부에 기탁되어 강화조약에 따른 배상협정도 효력을 발생하게 되었다.[8]

필리핀과의 교섭 과정에서 일본은 필리핀에서 일본이 행했던 가해 행위에 대한 사실 규명이나 사죄보다는 어떻게 배상금액을 억제할 것인가에 관심을 집중시켰으며, 재계의 압력도 작용해 배상협정은 결국 기업의 경제 진출을 위한 수단으로 작용했다. 배상협정에 대해 필리핀 국내에서는 자국이 일본의 자원공급국이 되고 산업을 붕괴시킬 것이라는 비판과 반대가 있었지만, 경제개발 5개년계획을 실행하기 위한 자금이 부족했던 필리핀은 전쟁 피해에 대한 사죄와 배상을 강력하게 밀어붙일 수 없었다.

8　高塚年明,「国会から見た経済協力・ODA(2) ~ フィリピン賠償協定を中心に ~」,『立法と調査』. 261, 2006.10.

한편, 하토야마에게는 강화 이후 독립국가로서 일본이 국제사회에 복귀하는 데 있어서 달성해야 할 중요한 외교적 과제가 있었다. 소련과의 국교 회복과 불평등한 미일안보조약 개정이 그것이었다. 1955년 8월에 미국을 방문했던 시게미쓰 외상을 통해 일본은 덜레스 국무장관에게 안보조약의 개정을 요구했지만 실현하지 못했다. 정적 요시다의 대미일변도 외교에서 벗어나 자주적인 외교를 모색한다는 의미에서 여전히 법적으로 전쟁 상태였던 소련과의 강화는 하토야마에게는 중요한 의미가 있었다. 샌프란시스코강화회의에 서명하지 않았던 소련과의 국경선 확정, 소련 국내에 억류된 일본인의 송환, 소련에 의해 나포된 일본 어선과 어부의 석방, 일본의 유엔 가입 등을 위해서도 소련과의 관계 개선은 중요한 외교적 과제였던 것이다.

1956년 10월에 모스크바로 직접 날아간 하토야마는 1주일간의 교섭 끝에 소련과의 공동선언 합의를 이끌어 냈다. 공동선언은 영토 문제의 완전한 해결은 평화조약 체결 뒤로 미룬 채 양국 간 전쟁 상태를 종결시키고 소련은 억류 일본인의 석방과 송환과 일본의 유엔가입 지지 등을 약속했다.[9] 12월 18일 유엔 총회에서 일본의 유엔 가입이 만장일치로 승인된 뒤 하토야마는 총리직에서 물러났다.

---

9 五百旗頭眞編, 79~88쪽.

3. 기시 정권의 동남아시아 외교

하토야마에 이어 총리가 된 이시바시 탄잔(石橋湛山)은 지병으로 인해 두 달 만에 물러나고, 전전 도조(東条) 내각에서 상공대신을 했던 A급 전범 용의자 기시 노부스케(岸信介)가 총리가 되었다. 기시 총리는 5월 20일부터 6월 4일까지 동남아시아 6개국을 순방한 데 이어 11월 18일부터 12월 8일까지 동남아시아 9개국을 순방하면서 동남아시아 외교를 적극적으로 전개했다. 한 해 두 번이나 일본 총리가 동남아시아 국가들을 순방했던 전례가 없었는데, 기시는 취임 후 첫 번째 해외 순방 지역으로 동남아시아를 선택했던 것이다.

경제기획청이 1956년 7월 7일에 발간한 『경제백서』가 "이제 전후가 아니다"라고 선언할 정도로 일본 경제는 호조를 보였지만, 1957년에 들어와 일본 경제는 조정 국면에 들어갔다. 이에 일본 정부는 악화된 국제 수지를 개선하기 위해 무역 규모 확대를 모색하겠다는 입장을 정했다. 1957년 말에 수립된 경제5개년계획(1958~1962)은 적극적인 수출 증진을 통해 경제발전의 기초를 강고하게 하겠다는 방침을 제시했다. 기시의 동남아시아 순방은 배상을 통해 이 지역 국가들과의 긴밀한 경제 관계를 구축하고 그것이 일본 경제 발전에도 기여해야 한다는 생각에 입각한 것이었다. 9월 28일 처음 발간된 외교청서는 "배상은 구상국(求償國)에 대한 우리나라의 의무 이행이지만, 이것을 단순한 의무 이행으로 끝내지 않고 동시에 구상국 경제의 회복 내지 발전에 기여하고, 나아가 우리나라와의 경제 관계 긴밀화에 기여할 수 있도록 노력하는 것"을 배상

에 관한 기본원칙이라고 지적했다.[10]

동남아시아에 대한 일본의 배상은 샌프란시스코 강화조약에 나타난 연합국의 관대한 대일 배상 원칙을 방패삼아 일본에게 경제적 부담을 주지 않으면서 일본의 시장과 원료 공급지 역할을 하는 수단으로 철저하게 활용되었다. 다시 말하자면, 동남아시아에 대한 일본의 배상은 배상 의무의 이행인 동시에 정부에 의한 민간 수요의 창출과 수출시장의 안내역을 의미하는 것으로, 결과적으로 일본 경제 부흥을 위한 수단이었다는 것이다.[11]

제1차 동남아시아 순방을 마치고 1957년 6월 중순에 미국을 방문한 기시 총리는 20일 덜레스 국무장관과 회담을 가졌다. 이 자리에서 그는 자신의 동남아시아 순방 결과를 설명하면서 '동남아시아개발기금구상'에 대한 지원을 요청했다. 이 구상은 미국이 자금을 제공하고 일본이 기술과 노하우를 제공해 동남아시아의 노동력과 자원을 이용하여 개발한다는 것이었다. 그러나 기시의 머릿속 계산은 일본이 동남아시아 개발을 주도하는 리더 역할을 함으로써 대미 관계를 좀 더 대등하게 만들려는 것이었다.

일본의 대중국 접근을 경계하고 있던 미국의 우려를 해소하고 협력을 얻어 내기 위해 기시 총리는 미 의회 연설과 기자회견을 통해 국제공산주의의 위협을 강조했다. 그러나 미국의 반응은 냉담했고 동남아시

---

10 https://www.mofa.go.jp/mofaj/gaiko/bluebook/1957/s32-2-1-1.htm#2b(검색일: 2019년 11월 10일).

11 五百旗頭真編, 91쪽.

아 국가들의 호응도 좋지는 않았다.[12] 그렇지만 동남아시아의 경제개발은 전후 일본 외교의 3원칙 가운데 '자유주의 국가들과의 협조'하에 '아시아의 일원'으로서 일본이 독자적인 외교를 펼칠 수 있는 공간을 확대할 수 있는 기회이기도 했다. 그 연장선상에서 기시 총리는 1958년 1월의 국회 시정 방침 연설에서 인도네시아와의 배상 문제의 조기 해결을 중요한 외교 과제로 제시했다.

인도네시아는 샌프란시스코 강화조약 체결 이후 일본이 가장 먼저 배상 교섭을 시작했던 국가였다. 1951년 12월에 배상 교섭 사절단을 도쿄에 보낸 인도네시아는 일본으로 인한 전쟁 피해가 172억 달러에 달한다면서 70억 달러의 배상을 요구해 합의에 이르지 못했다. 1952년 1월 18일, 일본과 인도네시아는 샌프란시스코 강화조약 제14조에 입각한 원칙을 담은 중간협정안과 교환공문을 가조인하고 구체적인 배상 액수와 이행 기간, 분쟁 해결 방식 등에 대해서는 다음 회의에서 협의하기로 했다. 그러나 2월에 인도네시아에서 내각이 교체되는 정치적 변동에 의해 차기 회담 자체가 열리지 못했다. 그 결과 중간 협정은 사실상 파기되고 강화조약 비준도 무기한 연기되었다.

1년 이상 지난 1953년 10월에 오카자키 가쓰오 외상이 동남아시아를 순방했다. 이를 계기로 침몰선 인양 교섭이 재개되어 12월 16일에 침몰선 인양 중간배상협정이 조인되지만, 인도네시아 국회가 이를 승인하지 않자 일본 정부는 교섭을 서두르지 않기로 방침을 결정한다. 이에 불

---

12 権容奭, 「岸の東南アジア歴婦と「対米自主」外交」, 『一橋論叢』, 123(1), 2000, 173~181쪽; 五百旗頭真編, 92쪽.

만을 품은 인도네시아는 대일 무역 대금의 지불을 거부하고 이를 배상금에서 상쇄하자고 요구했는데, 인도네시아가 지불해야 할 무역대금은 점차 늘어나 1956년 말에는 1억 7천만 달러에 달했다. 인도네시아는 전후 네덜란드로부터 독립을 선언했지만, 네덜란드인이 국내 자본의 80% 이상을 장악하고 있어 어떻게 경제적 자립을 할 것인가가 인도네시아의 최대 과제였다고 할 수 있다.

1956년 5월에 체결된 필리핀과의 배상 협정에 자극을 받은 인도네시아는 6월부터 배상 교섭에서 적극적인 태도를 보였다. 1957년 3월 인도네시아는 배상 2.5억 달러, 경제협력 4.5억 달러, 총 7억 달러 안을 제시한 데 이어 7월에는 배상과 경제협력을 각각 4억 달러로 하며 무역채권 1.7억 달러를 경제협력에 포함시키는 안을 제시했다. 11월에 인도네시아를 방문했던 기시 총리는 스카르노 대통령과의 회담에서 배상 4억 달러에서 무역 채권 1.7억 달러를 상쇄한 순배상 2.3억 달러, 경제차관 4억 달러 선에서 정치적 합의를 성립시켰다. 1958년 1월 20일에 양국 외무장관이 자카르타에서 조인한 평화조약과 배상협정은 4월 15일에 비준서를 교환하고 발효되었다. 인도네시아와의 교섭은 버마나 필리핀과의 교섭보다 오래 걸렸지만, 천연자원이 풍부하고 인구나 지정학적으로 매우 중요한 곳이었기에 인도네시아와의 배상 협정 체결은 일본에게 큰 의미가 있었다고 할 수 있다.[13]

한편, 라오스, 캄보디아, 베트남 등 인도차이나반도의 3개국은 샌프

---

13 高塚年明, 「国会から見た経済協力・ODA(3) ～ インドネシア賠償協定を中心に ～」, 『立法と調査』, 269, 2007. 6.

란시스코 강화조약에 서명했을 뿐만 아니라 1952년 6월에 비준서를 미국에 기탁하고 일본과 국교를 수립했다. 라오스와 캄보디아는 배상청구권을 포기하는 대신 1958년과 1959년 10억 엔과 15억 엔을 무상으로 제공하는 경제기술협력협정을 일본과 체결했다.

샌프란시스코강화회의 이전부터 배상 청구 의사를 밝혔던 베트남의 경우 20억 달러의 전쟁 피해를 입었다고 주장하면서 배상을 계속 요구했다. 일본은 강화조약 체결 직후인 1951년 12월에 배상 사절을 베트남에 보냈지만 구체적인 교섭을 시작한 것은 아니었다.

1954년 5월의 디엔비엔푸 전투에서 대패한 프랑스군이 철수한 뒤 제1차 인도차이나전쟁 종결을 위한 휴전 협정이 7월에 스위스 제네바에서 체결되어 베트남의 분단이 고착화되었다. 제네바협정 성립 후인 1954년 10월에 남베트남의 고 딘 디엠(Ngo Dinh Diem) 정권과 공사급 외교관계를 수립한 일본은 고 딘 디엠 정권을 베트남의 유일한 합법정부로 승인하고 배상 교섭을 시작하였다. 1955년 4월에 일본을 방문했던 베트남 건설부 장관이 교섭 개시를 요청했으며, 12월에 일본은 400만 달러의 배상을 제시했다. 1956년 1월 베트남 측이 2.5억 달러를 요구하자 일본이 2천만 달러를 제시하는 등 배상을 둘러싼 양측의 액수 차이가 커서 교섭은 난항을 거듭했다.

베트남 측은 광산물 생산의 폭격 피해, 수출 감소, 관세 수입 감소, 기아에 의한 주민의 전쟁 피해 등 전쟁으로 인한 피해 총액을 20억 달러로 산정하면서 2.5억 달러를 다시 제시했지만 일본 측은 받아들이지 않았다. 1957년 9월, 기시 총리는 전전부터 친밀하게 지내던 우에무라 고고로(植村甲午郎) 게이단렌(経団連, 현재의 일본 경제단체연합회의 전신인 경제단체연합회의 약칭) 부회장을 특파대사로 보낸 데 이어 11월에는 자신이 직접 베트남을 방문했다. 이를 계기로 교섭이 진전되어 1959년 5월 13일에 일본이 베트남에 3,900만 달러 상당의 역무와 생산물을 제공하는 배상 협정이 체결되었으며, 동시에 750만 달러의 정부 차관과 910만 달러의 민간 경제협력 차관 제공도 합의했다.

그런데 앞에서 살펴본 버마나 필리핀과 달리 베트남의 경우 처음부터 배상 총액을 결정하는 방식이 아니라 구체적인 개발계획이나 공업화 프로젝트에 필요한 자금을 배상금으로 충당하는 방식이 취해졌다는 점에서 차이가 있었다. 실제로 순수 배상 3,900만 달러 가운데 3,700만 달러와 정부 차관 750만 달러를 다님(Da Nhim) 수력발전소 건설에 사용하는 형태로 교섭이 이뤄졌다. 식민지 시기 수풍댐 건설에 관여했던 구보타 유타카(久保田豊)가 설립한 닛폰 코에이(日本公営)가 다님 수력발전소 건설 과정에서 주도적 역할을 했는데, 베트남전쟁 중인 1964년에 운전을 시작한 다님 수력발전소는 사이공과 캄란 공업지대에 전기를 공급하기 위해 건설된 것이다.

배상액의 규모가 버마나 필리핀, 인도네시아의 10분의 1 정도였음에도 불구하고 베트남과의 배상 협정은 중의원 외무위원회에서 15회, 참의원 외무위원회에서 16회나 심의되었다. 이것은 동서 간의 냉전 논리가 일본 국내에도 영향을 미쳤다는 것을 잘 보여 주었다. 특히, 기시 총리의 국회 소신 표명 연설과 이에 대한 질의응답, 중·참의원 외무위원회와 본회의 심의 과정에서는 베트남이 남북으로 분단된 상황에서 남베트남 정부의 정통성 문제가 큰 쟁점이 되었다.

1959년 10월 28일, 기시 총리의 소신 표명 연설 후 질의에서 사회당의 아사누마 이네지로(淺沼稻次郞) 의원은 1954년 7월의 제네바협정에 의한 남북 베트남의 군사분계선은 잠정적인 것이기 때문에 남베트남에 대한 배상은 제네바협정에 반하는 것이라 주장했다. 그뿐만 아니라 베트남의 통일을 저해하는 것이므로 통일이 이루어질 때까지 기다려야 한다고 따져 물었다. 더 나아가 남베트남에 대한 배상은 미국의 군사원조를 간접적으로 지원하려는 것이라면서 과거 침략 전쟁으로 많은 손해를 입혔던 일본이 전쟁 책임에 대한 아무런 반성 없이 배상이란 이름으로 전쟁 준비를 하는 것과 같다고 강하게 비판했다.

이에 대해 기시 총리는 휴전협정인 제네바협정에 의해 베트남 정부의 법적 지위가 바뀌는 것이 아니고, 일본은 샌프란시스코 강화조약에 의해 일본이 배상 의무를 지고 있는 베트남공화국(남베트남) 정부와 교섭을 해서 조약을 체결한 것이라 제네바협정에 반하지 않으며, 배상 협정은 미국의 베트남 군사정책을 돕기 위한 것이 아니라 샌프란시스코 강화조약상의 의무를 충실하게 수행하기 위한 것이라고 답변했다.

아사누마 의원과는 반대로 자민당의 쿠사바 류엔(草場隆圓) 의원은 호치민 정권을 정통 정부로 인정하는 것은 소련과 동유럽의 일부 국가에 지나지 않는다면서 호치민 정권을 정통 정부로 인정하고 배상 협정을 체결해야 한다는 것은 근거가 없다면서 북베트남이 배상 요구를 해도 일본에게는 지불할 의무가 없다면서 정부 측 견해를 물었다. 기시 총리는 베트남에 대한 배상은 샌프란시스코 강화조약에 의해 일본에 부과된 배상 의무를 다하기 위한 마지막 협정으로 베트남에 대한 배상이 완료되면 베트남 경제나 국민의 복지뿐만 아니라 동남아시아 전체 지역과의 우호 친선이나 무역 경제 관계도 한층 긴밀해질 것이라고 강조

했다.[14]

　이상 살펴본 바와 같이 동남아시아에 대한 일본의 배상 외교는 냉전과 한국전쟁의 영향을 강하게 받아 일본에게 매우 관대했던 샌프란시스코 강화조약에 근거를 두고 이뤄졌으며, 일본 경제에 부담을 주지 않고 오히려 일본 경제 발전의 기초가 되었다고 할 수 있다. 한국전쟁 경제 특수로 1952년에는 일본 경제가 거의 전전 수준을 회복해 무역 총액이 중국을 앞섰으며 아시아의 최대 통상국가가 되었다. 다만 일본의 무역은 수출보다 수입이 많은 적자 상태가 1965년까지 지속되었다. 일본이 동남아시아 국가들과 1950년대에 체결한 배상 및 경제협력 협정은 일본 산업에 필요한 원료를 수입하고 제품을 수출하는 시장의 역할을 함으로써 일본 경제 부흥에 크게 기여했다고 할 수 있다.[15] .

4. 일본과 한국 및 중국과의 국교 정상화

　1950년대 초반에 일본은 국제사회로 복귀했다. 그러나 중국과 한국

---

14 高塚年明, 「国会から見た経済協力・ODA⑷ ~ ベトナム賠償協定を中心に (その1)~」, 『立法と調査』, 272. 2007.9; 高塚年明, 「国会から見た経済協力・ODA⑷ ~ ベトナム賠償協定を中心に (その2) ~」, 『立法と調査』, 274. 2007.10; 高塚年明, 「国会から見た経済協力・ODA⑷ ~ ベトナム賠償協定を中心に (その3) ~」, 『立法と調査』, 276, 2008.1.

15 入江昭, 『新・日本の外交』, 中央公論社, 1991, 72~73쪽.

과의 관계 개선은 아직도 극복해야 할 중대한 과제였다. 1952년 4월에 일본은 중화민국과 국교를 수립했지만, 그렇다고 공산 중국과의 관계가 완전히 단절된 것은 아니었다. 민간 차원에서 경제 교류와 문화 교류가 점차 증가하면서 1956년 이후에는 중국과의 무역이 중화민국과의 무역을 상회할 만큼 성장했던 것은 주목할 필요가 있다.

중일 관계가 정상화되기까지는 1972년 9월까지 기다려야 했지만, 미국의 주선으로 1951년 10월에 시작된 한국과 일본의 국교 정상화 교섭은 13년 8개월 만인 1965년 6월에 결실을 보게 되었다. 한국과 중국은 샌프란시스코강화회의에 초청받지 못했지만, 일본이 일으킨 전쟁과 식민지 지배의 최대 피해 국가였다. 일본이 양국에 대해 어떤 태도로 관계를 정상화했는지 살펴보기로 한다.

동남아시아 국가들과의 전후 처리에 남다른 관심을 보였던 기시 총리는 1958년 5월에 야쓰기 가즈오(矢次一夫)를 개인특사로 이승만 대통령에게 보내 국교회복을 타진했지만 진전을 보지 못했다. 가장 큰 이유는 일본에게 식민지 지배에 대한 반성 의식이 결여되고 한국에 대한 우월 감정이 남아 있었기 때문이다. 이는 훗날 기시가 '국교회복의 최대 장애'가 '감정적인 것' 때문이라고 하자 야쓰기가 "일본이 한국을 침략했다거나 제국주의적으로 지배했다고 하는 의식은 전혀 없지요. (중략) 그런데 저쪽(한국)에서는 3, 40대부터 그 위 사람인 대통령에 이르기까지 마치 어제 일처럼 기억하고 있는 만큼 책임을 추궁한다"고 말했던 것에 상징적으로 나타나 있다.[16]

---

16 岸信介 · 矢次一夫 · 伊藤隆, 『岸信介の回想』, 文藝春秋, 1981, 221쪽.

그런데 이런 인식이 두 사람에 국한된 것은 아니었다. 강화조약을 준비하는 과정에서 일본 외무성이 작성한 '할양지에 관한 경제적 · 재정적 사항의 처리에 관한 진술'은 식민지 지배에 대한 외무성의 기본 인식이 응축되어 있었다. 요약하면, 일본의 식민지 지배는 착취가 아니라 해당 지역의 발전에 공헌했을 뿐만 아니라 국제사회도 모두 인정했기 때문에 범죄시하는 것은 받아들일 수 없으며, 전후 일본인의 사유재산까지 박탈한 것은 가혹하며 국제관례상 매우 이례적이라는 것이다.

이런 시각에 따르면 일본의 식민지 지배는 사죄와 반성의 대상이 아니라 오히려 감사받아야 마땅한 일이었다. 대장성이 작성한 문건도 다르지 않았다. 297명의 전문가를 동원해 일본인의 해외 활동을 조사 · 기록했던『일본인의 해외 활동에 관한 역사적 조사』서문에 따르면 시기와 장소에 따라 '침략 또는 약탈'이 있었을지 모르지만 기본적으로 제국주의적 침략에 의한 것이 아니며, 일본과 일본인의 재외재산은 해외에서의 정상적인 경제활동의 성과라고 강변했다.

나아가 조선에 관한 총론적 성격의 논문「조선 통치의 성격과 실적」에서 경성제국대학 교수 출신의 스즈키 다케오(鈴木武雄)는 "조선의 경제가 이러한 비참한 상태에서 병합 후 불과 삼십 수년 사이에 오늘날과 같은 일대 발전을 거두게 된 것은 확실히 일본의 지도 결과라고 해도 과언이 아니"며, "교육기관의 보급 확충에 노력했던 것은 무엇보다도 일본의 조선 통치의 성실한 면을 보여 주는 것"으로 "노예적 정치와는 아주 대조적인 것이라는 것은 부정할 수 없다"고 주장했다. 특히, 재무성 재외재산조사회가 1945년 8월 15일 현재 일본이 조선에서 보유했던 재산을 702억5600만 엔(당시 환율로 약 47억 달러)이었다고 추산했던 것

은 한일 교섭을 염두에 두었던 것으로 생각된다.[17]

한국은 샌프란시스코강화회의 참석을 희망했지만 영국과 일본이 반대했으며 1951년 4월까지 한국의 참가에 긍정적이었던 미국이 태도를 바꾸면서 실현되지 못했다. 또한 1951년 8월 15일에 한국이 배제된 미영합동강화조약안이 공표되었을 때에도 강화조약 참가에 대한 여론이 형성되지 못한 한국은 변영태 외무장관이 비난 성명을 발표하고(8월 20일) 이승만 대통령이 기자회견을 통해 항의하는 데 그쳤다(9월 3일). 한국은 샌프란시스코 강화조약 제4조 (a)항에 입각해 일본과의 양자 협의를 추진할 수밖에 없었다. 1951년 10월 20일, 한국은 미국의 외교적 중재로 옵서버로서 도쿄의 연합군최고사령부 회의실에서 열린 예비회담에 참가하였다. 한국 측은 식민지 지배로 인한 피해에 대해 거액의 배상을 요구했지만, 일본 측은 "일본이 한국 국민의 의사에 반해 한국을 침략한 사실을 정면으로 인정하려 하지 않았다."[18]

1952년 2월 15일, 도쿄에서 열린 제1차 본회담에서 일본 측은 '일본국과 대한민국 간의 우호조약 초안'을 제시했지만, 전문에는 조약 체결의 목적이 "양국 간의 새로운 관계 발생에 유래하는 각종 현안을 화협(和協)의 정신에 의해 정의와 형평의 원칙에 따라 신속하게 해결하는 것"으로 규정되어 과거 문제는 전혀 언급되지 않았다. 2월 21일에 한국 측이 1949년 9월에 작성된 『대일배상요구조서』를 보완한 8개 항목의 '대일 청구권요강안'을 제시하자 일본 측은 요구 항목의 구체적인 숫자 제

---

17 高崎宗司, 『検証 日韓会談』, 岩波書店, 1996, 6~11쪽.

18 유의상, 『대일외교의 명분과 실리』, 역사공간, 2016, 78~118; 高崎宗司, 24~25쪽.

시를 요청했다. 또한 일본 측은 22일에 자신들이 제안한 조약 초안의 제안 이유를 설명했지만, "과거의 식민지 통치하에서 우리들에게 미친 정신적·물질적 피해에 대해서는 일언반구도 없었다."[19]

3월 5일에 한국 측은 '대한민국과 일본국 간의 기본조약안'을 제출했는데, 제3조는 1910년 8월 22일 이전에 구대한제국과 일본국 간에 체결된 모든 조약의 무효를 확인하는 것이었다. 1905년의 제2차 한일협약과 1910년의 강제병합조약 등이 무력으로 강요된 것이기 때문에 무효라는 것이 한국의 주장이었다. 이에 대해 일본 측은 "일본 국민의 심리적 면에 불필요한 자극을 줄 우려가 있다"면서 삭제를 요구했다. 일본의 역사가 다카사키 소지가 지적하듯이 조선의 식민지 지배는 당시 국제법상, 국제관례상 널리 인정받아 이뤄진 것이라는 일본 외무성의 기본 인식을 반영한 것이었다.

나아가 일본은 '우호조약안'이라는 수정안을 통해 한국 측 안의 제3조를 삭제하는 대신 전문에 "일본국과 구대한제국 간에 체결된 모든 조약 및 협정이 일본국과 대한민국 간의 관계를 규제하는 것이 아니라는 것을 확인한다"는 문구를 삽입시켜 한국 측의 강한 불만을 샀다.[20]

한일 간의 인식 차이는 좁혀지지 않았는데, 3월 6일 열린 청구권위원회 제5차 회의에서 일본은 인도 독립 시 인도 국내의 영국인의 재산을 인정했다고 주장하면서 '재산 및 청구권의 처리에 관한 한일 간 협정의 기본요강'을 제시하면서 일본의 역청구권을 주장했다. 일본 측이 한국

---

19 유의상, 141~147쪽; 高崎宗司, 32~33쪽.
20 高崎宗司, 33~35쪽.

내 일본 재산에 대한 미군정의 처리를 인정하지만 그것은 국·공유재산에 국한된 것이라면서 일본인 사유재산에 관한 별도의 협의를 요구하자 한국 측은 일본 제안을 일축해 제1차 회담은 결렬되었다.[21]

클라크 유엔군사령관의 중재와 이승만·요시다 회담(1953년 1월 6일)을 거쳐 제2차 회담이 1953년 4월 15일에 재개되어 청구권에 대한 실무적인 협의를 계속했지만 이견을 좁히지는 못했다. 더구나 1952년 1월 18일에 한국이 어족 자원과 대륙붕 자원보호를 이유로 한반도 주변 수역 50~100해리에 '평화선'(대한민국 인접 해양에 대한 대통령 선언)을 선포한 이후 평화선을 침범한 일본 어선을 한국이 나포했던 것도 교섭을 더욱 어렵게 만들었다. 일본이 평화선의 철폐를, 한국이 일본의 대한청구권 철회를 주장하는 한 회담 결렬은 필연적이었다. 게다가 1953년 10월 6일에 재개된 제3차 회담에서 제2차 회담부터 일본 측 수석대표를 맡았던 구보타 간이치로(久保田貫一郎)의 식민지 시혜 발언을 둘러싸고 양측 대표 사이에 설전이 벌어지고, 일본 내에서 지지하는 듯한 발언이 이어지면서 양국 정부 사이에 격렬한 비난전이 전개되었다.

10월 15일 청구권위원회에서 구보타는 한국이 식민지 피해를 보상하라고 한다면 "일본으로서도 조선의 철도나 항만을 만들거나 농지를 조성해 대장성은 당시 많은 해에는 2천만 엔이나 반출했다"면서 식민지 통치가 한국에도 도움이 되었다고 발언했던 것이다.[22] 이것은 앞에서 말한 일본 외무성과 재무성의 인식과 궤를 같이하는 것이다. 구보타 발언

---

21 高崎宗司, 35~37쪽; 유의상, 147~156쪽.
22 高崎宗司, 49~64쪽.

은 한국인을 분노하게 했으며, 제3차 회담은 시작 2주 만에 중단되어 4년 6개월간 재개되지 못했다. 구보타가 자신의 발언에 대해 사과하면서 회담이 즉각 결렬되지 않았던 점 등에 비춰 보면 제3차 회담 결렬의 진정한 원인은 일본이 역청구권을 포기하지 않았기 때문이라는 유의상의 지적도 일리가 있다. 한국 입장에서 보면 일본의 역청구권 포기 없이 청구권 교섭은 해결이 어렵고 청구권 교섭의 진전 없이 다른 현안의 타결도 어렵다고 판단했을 가능성도 있기 때문이다.[23]

구보타 발언으로 회담이 결렬된 이후 한국은 평화선을 침범한 일본 어선의 나포를 강화했을 뿐만 아니라 부산에 억류 중이던 일본인 어부들을 형기 만료 후에도 석방하지 않았다. 또한 오오무라(大村) 수용소에 수용된 한국인 불법 입국자와 일본에서 강제 퇴거를 명령받은 한국인의 본국 송환을 한국이 거부하고, 1955년 8월에 한국이 대일경제관계를 단절하면서 한일 관계는 최악의 사태를 맞이했다.[24]

구보타 발언의 철회, 일본의 청구권 포기, 한국 억류 일본인과 일본 억류 한국인의 상호 석방, 일본의 한국 문화재 일부 송환 등에 양국이 합의하면서 1958년 4월 15일에 제4차 회담이 개최되었다. 그러나 재일 한국인의 북송 문제에 이어 3·15 부정선거와 4·19 학생혁명 등 한국의 정국 혼란으로 회담은 다시 중단되었다.

이승만에서 장면, 기시에서 이케다로 양국에서 정권이 교체된 뒤 열

23 유의상, 188~199쪽.
24 高塚年明, 「国会から見た経済協力·ODA(7) ~ 日韓基本条約 請求権·経済協力協定を中心に (その1) ~」, 『立法と調査』, 279, 2008. 4, 95쪽.

린 제5차 회담에서 청구권 문제의 경제협력 방식에 의한 해결 방안이 등장한다. 1960년 9월 6일, 현직 외상으로서는 처음으로 고사카 젠타로 (小坂善太郎)가 서울을 방문하고 대일 청구권을 대신하는 무상원조에 대한 구체적인 논의도 이뤄졌지만, 1961년 5월 16일에 일어난 군사쿠데타로 회담은 다시 중단되었다.[25]

조국의 근대화를 구호로 내걸고 쿠데타를 일으켰던 박정희는 일본과의 국교 정상화를 통해 일본의 자본과 기술 도입이 중요하다고 생각해 한일회담의 조기 재개와 타결에 열의를 보였다. 1961년 10월 20일부터 제6차 회담이 시작되어 실무 차원의 절충이 이뤄졌지만 청구권 금액을 둘러싸고는 양측의 격차가 여전히 컸다. 1962년 10월과 11월 두 번에 걸쳐 김종필 중앙정보부장이 일본을 방문해 오히라 외상과 회담을 가졌다. 일본 측이 무상 3억 달러, 유상 2억 달러, 상업 차관 1억 달러 이상의 경제협력을 한국에 제공함으로써 청구권 문제가 최종적으로 해결된 것으로 본다는 양해가 성립했지만,[26] 한국 국내에서 격렬한 '대일 굴욕 외교' 반대 시위에 직면했다.

1964년 도쿄 올림픽 폐막 직후인 11월 9일, 총리가 된 사토 에이사쿠는 11월 21일 국회 소신 표명 연설에서 "일한 문제에 대해서는 조속한 국교 정상화를 바라는 양국 국민 대다수의 바람을 배경으로 장래에 응어리를 남기지 않도록 공정하고 타당한 내용으로 제 현안의 조기 타결을 위해 노력할 방침"을 천명했다. 12월 3일에 제7차 회담이 도쿄에서 재개

---

25 高崎宗司, 99~114쪽.
26 高塚年明, 2008. 4, 98~99쪽.

되어 미합의 사항과 협정문의 문구 조율을 위한 교섭에 박차가 가해졌다. 1965년 1월 12일에 미국을 방문했던 사토는 존슨 대통령과의 회담에서 한일회담의 조기 타결을 약속했다. 기본조약에서 쟁점이 되었던 구조약의 무효 시점과 한국의 관할 지역에 관해서는 시이나 외상이 1965년 2월에 방한했을 때 정치적으로 타결되어 2월 20일에 가조인되었다.

2월 17일에 김포공항에 내린 시이나 외상이 도착 성명을 통해 "양국 간의 오랜 역사 속에 불행한 시기가 있었던 것은 참으로 유감스러운 일이며, 깊게 반성하는 바입니다"라고 반성의 뜻을 밝혔던 점은 주목할 만하다. 무엇에 대해 반성을 하는지, 반성의 주체가 누구인지 명확하게 언급하지는 않았지만, 일본 외상이 반성의 뜻을 표명한 것은 처음이었다.[27] 외교 당국 간의 최종 문안 조정을 거쳐 6월 22일에 대한민국과 일본국 간의 기본관계에 관한 조약과 대한민국과 일본국 간의 재산 및 청구권에 관한 문제의 해결과 경제협력에 관한 협정 등 4개의 부속 협정이 조인되었으며, 양국 국회의 비준을 거쳐 12월 18일에 발효되었다.

당시 일본 측이 어떤 인식에 입각해 국교 정상화에 임했는지는 일본 국회 비준 과정에 잘 나타나 있다. 10월 13일에 중의원과 참의원 소신 표명 연설에서 사토 총리는 기본조약과 부속 협정은 "과거의 일한 관계를 청산하고 양국 국민이 호혜평등의 정신에 입각해 항구적인 선린 우호 관계를 수립하고 서로 제휴해서 번영하는 새 시대를 구축하기 위한 것"이며, "과거의 불행한 일한 관계를 청산하고 선의와 이해에 입각한

---

27 1965년 7월 발간된 『우리 외교의 근황(제9호)』은 시이나 외상의 반성 표명에 대해 "한국 신문에 크게 보도되어 일반적으로 호감을 받았다"고 기술했다.

새로운 친선 관계를 수립하는 열의"를 한국 국민에게 전하고 싶다고 말했지만, 불행한 과거가 무엇인지에 대한 구체적인 언급은 없었다. 일본 사회당의 야마모토 고이치(山本幸一) 의원이 "일본은 36년간 식민지로서 조선을 통치했으며, 조선 민족에게 말할 수 없는 피해와 고통을" 준 것에 대한 정당한 보상과 일본의 책임을 지적했지만 구체적 대응은 회피했다.[28]

청구권협정 제2조는 한일 양국 및 양국 국민 간의 '재산, 권리 및 이익과 청구권 문제'가 1951년 9월 8일에 서명된 샌프란시스코 강화조약 제4조 (a)에 규정된 것을 포함하여 "완전히 그리고 최종적으로 해결된 것이 된다"는 것을 확인했지만, 식민지 통치로 인한 손해나 고통에 대한 보상이라는 인식은 애초부터 일본 측에 없었다. 10월 21일, 중의원에서 일본 사회당의 이데 이세이(井手以誠) 의원이 남북이 통일된 뒤 정식으로 국교를 수립하고 그때 36년간의 식민지 통치에 대해 정당한 보상을 해야 한다고 지적하자 사토 총리는 기본조약과 부속 협정은 북한과는 관련이 없다고 잘라 말했다. 나아가 청구권은 법적으로 근거 있는 것, 사실 관계를 설명할 수 있는 것을 둘러싸고 교섭했지만, 사실 관계를 설명하기 어려워 "청구권 문제가 아니라 (중략)경제적으로 (한국이)자립할 수 있도록 우리나라가 협력해 간다. 이 경제협력에 의해서 청구권 문제를 완전히 해결한다는 관점에서 경제협력으로 바뀌었다"고 강조했다.

시이나 외상은 참의원 본회의에서 구조약의 무효 시점과 관련해 '이

---

28 高塚年明,「国会から見た経済協力・ODA(8) ~ 日韓基本条約 請求権・経済協力協定を中心に (その2) ~」,『立法と調査』, 281, 2008. 5, 99~105쪽.

미 무효'라는 것은 "한국이 독립한 시점에서 병합조약은 효력을 상실했다"고 다시 한번 기존 입장을 반복했다. 나아가 "경제협력은 배상의 의미를 가지고 있다고 해석하는 사람도 있는 듯하지만, 법률상 아무런 관계가 없다. 영국과 프랑스가 구식민지를 해방시켜 새로운 독립국을 인정했을 때에도 국가의 탄생을 축하하고 경제의 앞날을 지지하는 의미에서 상당한 경제협력을 했다. 그 사례와 완전히 같다." 즉, 청구권을 갈음하는 경제협력은 일본의 식민지 지배로 인한 피해에 대한 보상이 아니라 한국의 독립 축하 의미에서 제공하는 것이라고 설명했다.

또한 공명당의 구로야나기 아키라(黒柳明) 의원이 구조약이 "대등한 입장에서 자유로운 의사로 체결되었다"는 일본 정부 측 설명과 달리 "우리나라의 무력, 위압(威壓)에 의해 조선이 굴복한 실례가 수없이 있다"고 따져 묻자 사토 총리는 "당시 대일본제국과 대한제국 사이에 양자의 완전한 의사, 평등한 입장에서 체결된 것"이라고 답변했다. 나카무라 우메기치(中村梅吉) 문부대신도 "대등한 입장에서 자유의사하에 체결된 것"이라고 강조했다.[29]

이상 살펴본 바와 같이 13년 8개월의 난항 끝에 1965년 6월 한일 양국은 국교를 정상화했다. 청구권협정 제1조1은 무상 3억 달러와 유상 2억 달러 등은 한국의 경제발전에 유익한 것이어야 한다고 되어 있지만, 청구권 보상에 사용되어야 한다는 규정은 어디에도 없다. 그럼에도 양국은 청구권 문제가 '완전히 그리고 최종적으로 해결된 것'이 된다고

---

29 高塚年明,「国会から見た経済協力・ODA(9) ~ 日韓基本条約「請求権・経済協力協定を中心に (その3) ~」,『立法と調査』, 286, 2008. 9, 62~78쪽.

확인했으며, 한일회담에서 한국 측이 제시했던 8개항의 '대일청구요강'에 포함된 모든 청구에 관해 "어떠한 주장도 할 수 없다"는 것이 확인되었다(청구권협정 부속 '합의의사록' 2(g)). 일본과의 교섭 과정에서 한국 정부는 "우리는 나라로서 청구한다. 개인에 대하여는 국내에서 조치하겠다"는 입장을 반복해서 표명함으로써 개인의 청구권을 희생하며 국가 차원의 일괄 타결 방식을 주장했었다.[30] 사토 총리가 국회에서 "조속한 국교 정상화를 바라는 양국 국민 대다수의 바람을 배경으로 장래에 응어리를 남기지 않도록 공정하고 타당한 내용"으로 조기 타결을 위해 노력하겠다고 언급했던 것과는 거리가 멀었다.

일본에게 남은 과제는 중국과의 국교 정상화였지만, 사토 정권은 중국에 대한 강경한 입장을 굽히지 않았다. 그러나 1970년대에 들어와 국제정세가 변화하기 시작했다. 미국은 수면 아래서 중국과의 관계 개선을 모색하기 시작해 1970년 1월에 바르샤바에서 중국과 대사급 회담을 재개했다. 또한 1970년 가을에는 캐나다와 이탈리아 등이 중국과 국교를 수립했으며, 일본 국내에서도 경제계를 중심으로 중국 진출을 도모하는 움직임이 나타났다. 특히, 저우언라이가 1970년 4월에 한국이나 타이완 등에 투자하고 원조하는 기업과는 무역 교류를 하지 않겠다는 4원칙을 제시하자 이해 가을부터 도요타와 아사히카세이(旭化成) 등이

---

30 유의상, 495쪽. 1970년대 초반 한국 정부는 특별법을 제정해 예금, 일본은행권, 유가증권, 해외송금, 기탁금, 보험금, 채권 등의 재산 피해와 일본군에 의해 군인, 군속 혹은 노무자로 소집 또는 징용되어 1945년 8월 15일 이전에 사망한 사람을 대상으로 일부 보상을 하려고 했지만 대상자도 액수도 충분하다고는 할 수 없었다. 高崎宗司, 199~202쪽; 유의상, 500~504쪽.

4원칙을 받아들이겠다는 의사를 표명했다. 1970년 12월에는 초당파 의원들로 구성된 '일중국교회복의원연맹'이 결성되었다. 1971년 7월에 키신저가 비밀리에 중국을 방문하고, 1972년에 닉슨 대통령이 중국을 방문하겠다는 계획이 발표된 후 재계 대표들의 중국 방문이 이어지는 '중국 붐'이 일어났다.[31]

사토 총리는 1971년 1월의 시정 방침 연설에서 총리로서는 처음으로 '중화인민공화국'이라는 정식 국호를 사용하면서 정부 간 접촉 의사를 밝혔지만, 중국 측의 반응은 냉담했다. 그런 상황에서 중요한 역할을 했던 것이 공명당이었다. 1971년 7월, 공명당 대표가 중국을 방문해 국교 회복을 위한 5가지 조건을 일본 정부가 수용한다면 "중일 양국의 전쟁 상태를 종결시키고 중일 간의 국교를 회복하고 평화조약을 체결할 수 있다"는 공동성명이 발표되었다.[32]

1972년 2월 말, 닉슨 대통령의 방중은 역사적인 미중 화해를 상징했으며, 일본 국내에도 커다란 영향을 미쳤다. 1972년 5월에 중국을 방문한 공명당의 니노미야 분조(二宮文造) 부위원장에게 저우언라이는 "만약 다나카 씨가 총리가 되어 중일 양국 관계에 대해 논의하고 싶어 한다면 환영한다"고 기대감을 표명했다. 사토가 사의를 표명한 뒤 자민당 총재 선거에서 중일 국교 정상화에 강한 열의를 보였던 다나카 가쿠에이(田中

---

31 田中明彦, 67~69쪽.

32 5가지 조건은 다음과 같다. 첫째, 중국은 하나이며 중화인민공화국 정부가 유일한 합법 정부다. 둘째, 타이완은 중국의 하나의 성이다. 셋째, 일화조약은 불법이며, 폐기되어야 한다. 넷째, 미국은 모든 무장 병력을 타이완에서 철수해야 한다. 다섯째, 유엔에서의 중국의 합법적인 권리는 회복되어야 한다.

角栄)가 승리한 뒤 조기 국교 정상화 실현을 위한 움직임에 박차가 가해졌다. 다나카는 총리 취임 후 첫 번째 각의에서 중국과의 국교 정상화를 서둘러야 한다고 밝혔는데, 공명당의 다케이리 요시카쓰(竹入義勝) 위원장이 중국과의 메신저 역할을 했다. 7월 말 중국을 방문한 다케이리 위원장은 저우언라이와 회담을 세 번 했는데, 29일에 열린 세 번째 회담에서 저우언라이는 중국 측 공동성명 초안 8항목을 제시했다. 여기에는 미일안보조약과 타이완 문제가 포함되어 있지 않았을 뿐만 아니라 중국이 "중일 양국 인민의 우의(友誼)를 위해 일본에 대한 전쟁 배상청구권을 포기"한다는 것이 포함되어 있었다. 귀국 후 다케이리는 저우언라이가 밝힌 공동성명 초안과 회담 기록('다케이리 메모')을 다나카 총리에게 전달했고, 중국 측 입장을 확인한 다나카는 자신의 방중을 결정했다.

당내 조율을 마친 다나카는 8월 31일에 자민당 최고의사결정기구인 총무회에서 '중일국교 정상화'와 '다나카 방중'을 당론으로 결정했으며, 8월 31일과 9월 1일 하와이에서 열린 미일정상회담에서 미국 측에 양해를 구했다. 또한 시나 에쓰사부로 자민당 부총재를 타이완에 보내 일본 측 입장을 설명하고 9월 21일에는 다나카 방중이 공식 발표되었다.[33]

9월 25일 베이징에 도착한 다나카 총리는 저우언라이 총리와 네 번에 걸쳐 회담을 했는데, 중국 측과 대립했던 몇 가지 문제를 해결해야 했다. 첫째, '전쟁 상태를 종결한다'는 표현에 대해서 일화평화조약을 이유로 외무성과 자민당 내에 반대가 존재했었는데, 저우언라이가 '비정상적인 상태의 종료'를 제안해 해결되었다. 둘째, 중국은 일화평화조약

---

33 田中明彦, 75~79쪽; 모리 가즈코, 86~89쪽.

의 불법·무효를 주장했는데, 협의 결과 공동성명에 넣지 않는 대신 오히려 외상이 기자회견을 통해 종료를 선언하는 것으로 타결됐다. 셋째, 중국의 대일 청구권 포기와 관련해서 일본은 일화평화조약에서 이미 청구권 포기가 규정되어 있다는 이유로 청구권의 '권' 자의 삭제를 요구했는데, 중국은 이것도 받아들였다. 넷째, 중국은 "패권의 확립을 시도하는 국가에 반대한다"는 조항을 삽입하려고 했는데, 일본은 조항을 넣는 대신 중일 국교 정상화는 "제3국에 대한 것은 아니다"는 문구를 추가하는 것으로 타협이 이뤄졌다.

이러한 과정을 거쳐 합의된 공동성명이 9월 29일에 발표되었다. 공동성명 전문에서 일본이 "과거 일본국이 전쟁을 통해 중국 국민에게 중대한 손해를 주었던 것에 대한 책임을 통감하고 깊게 반성"을 표명하는 대신, 중국은 "중일 양국 국민의 우의를 위해 일본국에 대한 전쟁배상의 청구를 포기했다."[34]

단 4일간의 교섭을 통해 국회 비준이 필요 없는 정치적 성격의 공동성명으로 실현된 중일 국교 정상화는 정치적 타협의 산물이었지만, 많은 부분에서 중국이 양보했다고 해도 틀린 말은 아니다.

---

34 공동성명의 주요 내용은 다음과 같다. ① 일본국과 중화인민공화국 사이의 지금까지의 비정상적인 상태는 이 공동성명이 발표되는 날로 종료된다(제1항). ② 일본국 정부는 중화인민공화국 정부가 중국의 유일한 합법 정부라는 것을 승인한다(제2항). ③ 중화인민공화국 정부는 타이완이 중화인민공화국 영토의 불가분의 일부라는 것을 거듭하여 표명한다. 일본국 정부는 이러한 중화인민공화국 정부의 입장을 충분히 이해하고 존중한다(제3항). ④ 중화인민공화국 정부는 중일 양국 국민의 우의를 위해 일본국에 대한 전쟁배상의 청구를 포기한다(제5항). ⑤ 양국 어느 쪽도 아시아태평양 지역에서 패권을 추구해서는 안 되며, 패권을 확립하려고 하는 다른 어떤 국가 혹은 국가들의 시도에 대해서도 반대한다(제7항). 竹內実編, 187~190쪽.

그렇다면, "19세기 이후 처음으로 양국 관계를 대등하고 평화적인 것으로 만들었던" 중일 국교 정상화를 어떻게 평가해야 하는가? 일본의 중국 전문가 모리 가즈코 교수는 당초 최대 현안이었던 배상과 미일안보조약에 대해 중국이 청구하지 않고 언급하지 않는다는 것을 사전에 알고 있었기 때문에 일본 정부, 특히 외무성은 타이완과의 관계와 어떻게 조화를 이룰 것인가에 급급한 나머지 대륙 중국과의 관계, 그중에서도 중일전쟁 문제의 처리에 진지한 물음조차 하지 않았다고 지적한다. 실제로 당시 외무성 조약국장이었던 다카시마 마스오(高島益男)는 "전쟁을 포함한 일중 간의 비정상적인 관계 청산과 관련한 문제는 공동성명으로 모두 처리하고 향후 이러한 과거 지향적인 일을 남겨 두고 싶지 않았다"고 술회한 바 있다. '전쟁배상의 청구 포기'가 갖는 깊은 의미나 그것이 장래 어떤 문제를 남길 것인가에 관해서도 당연히 생각이 미쳤어야 했지만 그렇지 못했다. 이로 인해 중국과의 교섭에서 일본 측은 중국과의 전쟁 문제, 소위 '역사 문제' 처리가 완전히 끝났다고 생각했을지 모른다고 모리 교수는 비판한다.

반면, 1971년까지 매우 강경한 대일 정책을 폈던 중국의 지도자들은 왜 갑자기 일본과의 국교 수립을 결정했던 것일까? 배상청구 포기를 결정했던 중국 지도자들의 최대 관심사는 일본과 타이완의 정치 관계 단절이었는데, 배상청구 포기는 이를 위한 가장 유효한 카드였다고 볼 수 있었다. 배상청구 포기는 마오쩌둥과 저우언라이의 독단적인 결정이었으며, 중국 인민들의 의사를 반영한 것이라 할 수 없었다. 오히려 당시 중국에서는 당 중앙의 결정에 따라 다나카의 중국 방문에 대한 반감을

완화하려는 캠페인이 각지에서 전개되었을 정도다.[35]

중국의 배상청구 포기는 중국 침략에 대한 일본의 깊은 반성을 전제로 한 것이었는데, 그 뒤 역사 문제를 둘러싼 양국 간 갈등은 그러한 전제 자체를 부정하는 것이라 할 수 있다. 중일 국교 정상화 과정에서 중국 측은 소련에 대항하는 전략적 입장 강화를 우선하면서 국내 여론은 전혀 고려하지 않았다. 또한 취임 3개월도 지나지 않은 다나카 총리가 중국과의 국교 정상화 실현을 서둘렀던 배경에는 일본 경제계의 요망과 함께 친타이완파를 제외한 자민당 내부의 지지도 작용했었다. 그러나 과거에 대한 진지한 성찰이 수반된 것이 아니라 중일 간 '역사 문제' 처리에 있어서 취약성이 내재되어 있었다는 점을 간과해서는 안 된다.

5. 일본 정부의 역사 인식: 무라야마 담화에서 아베 담화까지

1995년 8월 15일 자민당, 사회당, 사키가케 연립정권의 무라야마 도미이치(사회당) 총리는 '전후 50주년의 종전기념일을 맞이하여'라는 담화에서 "잘못된 국가정책으로 전쟁의 길을 걸어 국민을 존망의 위기에 빠트리고 식민지 지배와 침략으로 많은 국가, 특히 아시아 제국의 국민들에게 다대한 손해와 고통을 준" 것에 대해서 "다시 한번 통렬한 반성의

---

35 모리 가즈코, 98~112쪽.

뜻을 표하고 마음으로부터 사죄의 마음을 표명"했다. 식민지 지배와 침략에 대해 각의결정을 거쳐 일본 총리가 책임을 인정하고 사죄와 반성의 뜻을 표명했을 뿐만 아니라 일본이라는 국가가 자국민을 위기에 빠트렸다는 사실을 분명하게 밝혔던 것은 처음이었다.

무라야마 담화는 이후의 모든 정권이 계승 의사를 밝혔는데, 10년 뒤인 2005년 8월 15일에 발표된 고이즈미 준이치로 총리 담화에는 무라야마 담화를 기본적으로 답습하면서 무라야마 담화에는 없었던 내용이 추가되었다. "일본의 전후 역사가 전쟁에 대한 반성을 행동으로 보여준 평화의 60년"이라고 규정하면서 "과거를 직시하고 역사를 바르게 인식하여 아시아 제국과의 상호 이해와 신뢰를 기반으로 미래 지향의 협력 관계를 구축"하겠다는 의지를 표명한 것이다. 다만, 고이즈미 총리가 재임 5년 5개월 동안 매년 한 차례씩 야스쿠니신사를 참배함으로써 담화에 담긴 진정성을 퇴색시켰다는 점은 부인하기 어렵다.[36]

한편, 2012년 12월에 두 번째 총리 임기를 시작한 아베 총리는 전후 70년에 해당하는 2015년 8월, 새로운 담화를 발표할 뜻을 밝히면서 침략과 식민지 지배에 대해 반성하는 문구를 넣지 않을 수도 있다고 말해 주목을 끌었다. 국내외에서 우려와 비판이 제기되자 아베 총리는 2014년 3월 14일 참의원 예산위원회에서 "역사 인식에 관한 역대 내각의 입장을 전체적으로 계승"할 것이며, 일본군'위안부' 문제에 대해서는 '위안부'의 모집 과정에서의 강제성을 인정하고 사죄와 반성의 뜻을 표명했

---

36 무라야마 담화와 고이즈미 담화의 한국어 전문은 조진구, 『한일 관계 기본문헌집』, 늘품플러스, 2020, 133~138쪽.

던 1993년 8월의 고노 담화를 수정할 생각이 없다고 진화에 나섰다.[37]

2015년 2월에 아베 총리는 담화 내용을 검토할 자문기구(20세기를 되돌아보고 21세기의 세계질서와 일본의 역할을 구상하기 위한 유식자 간담회)를 설치했다. 간담회의 좌장은 니시무로 타이조(西室泰三) 닛폰유세이(日本郵政) 사장이 맡았지만, 보고서 작성을 주도했던 것은 일본정치외교사를 전공한 기타오카 신이치(北岡伸一) 좌장 대리였다. 2월 25일 열린 제1차 회의에서 아베 총리가 제시했던 논점 가운데 하나가 "일본이 전후 미국, 오스트레일리아, 유럽의 국가들, 그리고 한국과 중국을 비롯한 아시아 국가들과 어떠한 화해의 길을 걸어왔는가?"였다. 8월 6일에 최종 보고서가 아베 총리에게 제출되었다.[38]

중국과 한국, 그리고 동남아시아 국가와의 관계를 국교 정상화와 그 이후로 나누어 서술하고 평가했다. 먼저 중국에 대해서는 공산 중국과 중화민국 모두 일본의 전쟁 책임을 일부 군국주의자에게 묻고 일반 국민이나 병사에게는 묻지 않는다는 '군민이원론(軍民二元論)'의 입장이었다고 지적한다. 1952년 4월에 일본과 중화민국이 국교를 수립할 때 장제스의 '이덕보은(以德報恩)'에 입각해 배상청구권을 포기했던 것은 국민의 의사를 반영한 것이 아니었기 때문에 국민 간 화해에 커다란 진전이 없었다고 보고서는 평가했다.

또한 1972년 9월, 일본의 책임 통감과 깊은 반성 표명, 중국의 전쟁배

---

37 https://www.mofa.go.jp/mofaj/a_o/rp/page23_000875.html(검색일: 2019년 11월 10일).

38 보고서 전문은 https://www.kantei.go.jp/jp/singi/21c_koso/pdf/report.pdf(검색일: 2019년 11월 10일).

상 청구 포기 선언으로 국교를 정상화했지만, 전후 70년은 '양국의 생각이 충분하게 합치되지 않았던 70년'이라고 규정했다. 나아가 양국 관계가 경제를 중심으로 긴밀했던 1980년대가 화해할 수 있었던 절호의 기회였지만, 중국 공산당이 애국주의 교육을 강화하면서 진전을 보지 못했다고 지적했다. 이런 인식하에 보고서는 앞으로 과거에 대한 반성을 바탕으로 다양한 차원의 교류를 더 활발하게 하여 화해를 추진해 나갈 필요가 있다고 강조했다.

한편, 35년간의 일본의 한반도 식민 통치에 관해서는 "1920년대에 일정한 완화도 있고 경제성장도 실현했지만, 1930년대 후반부터 과혹화(過酷化)됐다"고 간단히 정리해 버렸다. 또한 14년이나 걸린 국교 정상화는 "박정희 정권에 의한 이성적인 결단"이었으며, 일본은 한국 국가 예산의 약 1년 반분에 해당하는 5억 달러(무상 3억 달러, 유상 2억 달러)의 경제협력을 제공하고 한일 간의 청구권 문제를 "완전하고 최종적으로 해결되었다는 것을 확인"했다는 일본 정부 입장을 반복했다.

나아가 보고서는 현재에도 한국 국내에는 부정적인 일본관이 강하게 남아 있고 한국 정부가 그런 목소리를 대일 정책에 반영해 온 경위에 비춰 보면 일본의 노력을 한국 정부가 평가해도 정권이 바뀌면 일본의 노력을 부정하는 역사가 반복될 수 있다는 지적이 나오는 것도 당연하다고 지적한다. 또한 보고서는 한국 정부가 역사 문제에서 '골포스트'를 움직여 왔던 점에 비춰 보면 양국의 진정한 화해를 위해서는 한국의 국민감정에 어떻게 대응할 것인가를 한일 양국이 함께 검토하고, 하나가 되어 화해 방안을 생각하고 책임을 공유할 필요가 있다고 강조한다.

특히, 일본과의 협력을 모색하는 것을 이성적인 것으로 일본을 비판하는 것을 심정적인 것으로 구분한 뒤 민주화 이후 한국은 대일관계에서 이성보다 심정을 중시하게 되었으며, 특히 반일 감정이 강했던 '386세대'가 정권에 다수 포진했던 노무현 정부의 대일 정책을 강하게 비판하고 있는 점은 주목할 만하다. 보고서는 4쪽을 할애해 전후 한일 관계를 서술하고 있지만, 한일 관계 악화 원인을 오로지 한국 측에서 찾고 있다고 해도 과언이 아니다.

반면, 전후 일본과 동남아시아 국가들과의 관계에 대한 평가는 매우 긍정적이다. 일본이 동남아시아 국가들과 체결한 배상협정과 경제협력 협정은 경제발전을 국가적 과제로 삼았던 동남아시아 국가들에게는 커다란 의미가 있었으며 화해에도 크게 도움이 되었다고 평가한다. 즉, 일본과 이들 국가와의 관계는 "70년 사이에 크게 개선되고 강화"되었는데, 이것은 전쟁과 식민지 지배를 경험한 중국과 한국은 일본을 '적(敵)'으로 보지만 서구제국의 식민지였던 동남아시아 국가에게 일본은 제2, 제3의 식민지 세력에 불과해 전쟁과 식민지에 관한 모든 책임이 일본에 있다고는 말할 수 없다는 것이다.

이런 시각에서 보고서는 동남아시아 국가들은 전후 일본이 걸어온 평화 노선이 자신들의 발전에 공헌해 왔다는 것을 잘 인식하고 일본과의 신뢰 관계도 매우 중요하게 보고 있다고 지적하면서 일본은 이들 국가 국민의 마음속에 남아 있는 아픔을 겸허하게 받아들이면서 협력 관계를 강화해 갈 필요가 있다고 결론지었다.

이상 살펴본 것처럼 보고서에는 '침략'과 '식민지 지배'에 대한 '통절한 반성'과 '마음으로부터의 사죄'라는 표현은 인용의 형태를 제외하고는 포함되지 않았다. 또한 "제1차 세계대전 후의 민족자결, 전쟁 불법화,

민주화, 경제적 발전주의라는 흐름에서 일탈하여 세계정세를 잘못 읽어 무모한 전쟁으로 아시아를 중심으로 한 여러 나라에 많은 피해를 주었다"고 서술은 했지만, 간담회 위원 가운데 일부는 침략이란 표현에 이의를 제기했으며, 침략이나 식민지 지배에 대한 사죄의 필요성에 대해서는 전혀 언급되어 있지 않았다.

이러한 보고서와 완전히 다른 입장에 섰던 것이 7월 17일 74명의 학자가 발표한 공동성명이다. 고(故) 오누마 야스야키 도쿄대학 명예교수를 비롯한 국제정치학자, 역사학자, 국제법학자 74명은 "침략의 정의는 정해져 있지 않다"는 아베 총리의 인식에 이의를 제기하면서 1931~1945년 사이에 일본이 일으킨 전쟁은 국제법상 위법한 침략 전쟁이었다는 것이 국제사회의 공통된 인식이라고 비판했다. 또한 일본이 "한국과 타이완을 식민지로 통치했던 것은 부정할 수 없는 사실"이며, "잘못을 저질렀던 것을 깨끗하게 인정"해야 한다면서 무라야마 담화와 고이즈미 담화를 구체적인 말로 표현해 계승하라고 요구했다.[39]

그렇지만 8월 14일에 발표된 아베 담화는 학자들의 공동성명과는 거리가 멀었고, 총리 간담회 보고서와 인식을 같이하는 것이었다. 아베 담화는 무라야마 담화 자체를 부정하지는 않았지만, 그 핵심이라 할 수 있는 '식민지 지배'와 '침략'에 대한 '통절한 반성'과 '사죄'라는 말은 인용 형태의 언급에 그쳤다. 또한 지난 전쟁과 아무런 관련이 없는 전후세대가 일본 인구의 80%를 차지하고 있다면서 이들에게 "사죄를 계속하는 숙명을 짊어지게 해서는 안 된다"고 '사죄 외교'에 종지부를 찍겠

---

39 朝日新聞, 2015년 7월 17일 인터넷 판.

다는 의지를 강하게 표출했다.

나아가 압도적인 기술력을 바탕으로 서양 제국이 아시아로 몰려왔을 때 일본은 아시아에서 처음으로 입헌정치를 시행해 독립을 지켰으며, 러일전쟁에서 일본의 승리는 식민지 지배하에 있던 많은 아시아와 아프리카 국민에게 용기를 주었다는 지적은 전후 70년에 대한 성찰이라기보다 전전의 일본에서 자긍심을 찾으려는 극단적인 과거 회귀세력의 주장에 호응하는 것이었다. 또한 제1차 세계대전을 거쳐 국제연맹 창설, 부전조약 체결, 전쟁의 불법화 등 새로운 국제사회의 조류에 따라가던 일본이 세계공황과 구미 제국의 경제 블록화로 인한 경제적인 타격을 극복하는 과정에서 일본이 세계의 대세를 잘못 읽어 전쟁의 길로 들어갔다는 설명도 외부적 요인에 전쟁 책임을 돌리려는 의도가 감추어져 있는 것처럼 보였다.[40]

요컨대 아베 담화는 일본의 잘못을 역사적 사실로 겸허하게 받아들이고 반성하는 것을 역사 인식의 기초로 하지 않는다는 점에서 무라야마 담화와는 근본적인 차이가 있었다고 할 수 있다.

---

40 아베 담화의 한국어 전문은 조진구, 197~202쪽. 일본의 사죄가 한국과 중국에서 왜 받아들여지지 않고 있는가에 대해서는 Ria Shibata, "Apology and Forgiveness in East Asia," Kevin P. Clements(Editor), Identity, Trust, and Reconciliation in East Asia, Palgrave Macmillan, 2018, 271~297쪽.

6. 맺음말

1954년 11월 5일, 일본은 동남아시아 국가 가운데 버마와 가장 먼저 평화조약과 배상·경제협력협정을 체결했으며, 1950년대 말까지 대부분의 동남아시아 국가와 관계를 정상화했다. 대일 배상 문제는 미소 냉전과 한국전쟁의 영향을 강하게 받아 매우 관대하게 처리되었다. 즉, 연합군은 징벌적인 배상이 아니라 일본의 평화적인 생활 유지를 전제로 가능한 범위 내에서 배상을 요구했을 뿐만 아니라 전승국에 의한 일방적인 결정이 아니라 배상을 받는 국가와 일본의 교섭을 통해 금액과 내용이 결정되었다.[41]

앞에서 살펴본 대로 일본은 1950~1970년대까지 아시아 국가들에 대해 15억 달러를 배상했지만, 전쟁으로 인한 손해 배상 이상의 의미가 있었다. 일본은 배상이든 준배상이든 경제협력이든 그 형태에 상관없이 일본의 실질적인 부담을 상당히 줄일 수 있었으며, 협정 체결이 늦어졌던 것도 오히려 고도경제성장기의 일본에게 플러스로 작용해 커다란 부담이 되지 않았다. 특히, 외화 보유액이 충분하지 않았던 1960년대 일본은 동남아시아 국가와의 협정을 통해 이들 국가가 구매하는 일본 제품 대금을 일본 정부가 일본 기업에 엔으로 지불하는 형태를 취해 일본 기업의 수출 시장을 개척하는 계기가 되었다. 배상을 보완하는 차원에

---

41 原朗, 「戦争賠償問題とアジア」, 『岩波講座 近代日本と植民地⟨8⟩ アジアの冷戦と脱植民地化』, 岩波書店, 1993, 269쪽.

서 이뤄졌던 일본의 경제원조는 1960년대 중반이 되면 일본의 동남아시아 외교를 지탱하는 수단으로 성격이 바뀌어 일본의 경제적 지배를 우려하는 목소리가 동남아시아 지역에서 대두하게 되었다.[42]

역사 인식의 문제는 여전히 일본과 아시아 국가들과의 우호 관계를 저해하는 요인이 되고 있다. 동남아시아 국가와 비교해 한국과 중국이 일본과 국교 정상화를 하는 과정에서 과거사 처리 문제는 대단히 민감하고 중요한 쟁점이었다. 그렇지만 결과적으로 일본의 배상과 경제협력이 과거 피해를 주었던 국가들의 경제발전에 기여는 했지만, 일본이 마음속의 앙금까지 해소하는 노력을 했다고는 할 수 없다. 침략 전쟁과 식민지 지배로 인한 피해가 반성과 사죄의 대상이 되어야 한다는 의식이 가해자인 일본에게 약했으며, 아시아 국가들은 일본의 경제적 지원과 협력이 필요해 일본의 책임 추궁에 소극적이었다.

국제적인 냉전의 영향으로 일본과의 강화조약이 매우 관대했던 것도 일본이 전쟁 책임을 충분히 인식하지 못하게 해 전쟁 책임에 관한 일종의 더블스탠다드를 만들어 냈다. 즉, 강화조약에 따라 도쿄 재판의 판결을 받아들이는 형태로 최소한의 전쟁 책임을 인정하면서도 국내적으로 전쟁 책임 문제가 사실상 부정되거나 불문에 부쳐지는 현상이 발생했던 것이다. 요시다 교수는 더블스탠다드가 1950년대에 성립했다고 지적하는데,[43] 이것이 아시아 국가들과의 배상 외교에도 적지 않은 영향을 미쳤을 것이다.

---

42 五百旗頭真編, 132~133쪽.
43 吉田裕, 『日本人の戦争観』, 岩波書店, 2005.

2015년 4월에 실시한 아사히신문의 여론조사에 따르면, 일본 국민은 과거의 침략 전쟁과 식민지 지배에 대해 일본이 사죄하고 반성해야 한다고 생각하지만, 그때까지 일본이 충분히 사죄하고 배상했다고 생각하는 응답자가 57%에 달해 불충분하다는 응답자(24%)의 두 배가 넘었다.[44] 전후 세대는 과거 일본이 저지른 악행에 직접적인 책임은 없을지 모르지만, 그것을 "은폐하고 풍화시키며 수정하려는 프로세스에 관여하거나 그런 프로세스를 묵인하려 한다면 '책임'이 발생"한다는 지적도 있지만,[45] 현실적으로 인구의 80%가 넘는 일본 전후 세대가 과거를 어떻게 인식하고 있는지도 중요하다.

일제강점기 한국인 강제동원 피해자에 대한 일본 기업의 배상 책임을 명령했던 2018년 10월 30일의 한국 대법원 판결을 둘러싼 한일 양국의 대립은 무역과 안보, 나아가 국민감정으로까지 확대되어 한일 관계는 악화일로를 걷고 있다. 중국의 부상에 따른 미국과의 전략적 경쟁이 현재화되면서 미중 관계가 한반도를 포함한 동북아시아 국제관계를 규정하는 중요한 요인이 되고 있다. 그러나 일정한 정도의 경제력과 국력을 보유한 한일의 협력은 양국 국익에 부합하고 미중 관계를 초월한 지역 질서 형성에도 기여할 것이다. 역사 문제의 해결 없이 한일 관계의 개선을 기대하기는 어렵다. 화해는 상호프로세스다. 일본에 무엇을 요구할 것인가와 더불어 우리가 무엇을 할 것인가도 자문해 볼 필요가 있다.

44 『朝日新聞』, 2015년 4월 14일 및 18일.
45 テッサ・モーリス-スズキ, 「謝罪は誰に向かって何のために行うのか?」, 山口智美・能川元一・テッサ・モーリス-スズキ・小山エミ, 『海を渡る「慰安婦」問題』, 岩波書店, 2016, 71~78쪽.

| 참고 문헌 |

- 모리 가즈코 지음, 조진구 옮김(2006),『중일관계: 전후에서 신시대로』, 리북.
- 유의상(2016),『대일외교의 명분과 실리』, 역사공간.
- 조진구(2020),『한일 관계 기본문헌집』, 늘품플러스.
- 石井明(1986),「中国と対日講話-中華民国政府の立場を中心に」, 渡邊昭夫·宮里政玄編,『サンフランシスコ講和』, 東京大学出版会.
- 高塚年明(2006. 6),「国会から見た経済協力·ODA(1) ~賠償協定を中心に~」,『立法と調査』, 256.
- 高塚年明(2006. 10),「国会から見た経済協力·ODA(2) ~フィリピン賠償協定を中心に~」,『立法と調査』, 261.
- 高塚年明(2007. 6),「国会から見た経済協力·ODA(3) ~インドネシア賠償協定を中心に~」,『立法と調査』, 269.
- 高塚年明(2007. 9),「国会から見た経済協力·ODA(4) ~ベトナム賠償協定を中心に (その1)~」,『立法と調査』, 272.
- 高塚年明(2007. 10),「国会から見た経済協力·ODA(4) ~ベトナム賠償協定を中心に (その2)~」,『立法と調査』, 274.
- 高塚年明(2008. 1),「国会から見た経済協力·ODA(4) ~ベトナム賠償協定を中心に (その3)~」,『立法と調査』, 276.
- 高塚年明(2008. 4),「国会から見た経済協力·ODA(7) ~日韓基本条約 請求権·経済協力協定を中心に (その1)~」,『立法と調査』, 279.
- 高塚年明(2008. 5),「国会から見た経済協力·ODA(8) ~日韓基本条約 請求権·経済協力協定を中心に (その2)~」,『立法と調査』, 281.
- 高塚年明(2008. 9),「国会から見た経済協力·ODA(9) ~日韓基本条約 請求権·経済協力協定を中心に (その3)~」,『立法と調査』, 286.
- 権容奭(2000),「岸の東南アジア歴婦と「対米自主」外交」,『一橋論叢』, 123(1).
- 原朗(1993),「戦争賠償問題とアジア」,『岩波講座 近代日本と植民地〈8〉アジアの冷戦と脱植民地化』, 岩波書店, 1993.
- テッサ·モーリス-スズキ(2016),「謝罪は誰に向かって 何のために行うのか?」, 山口智美·能川元一·テッサ·モーリス-スズキ·小山エミ.『海を渡る「慰安婦」問題』, 岩波書店.
- 内田健三(1994),『前後宰相論』, 文藝春秋.
- 五百旗頭真編(2010),『戦後日本外交史 第3版』, 有斐閣.
- 田中明彦(1991),『日中関係 1945-1990』, 東京大学出版会.
- 竹内実編(1993),『日中国交基本文献集 下巻』, 蒼蒼社.

- 入江昭(1991), 『新·日本の外交』, 中央公論社.
- 高崎宗司(1996), 『検証 日韓会談』, 岩波書店.
- 岸信介·矢次一夫·伊藤隆(1981), 『岸信介の回想』, 文藝春秋.
- 吉田裕(2005), 『日本人の戦争観』, 岩波書店.
- 『朝日新聞』, 2015년 4월 14일 및 18일.
- Ria Shibata(2018), "Apology and Forgiveness in East Asia," Kevin P. Clements eds., *Identity, Trust, and Reconciliation in East Asia*, Palgrave Macmillan.

제6장

한일 관계와 한국인 대일 인식의 내면적 일면화

– 1945년~1970년대 후반경

| 신주백 ■ 독립기념관 한국독립운동사연구소 소장 |

1. 머리말-문제의식

1945년 8월, 일본의 패전과 연합국의 승리로 동아시아에서 제국과 식민의 질서가 해체되었다. 동아시아에서 미국을 중심으로 새로운 질서가 재편되어 가는 와중에 유럽에서 발생한 냉전이 이곳까지 확산되어 왔다. 그리고 열전을 동반하였다.

제국과 식민의 해체된 질서 속에서 일본과 한국은 국가 대 국가의 새로운 관계를 맺어야 했다. 주권국가인 양자 사이의 새로운 관계 설정은 패전국 일본(인)에게 탈제국(의식)을 지향하는 방향에서, 해방된 대한민국(인)에게 탈식민(의식)을 획득하는 과정에서, 각각 '주체'를 세우고 그 주체끼리 대등한 작용과 반작용의 원리가 관철되는 현실의 정착을 전제한다.

이 글은 해방 직후부터 1970년대까지 탈식민(의식)을 넘어서는 주체로 우뚝 서려는 한국(인)의 움직임을 세 시기로 나누어 대일 인식이란 측면에서 고찰하는 데 목적이 있다. 3년에 걸쳐 진행될 전체 공동 연구의 취지에 맞기도 하고, 실제 한국인의 대일 인식도 크게 세 시기로 나누어 볼 수 있기 때문이다.

이번 1차년도 기획에서 다룰 첫 시기의 핵심은 1965년 한일기본조약의 체결로 시작된 한일 간의 공식 관계에 대한 파악이다. 필자는 65년체제가 성립되는 시기를 전후하여 한국인의 대일 인식은 어떠했는가, 더 나아가 그 과정에서 견고해진 인식과 특징은 무엇인가를 우선 살펴보겠다. 이어 1970년대 후반부터 1980년대 말 세계적인 차원에서 냉전 체제가 해체되고 한국에서 평화적 정권 교체라는 절차적 과정을 함축한 정치적 민주화가 달성된 때까지를 다루겠다. 필자는 앞으로 두 번째 논문에서 다룰 이 기간 한국인의 대일 인식을 '극일론'이란 언술의 '내(內)적 비틀림'에 초점을 맞추어 보겠다. 왜냐하면 무역수지적자로 대표되는 경제문제와 북일 관계가 한일 관계의 핵심 논점이었던 1970년대까지와 달리, 1980년대는 역사 인식 문제가 한일 관계의 현안으로 급부상하며 지배적인 논점으로 자리를 잡아가는 시기였기 때문이다. 세 번째 시기는 65년체제의 보완재인 1995년 무라야마 담화를 전후한 시기부터 현재까지이다. 세 번째 논문에서 다룰 이 시간은 유사군사동맹체제와 경제협력으로 억눌러 왔던 역사 문제, 달리 말하면 세계적인 차원에서 냉전체제가 해체된 역사적 흐름과 맞물려 탈식민의 과제가 분출하면서 65년체제의 허점이 노출되고 한일 관계에 대한 근본적 질문이 터져 나오던 시기이다. 2015년의 12·28합의, 곧 정치·외교·역사 문제를 종결짓고자 했던 한일 두 나라 집권자의 의도가 좌절되었다는 사실에서도 이를 확인할 수 있다.

이 글은 세 시기 가운데 첫 번째 시기를 다루었다. 이 기간은 한일기본조약의 체결로 형성된 한일 관계 65년체제가 시작된 때로 이즈음을 전후로 한일 간의 현안이 크게 바뀐 때이다. 그에 따라 한일 관계의 현주소를 확인하는 과정이나 논점의 내용도 바뀌었고, 여기에 반응하는 한국인의 주장도 바뀌었다. 또한 이 기간은 남북한 국력의 격차가 역전되는 과정에서 남북한 체제우월경쟁이 매우 치열해지고, 국제질서는 양극화에서 데탕트로 급속히 전환되어 갔던 복잡성과 맞물리며 한반도를 둘러싼 논점의 내용이 더 복잡해지고 한국인의 대일 인식에 변화가 일어난 때였다.

2. 65년체제 성립 이전 시기 대일 인식

1) 이승만 정부와 한국인의 대일 인식

황국신민화로 성공한 듯했던 조선인의 일본화 정책은 8월 15일 이후 급속히 무너졌다. 대다수 한국인은 일본의 항복과 조선의 광복을 기뻐했다. 길거리를 활보하며 주저 없이 기쁨을 드러낼 정도였다. 그런 만큼 한국인은 세계 어느 나라에서도 찾아보기 어려울 정도로 빠르게 그리고 광범위하게 식민지 시절의 흔적을 지워 갔다. 그리고 일본적 요소에 대하여 적대적 태도를 서슴없이 드러냈다. 하지만 무엇이 '일본적'인지에 대한 명확한 규정은 없었다. 달리 말하면 '일본적인 것'에 대칭적 존재인 '조선적인 것'이 무엇인지를 스스로 정리하지 못하였다. 일본적인 것과 조선적인 것 사이에 경계가 애매한 지점이 있었다. 그 지점에 '근대', 곧 '서구적 근대'가 자리를 잡고 있었다. 한국에서 '서구적 근대'는 일본이 소화한 근대와 서구에서 직접 들어온 근대가 중첩되어 있어 일본적인 것과 조선적인 것 사이의 경계는 더 모호하였고 구별 짓기가 쉽지 않았다.

실체에 대한 충분한 인지가 부족한 '조선적인 것', 중층적 근대로 인해 경계가 애매한 '서구적인 것'은 결국 진정한 한국인은 누구인가에 대해 모호할 수밖에 없었다. 재일조선인 출신 서준식의 경험이 이를 극명하게 말해 준다. 장문이지만 이해를 돕기 위해 인용한다.

1967년 나는 마구 뛰는 가슴을 안고 조국 땅을 처음으로 밟았다. 그로부터 16년, 내 삶의 가장 핵심적인 의미는 그야말로 '일본'을 뿌리치는 것, '우리나라 사람'이 되는 것이었다. '선진 일본'에서 조국으로 날아온 재일동포 2세의 눈에는 참으로 가소로운 일들이 하늘의 잔별처럼 온 천지에 확 깔려 있었던 것이 사실이다. 나는 그런 것들을 비웃고 싶은 욕망과 얼마나 치열하게 싸웠는지 모른다. 말끝마다 점잖게 '아, 일본에서는 이렇습니다'라고 말하고 싶은 충동을 얼마나 열심히 눌렀는지 모른다. 그와 같은 모든 노력이 언제나 나의 뜻대로만 되었던 것은 아님을 인정한다. 그렇다고 해도 나는 '자유로운 선진국'의 훌륭한 이론서 수십 권보다 우리나라의 정직하고 용기 있는 사람들의 땀 한 방울이 훨씬 값지다는 것 정도는 실감하고 있다. 아니, 실감하고 있다고 자처해 왔던 것이다. 그런데 나의 동경의 대상인 바로 그 정직하고 용기 있는 사람들은 적의까지 품고 나에게 말한다. '이놈아, 너의 몸에서는 '다꽝' 냄새가 난다. 너는 쪽발이 흉내나 내고 우리를 업신여기고 있지 않은가'라고 … 뜻밖의 사람이 나의 '재일동포의 통폐'를 꾸짖었다는 충격은 엄청나다. 16년 동안 쌓아올린 내 사람의 의미가 근저로부터 와그르르 무너지고 있는 느낌이다. 비참한 조국의 현실 속에서 조국의 아름다움도 슬픔도 어리석음도 더러움도 모두들 이 양팔에 끌어안고 그리운 사람들과 함께 고통스럽게 허우적거리고 함께 숨을 쉬고 싶었던 나의 소망은 한낱 꿈인가? 망상인가? '재일동포'는 나의 숙명인가? 원죄인가? 그 '통폐'를 나는 얼마만큼이나 지니고 있는 것일까? 그러나 한 가지 분명한 사실은 국내 동포들이 지금도 나에게서 '쪽발이 냄새'를 맡고 있다는 엄연한 사실이다. 이것이냐? 저것이냐? 생겨먹은 대로 '재일동포'로서 살아갈 것인가? 아니면 그 '통폐'를 극복하기 위한 언제 끝날지 모르는 절망적 몸부림을 계속할 것인가? 나의 마음은 오늘 이렇게도 방황하고 있다. 일본에서는 '마늘 냄새가 난다'고 타박, 한국에서는 '다꽝 냄새가 난다'고 타박![1]

인용문에서 확인할 수 있듯이, 서준식의 인생은 자신에게 내재한 일본적인 것과 이를 배제하려는 탈식민을 향한 노력 사이에서 16년간 치열하게 갈등했던 삶의 연속이었다. 어느 쪽에도 쉽게 속하지 못하였던 삶, 곧 경계의 삶을 강요받는 과정에서도 한국인으로서의 자기 정체성을 찾기 위해 치열하게 몸부림쳤다. 하지만 국내의 한국인은 일본인 대하듯이 그를 상대하였다. 정작 자신의 내면에 한국적인 것이 무엇인지도 모른 채 일본에 살았다는 이유만으로 서준식을 배제하였다.

배제의 원리가 탈식민을 향해 노력하는 과정에서 적극 작동한 이유는 황국신민화가 곧 일본인화를 의미했고, 조선인의 입장에서 그것은 민족말살을 향한 일본 제국주의의 강요였던 데 있다. 더구나 그러한 강요가 교육을 통한 언어 동화, 결혼을 통한 혈연 동화 과정에서 시간을 두고 일본인화가 진행되지 않고, 1937년 중일전쟁과 1941년 아시아태평양전쟁이란 연속된 전쟁에 조선인을 강제로 동원하기 위해 급속하고 폭력적이며 일방적인 동원 방식으로 진행된 데 따라 조선인의 내면에 큰 상처로 자리한 데 있었다.

일본배제론이 체계화하기 시작한 때는 한국전쟁 와중에 '조선 특수'

---

1 서준식, 『서준식 옥중서한』, 노사과연, 2008, 337~338쪽.

를 누리기 시작한 일본 경제가 살아난 즈음이었다. 살아난 일본이 동남 아시아의 방대한 시장을 확보하고 막대한 경제적 영향력을 강화하고자 시도한 데 대해, 미국 역시 일본을 아시아에서 리더십을 발휘할 국가로 나아가도록 조장할 계획이었으므로 그 시도를 가로막지 않았다. 이를 국제질서 속에서 보장한 조약이 한국전쟁 와중에 성립한 샌프란시스코 강화조약이다.

주지하듯이 미국은 조약을 체결하면서 일본을 독립시켰고, 국제사회에 복귀시켰다. 동시에 샌프란시스코 강화조약을 전후하여 동아시아에서 자신을 중심에 두고 수직적 군사동맹 관계라는 연쇄 사슬을 짜갔다. 한일회담의 추진도 그 일환이었다. 그렇다고 한일회담이 잘 진행된 수교협상도 아니었다. 1952년부터 시작된 한일회담은 시작과 동시에 결렬되었다.

한국 사회는 한일방공협조론을 주장하며 회담 성사를 지지하다 일본을 비판하는 논조로 바뀌었다. 비판의 핵심은 일본의 팽창을 경계하고 '용공 일본'이 다시 침략할지 모른다는 우려였다.[2] 한국 사회는 일본배제론과 함께 한일회담 추진 과정을 목도하면서 일본경계론까지 내세웠다. 이러한 대일인식은 대일재산권 청구, 1953년의 구보타 망언, 태평양동맹 구상의 하나로 결성된 아시아민족반공연맹의 발족, 평화선을 둘러싼 한일 갈등, 재일조선인의 국적 문제와 1959년부터 시작된 재일조선인의 북송 문제 등에 대해 한국 사회가 공명하면서 단단하게 굳어졌

2 이에 대한 시사는 정기원, 「한일회담과 그 기본의제에 대한 고찰—특히 피해 민족의 입장에 서」, 『국회보』 7, 1956. 8, 25~26쪽 참조.

다. 이들 문제는 오랜 권위주의 통치와 경제 침체로 빈곤에 시달리던 국민의 불만을 다른 곳으로 돌리는 정책, 곧 이승만 정부의 의도적인 반일 정책의 좋은 먹잇감이었다. 이승만 정부는 매스미디어를 동원하여 자신만이 한국의 이익을 지키는 권력임을 선전하는 데 소재로 활용하여 강변한 것이다. 물론 그런 과정에서도 반공연맹 결성 때 일본을 참여시킬 수밖에 없다는 논리가 유통되거나 정경분리원칙을 내세우는 주장 등이 제기되면서 불협화음이 일어난 일도 있었지만, 이러한 주장은 한국인 일반의 동의를 구하기 어려웠다. 국민의 다수, 특히 여론이 주도하는 층 자체가 식민지를 겪은 사람들, 곧 원초적 반일 감정을 품고 있는 사람들이었으므로 그들이 선도하여 하나의 여론을 형성하고 흐름으로 이어지게 할 만큼 지지를 구하기는 더더욱 어려웠다.

일본배제론과 일본경계론은 전체 수출의 50% 이상을 대일 수출에 의존하고 있던 한국 경제의 처지를 제대로 주목하지 않았다. 가령 1954년 3월 이승만 정부는 대일금수조치를 단행하였다. 일본과의 무역에서 적자가 급증하고 밀무역도 늘어나고 있어 호혜원칙에 어긋난다는 것이다. 이승만 정부는 이후 잠시 조치를 완화했지만 1955년 8월 다시 일본과의 통상과 여행을 금지하였다. 일본의 하토야마 정부가 한국 정부에 비판적인 인사와 '민족반역자', '친일분자'를 보호하고 경제적·정치적 원조를 제공하여 결과적으로 한국과 일본의 공산주의자를 도와주었다는 이유에서였다.[3] 하지만 경제계와 언론계는 금지 조치가 내포하고 있는 위험성을 들며 통상을 재개해야 한다고 다음과 같이 주장하였다.

3 『조선일보』, 1955. 8. 21.

대일 경제단교의 중대성

경제단교는 외교적, 정치적 3개의 면에서 고려될 수 있다. 외교적인 면에서는 일본의 최근 중공, 북한과의 접근, 한국과의 관계에서의 비이론적인 주장 등에서 그 영단적인 수법이 발휘되고 있는 것에 이론은 없다. 그러나 기타 면에서 실효적인 효과가 있는가 어떤가에 대해서는 신중한 검토가 필요하지 않을까. 일본의 한국에 대한 수출은 수출총액의 2/100이고, 한국에서의 수입은 총액의 5/1000밖에 안 된다. 그렇다면 우리의 외교적 압력이 과연 일본에 실효가 있을 것이라 예상하는 것은 어렵다. 그것보다도 오히려 많은 영향을 받는 것은 한국 쪽이지 않을까. 결론적으로 이 조치는 일본의 반성을 요구하기 위한 것이라는 것을 세계에 알리려는 것이라 생각된다. 그리고 국책적인 대방침을 존중하여 실효적인 면에서 경제 안정, 자주 경제 지향에의 노력이 현명하게 이루어지길 바란다. 이 중대한 시국에 당해 관민일치의 각오와 지성적 행동을 바라마지 않는다.[4]

이승만 정부는 통상 금지 조치에 저항한 상공부장관을 해임했지만, 1956년 1월부터 일본과의 무역을 재개하였다.

통상 금지를 둘러싼 한국 사회의 여론 차이는 1950년대 시점에 일본 경제의 우위성, 일본의 위력을 절감하고 있느냐, 아니면 역사적 경험에 따른 원칙과 민족이란 원초적 감정에 입각하여 일본배재론 또는 일본 경계론을 지지하느냐로 구분할 수 있었다. 후자와 관련해서는 더 나아

---

4 『경향신문』, 1955. 8. 20.

가 대결적인 대일 인식까지 품고 있는 사람도 있었다. 14년간 1,500여 회 열린 한일회담의 진행 과정에서 일본이 군국주의의 부활을 꿈꾸며 대결적이고 적대적이며 침략적인 존재이지 결코 공존하고 협조하려는 존재가 아니라는 사실을 한국인 일반이 경험적으로 확인하는 시간이었기 때문이다.

그래서 1959년 11월 창립된 순국선열유족회처럼 발본적인 해법을 제시하는 견해도 늘어갔다. 가령 유족회는 1964년 한일회담이 진행되던 12월에 법무부에 진정서를 제출하고, 일본이 을사늑약 이후 학살한 11만 9천여 명의 선열과 파괴한 3만 9천여 개의 가옥에 대한 보상을 한일회담에서 청구해야 하고, 강압적으로 체결한 을사늑약 등 모든 조약이 무효이며, '재일교포'를 최혜국 국민으로 우대하며 자유와 권리를 누리도록 하면서 인권 침해에 대해 정중히 사과할 것을 요구하였다.[5]

일본의 식민지 지배와 관련한 문제들을 근본적으로 극복하자고 말하는 여론은 보통의 국민이 품고 있는 대일 감정을 반영한 결과였고 다수의 의사였다. 이는 한일회담 성사가 가시화할수록 더 명확히 표출된 주장과 행동에서 확인할 수 있다. 1960년 4·19혁명 이후 새로운 모색을 시도한 한일 관계 속에서 이를 확인해 보자.

---

5 『동아일보』, 1964. 12. 18. 시점으로 보면, 다음 '장'에서 언급해야 하나, 논지 전개의 편의상 여기에서 언급하였다.

2) 민주당 정부의 대일 협조와 다양한 국민감정

1960년 4·19혁명 이후 등장한 허정 과도내각은 한일 관계를 풀어가려고 노력하였다. '보다 자유롭게' 통상할 수 있도록 하겠다고 할 정도였다. 7·29총선거에서 승리한 민주당 정부 역시 일본과의 관계 개선에 적극적이었다. 장면 총리는 8월 20일 기자회견에서 "일본이 한국 경제 발전에 협조하겠다고 제의한 것은 한국 경제계를 위해 '유조(有助)의 길을 열어 줄 것으로 안다'고 소신을 밝히며, 일본 정부가 구체적인 계획을 제시해 오면 신정부는 그것을 검토하겠다"고 밝혔다.[6] 그래서 민주당 정부는 한일 관계를 관리하기 위해 일본 어선이 평화선을 침범했음에도 불구하고 9월 17일 자 국무회의에서 침범한 일본 어선을 전부 체포하기로 결정한 것과 달리 실질적인 나포나 체포를 한 번도 행동으로 옮기지 않았다. 심지어 일본 정부가 재일조선인의 북송에 관한 협정을 1년 연장한다고 북한 정권과 합의함에 따라 국민의 반일 감정이 비등했음에도 불구하고 민주당 정부는 항의 각서를 일본 정부에 보내는 행동 말고는 아무런 항의 조치를 취하지 않았다.

이처럼 민주당 정부는 이승만 정부와 달리 국민의 반일 감정을 활용하지 않았다. 국민 사이에 반일 감정이 행동으로 표출되어도 이를 정치적으로 이용하지 않았다. 대신에 중단된 한일 국교 정상을 추진하였다.

경제제일주의를 내세우며 한일 간 협조 노선을 추구한 민주당 정부는 10월 25일부터 제5차 한일회담도 시작하였다. 한일국교정상화를 추

6 『동아일보』, 1960. 8. 21.

진하는 데 동의한 야당조차 식민지 지배를 청산하지 않고 이를 추진하는 데 대해 지나친 '양보'라고 비판할 정도였다. 정계만이 아니라 언론계에서도 이견이 존재하였다. 가령 국교 정상화를 지지한 조선일보는 식민지 지배를 청산한 이후에 국교를 정상화하자고 주장하였다.[7] 반면에 동아일보는 "한일국교정상화를 위해 한국은 감정적인 것을 양보해야 하고 일본 측은 경제적인 것을 양보해야 한다"고 보았다.[8] 한일 관계에서 정치적인 접근보다 경제적인 접근을 우선해야 양국의 국교를 정상화할 수 있다는 파격적인 주장인 것이다.

이에 비해 경향신문은 빈곤한 한국의 경제 상태를 이용하여 '병주고약 주는' 식의 경제원조에만 관심을 두는 일본 정부의 타산에 말려들지 말라고 주문하였다.[9] 그러면서 유화적인 민주당 정부의 대일 태도를 비판하며, 신중하면서도 적극적인 대일 외교를 취하여 한일 관계의 이니셔티브를 장악하도록 주문하였다. 그 이유를 다음과 같이 밝혔다.

외교정책은 … 극히 신중한 태도로 임하여야 한다 함은 재언(再言)할 필요도 없을 것이다. 그런데도 불구하고 현정권의 외교정책은 뚜렷한 이념이나 정책도 없이 과거 이 정권의 완고외교(頑固外交)에서 탈피하기 위한 하나의 반동(反動)인지, 특히 대일 외교에 있어서 일시적인 목적의 이익을 추구하는 나머지 시시(時時)로 일본 정부에 의하여 우롱

7 『조선일보』, 1961. 1. 13.
8 『동아일보』, 1960. 12. 28.
9 『경향신문』, 1961. 5. 13.

만 당하고 있는 듯한 감이 짙다. 조급하게 서둘러댔던 한일예비회담도 결과적으로 일본 정부의 총선거를 위한 이용물이 되었을 뿐 아무런 성과도 없이 끝난 것이 아니었던가?

더욱이 지타(池田) 수상(首相)의 "한국에 두 개의 정부가 있다"는 망언이나 고사카(小坂) 외상(外相)의 "재한 구(舊)일본인 재산청구권 문제 고려 중"이라든가 "장경근(張暻根) 인도 의무 없다"든가 한 괴언(怪言) 등 그들의 고자세적(高姿勢的)인 태도에 대처하기 위하여 왜 좀 더 강경 정책으로 임하지 못하는가? 정부 당국은 현재와 같이 외교의 이니시아티브를 일본 정부에 빼앗긴 수동적인 소극 외교를 지양(止揚)하여 좀 더 국가 이익을 위한 적극 외교를 취하여야 할 것이다.[10]

반면에 경제협력과 반공 동맹을 연계지어 국교 정상화를 내세우는 주장도 있었다. 다음 이동욱의 주장에서 이를 확인할 수 있다.

한국의 경제 번영은 일본과의 경제협력이 잘 되느냐? 잘 못되느냐에 달려 있으며 일본의 민주 독립은 남한의 경제 번영이 북한의 생활수준을 능가할 수 있는 데까지 올라가느냐 하는 데 달려 있는 까닭이다. 그런고로 한국 국민은 일본과의 경제협력을 방해하는 반일 감정을 눌러야 하겠고 일본 국민은 한국 국민의 반일 감정을 누를 수 있도록 경제 원조 주는 것을 방해하고 있는 이해타산도 삼가하지 않으면 안 된다.[11]

---

10 『경향신문』, 1960. 12. 25.
11 『사상계』, 1960. 11, 133쪽.

이동욱은 일본의 도움 없이 한국 경제의 성장이 불가능하다고 보았다. 동시에 그는 일본의 안정 역시 북한을 막아 주는 한국이 북한을 넘어서는 경제력을 갖추는 데 있다며 한국방파제론을 내세웠다.

　이처럼 민주당 정부 시기에는 한일회담을 중심으로 한국인의 다양한 대일 인식이 표출되었다. 드러난 대일 인식은 한일회담의 특정한 논점이 국민감정과 맞닿으면서 언행으로 나타난 일도 있었지만, 한일회담에 임하는 민주당 정부의 태도 또는 방향과 관련해 표출된 일도 많았다. 이때의 대일 인식은 일본배제론보다는 새로운 관계를 설정하려는 협력에 방점을 두었다는 점에서 이승만 정부와 달랐다고 말할 수 있다.

　그중에서도 특히 이동욱의 주장은 분단과 냉전을 이용한 정당화 논리인데, 박정희 정권 18년간 전가의 보도처럼 유통되던 사고방식이자 대일 정책의 기저를 형성한 사고가 1961년 5·16쿠데타 이전에 이미 한국 사회에 하나의 주장으로 형성되고 있었음을 보여 준다. 실제 경제협력과 반공 동맹에 근거한 한일 협력은 박정희의 군사쿠데타와 정권 장악을 계기로 더욱 확산되어 갔다. 다음 장에서 이를 살펴보자.

3. 65년체제의 성립과 대일 인식

1) 한일기본조약 체결 이전 -
혹독한 비판 속 현재에 주목하는 작은 변화

1961년 5월에 군사쿠데타로 권력을 장악한 박정희 군사정권은 그해 10월 제6차 한일회담을 시작하였다. 그리고 그 와중에 유명한 '김종필-오히라 메모'가 작성되었다. 1962년부터 경제개발5개년계획을 추진하고 있던 박정희 군사정권은 1963년을 고비로 국내 자본을 동원한 경제개발전략에서 외자 도입에 입각하여 '수출 지향적 공업화 전략'이란 경제개발전략으로 전환하였다. 이에 대해 4·19혁명을 계기로 민족주의 열기에 휩싸여 있던 지식인층과 학생층 사이에서 매우 비판적인 여론이 형성되었다. 다음 인용문을 통해 이를 확인해 보자.

> 국교를 맺기 이전에 먼저 경제원조라는 명목에서 대한 투자를 선행시키고 이로써 한국 정부와 국민들 사이에 일본에 대한 수혜감을 퍼뜨린 후 모든 문제를 일본의 의도대로 해결하는 방향에서 국교를 맺자는 것 … 우리는 인방 일본과 장구히 우호 관계를 맺고 살아나가기를 진실로 희망하는 바이며, 상호 이익을 위해 일본과 경제적으로 제휴하려는 데 인색한 자가 아니다. 그러나 한일 관계를 정상화하는 데는 당연히 순서가 있는 것이다. 첫째로 대일 일반청구권 문제가 해결되어야 하며, 둘째로는 그 토대 위에서 양국의 국교가 정상화되어야 하

고 그다음에 체결될 한일통상항해조례와 상호경제협조법의 테두리 안에서 일본과의 경제 제휴가 실현되어야 한다.[12]

권두언을 작성한 필자는 일본 자본이 경제협력 과정에서 한국에 들어와 경제를 장악하면 과거사 청산을 비롯해 한일국교정상화에 오히려 걸림돌이 될 수 있으며, 경제 종속에 대한 우려도 있다는 것이다. 더구나 일본 사회의 여론을 지적하는 비판도 있었다. 청구권을 '독립축하금'이라고 말하거나 한국의 경제개발5개년계획이 일본 자본의 도움을 필요로 한다며 수혜자처럼 행동한다고 비판하였다. 그러면서 한국 경제가 일본 경제에 종속될 수 있다고 우려하는 의견을 적극 개진한 사람도 있었다.

일본은 한국에 대하여 최소한도의 자본 진출로 최대한도의 경제 지배 또는 그들이 원하는 경제적 효과를 거두려 할 것이며, 한국에 진출할 수 있는 일본 자본은 미국 자본을 재대출할 수 있을 정도의 고가(高價)임을 면치 못할 것이다. 요컨대 일본 자본을 구세주 재림과 같이 고대하는 일부 계층이 잊어서는 안 될 것은 일본 자본이란 결코 그들이 기대하는 바와 같이 시혜적인 것이 되리만큼 풍요하지 못한 반면에 한국 경제쯤 석권하기는 용이할 만큼 강하고 조직적이라는 것이다.[13]

---

12 「권두언 : 경제개발5개년계획과 한·일 문제」, 『사상계』 104, 1962. 2, 31쪽.
13 김영록, 「일본 자본 可畏論-그들에게 과연 무엇을 기대할 것인가?」, 『사상계』 133, 1964. 4, 86쪽.

1960년대 전반기 한국의 지식인들은 일본에 대한 반일 감정을 표출하는 데 주저하지 않았지만, 한국 경제에 비해 일본 경제의 압도적 우월성을 인정하며 두려워하고 있었다. 그러면서도 다른 한편에서는 한국 경제의 성장을 위해 일본 자본의 투자가 반드시 필요하다는 공감대 역시 이들 사이에 확산해 가고 있었다.[14]

빈곤 탈출을 위해 일본의 도움이 필요하다는 논리가 1960년대 들어 힘을 얻을 수밖에 없었던 배경에는 미국의 로스토우식 근대화론이 한국 지성계를 뒤덮으면서였다. 그리고 이를 역사적으로 정당화해 준 사람이 일본사 연구자이자 주일 미국 대사를 지내고 있던 라이샤워였다. 종속 우려와 과거 청산의 맥락에서 이루어진 비판적 대일 인식과 함께 한국인의 뇌리 속에 명확히 한 자리를 차지한 한일협조론은, 성공 모델로서 일본식 근대화를 역사적으로 정당화해 주고 경제 발전 단계로 설명한 이들의 영향이 컸다. 그러면 두 사람의 주장과 한국 사회의 연관성을 대일 인식과 연관지어 좀 더 구체적으로 살펴보자.

1960년대 시점에 근대화론에 대해 언급한 미국의 학자들은 많다. 그들이 주장한 내용의 일부는 한국에도 소개되었다. 가령 마이런 와이너(Myron Weiner)가 편집한 *MODERNATION : THE DYNAMICS OF GROWTH*(New York : Basic Books, 1966)도 1967년에 『근대화(近代化)』란 이름으로 번역 출판되었다.[15] 이 책은 근대화가 어떻게 일어나고 촉진할

---

14 근대화론의 수용과 확산에 관해서는 신주백, 「1960년대 '근대화론'의 學界 유입과 한국사 연구-'근대화'를 주제로 내세운 학술기획을 중심으로」, 신주백 편, 『근대화론과 냉전 지식 체계』, 혜안, 2018, '제II장'을 참조하였다.

15 마이런 와이너 編著, 車基璧 金鍾云 金泳祿 譯, 『近代化』, 世界社, 1967.

수 있는지에 대해 25명의 학자가 참가하여 집필하였다. 또한 월트 휘트먼 로스토(Walt Whitman Rostow)의 주장이 한국 사회에 본격적으로 유입되기 이전인 1959년 2월에 『사상계』는 근대화를 주제로 특집을 기획하였다. 필자들은 서양사에서 1648년의 베스트팔렌조약을 근대의 기점이라 말하거나, 후진국 근대화 과정의 세 가지 유형 가운데 한국이 제3유형인 타율적 근대화 과정을 밟았으며, 앞으로의 근대화 과정에서 사대 근성을 버리고 과학의 발달과 정치적 자유 그리고 동양의 가치를 재발견하는 방향에서 이루어져야 한다고 보았다. 특집에 참가한 필자들은 성장 이데올로기, 반공주의와 접목해 근대화를 말하지 않았다.

이후 근대화론과 관련하여 한국 사회에 큰 영향을 미친 사람은 월트 휘트먼 로스토이다. 그의 근대화론은 1960년 5월에 『반공산당선언-경제성장의 제단계(反共産黨宣言-經濟成長의 諸段階)』로 처음 소개되었다.[16] 로스토의 주장은 한국의 지식인들에게 센세이션을 일으켰고, 이듬해 8월에 『경제성장의 제단계(經濟成長의 諸段階)』란 이름으로 다시 출판되며 한국의 지식인 사회에서 계속 관심을 받았다. 케네디 정권에서 미국무성 정책기획위원회 의장으로 활약한 로스토는, 사회의 발전 단계를 5단계, 곧 전통 사회, 과도기적 사회, 도약 단계의 사회, 성숙 단계의 사회, 고도의 대량소비 사회로 나누었다. 그의 경제성장론은 한국에 소개된 책의 제목에서도 시사하듯이 반공산주의, 진화론, 대중 동의와 동원, 그리고

---

16 W.W. 로스토 著, 李相球 譯, 『反共産黨宣言 - 經濟成長의 諸段階』, 進明文化社, 1960; W.W. Rostow, 李相球 姜命圭 共譯, 『經濟成長의 諸段階』, 法文社, 1961.

친미와 반공의 테두리 내에서 민족주의의 긍정성에 바탕을 두었다.[17]

로스토와 한 짝처럼 한국에 소개되던 또 한 사람이 일본사를 전공한 에드윈 올드파더 라이샤워(Edwin Oldfather Reischauer)다. 한국 사회에 라이샤워라는 존재가 알려진 것은 일본의 역사에 관한 영어권 연구가 소개되기 쉽지 않았던 시점인 1959년 『일본 제국 흥망사(日本帝國 興亡史)』란 책이 출판되면서부터였다. 그는 미국 정부가 세계 전략의 일환으로 그리고 있던 '근대화론'을 동북아시아에 처음 소개한 1960년 8월의 하코네 회의에도 참가한 사람이다.[18] 라이샤워는 이듬해부터 주일 미국 대사(1961. 4~1966. 7)로 재직하며 한일회담 성사에도 노력하였다. '지일대사(知日大使)'라는 별칭에서도 알 수 있듯이, 라이샤워는 일본의 각종 대중지에 직접 글을 쓰거나 대담에 참석하여 근대화론과 이를 뒷받침해 주는 일본 근현대사에 관한 역사 인식을 공공연하게 설파하였다. 그래서 일본의 혹자는 그의 언행을 놓고 '라이샤워 공세'라고 별칭할 정도였다.[19]

라이샤워는 근대의 모태인 봉건제가 일본에도 있었고, 쇼와와 다이쇼 시기에 "민주주의의 초기"를 달성했기 때문에 비서구 사회에서 근대

17 황병주, 「박정희 체제의 지배담론-근대화 담론을 중심으로」, 한양대학교 박사학위논문, 2008, 79~82쪽.

18 1960년 8월 30일부터 9월 1일까지 3일 동안 16명의 미국학자와 14명의 일본인 학자는 일본의 유명한 관광지인 하코네에서 만나 회의하였다. 하코네 회의에 관한 회의록은 신주백 역, 「자료 소개 : 하코네 회의 의사록(1960. 8. 30~9. 1)-동아시아에 '근대화론'을 전파한 기점으로서 하코네 회의」, 『한국근현대사연구』 80, 2017에 수록되어 있다.

19 그 가운데 주요한 글만 모아 주일 미국 대사로 재직 중인 1965년에 발행한 책이 『近代史の新しい見方』(講談社 現代新書 56, 1965)이다. 이 책은 일본의 근대(화) 역사(1부)와 근대화란 무엇인가(2부)를 설명한 논설 형식의 글을 모은 문고본이다. 한국에는 1997년에 처음 번역되었다(라이샤워 지음, 이광섭 옮김, 『일본 근대화론』, 小花, 1997).

화에 "큰 성공을 거둔 유일한 예"가 일본이라고 본다.[20] 따라서 그에게 있어 1931년부터의 15년전쟁은 예외적인 역사로 크게 문제 삼을 역사가 아니었다. 오히려 라이샤워는 전후 일본의 역사까지 연속으로 바라보며 일본 근현대사의 내적 맥락에 초점을 두고 일본의 변신을 매우 긍정적이고 모범적인 사례로 간주하였다.

로스토와 라이샤워가 근대화론을 제기할 때 드러낸 특징적인 공통 인식은 산업혁명이란 긴 과정을 획으로 전통 사회와 근대사회를 대별하고, 전통 사회의 문맥에 비중을 두지 않은 채 근대사회의 독자적인 발전 경향에 주목한다는 데 있다. 그래서 라이샤워는 근대화란 "기계력이나 지식의 발달에 입각한 인간력의 확대라고 하는 인식의 역사에서 일대 발전 단계"를 가리키며 "산업기술의 혁신을 수반한 역사적 변화"라고 정의하였다.[21] 그는 산업기술의 압축적 표현인 공업화가 유일하고 기본적인 요소는 아니지만 근대화의 관건이며, 결국 근대화가 기계의 형태로 우선 나타날 수밖에 없다고 보았다.

두 사람은 전통과 대별되는 근대(화)에 단절적 인식과 단계성을 부여하고, 선진국을 뒤쫓아야 하는 후진국인 한국 사회에 일본을 따라잡아야 하는 방향을 제시했다고 볼 수 있다. 자신의 인식을 역사적으로 정당화시켜 준 책인 East Asia(Boston : Houghton Mifflin) 제1권의 부제가 '위대

---

20 라이샤워 지음, 이광섭 옮김, 『일본 근대화론』, 95쪽, 117쪽, 174쪽.
21 라이샤워 지음, 이광섭 옮김, 『일본 근대화론』, 11쪽. 라이샤워의 한국사 인식은 본문에서 언급한 대로 전통과 근대를 분리하고 외부적 동력에 의해서 근대화가 가능하다는 입장이다 (안종철, 「주일대사 에드윈 라이샤워의 '근대화론'과 한국사 인식」, 『역사문제연구』 29, 2013, 315쪽). 하지만 그의 인식은 식민주의 역사학의 한국사 인식을 정당화시켜 줄 뿐이었다.

한 전통'(1960년)이고, 제2권의 부제가 '근대화'(1965)인 구성은 우연이 아니었던 것이다.[22] 라이샤워식 일본사 인식, 동아시아사 인식에서는 일본의 침략 행위가 그다지 중요하지 않다. 전통을 탈각하고 산업혁명에 매달려 경제성장을 달성한 사실 자체가 중요할 뿐이다. 라아샤워와 로스토는 이 역사를 한국인이 자각하도록 요구하였다. 달리 말하면 일본에 지배당한 식민지 경험에 매달리지 말라는 것이다. 더구나 이를 정당화해 준 또 다른 기재가 반공이었다. 경제성장을 달성해야 할 중요한 이유의 하나가 소련과의 체제우월경쟁에서 자본주의의 우월성을 제3세계에서 증명할 필요가 있던 나라가 미국이었기 때문이다. 반공과 경제의 결합, 곧 민족 내란이란 한국전쟁을 겪은 분단국가에 사는 한국인에게는 반공경제성장론이 더더욱 설득력 있게 다가올 수밖에 없었다. 결국 일본배제론이 한미일 삼각 협력의 강화 과정에서 설 땅을 잃었듯이, 이들의 논거를 수용하고 경제성장을 곧 산업화, 그중에서도 공업화로 간주한 박정희 정부의 정책 방향에 따라 추진된 경제개발5개년계획이 성과 있게 진행될수록 일본경계론도 힘이 약해질 수밖에 없었다.

물론 국민감정은 식민지 지배에 대한 정리까지 포기할 수 없는 또 다

---

22 두 책은 각각 1964년과 1969년에 『東洋文化史』상·하로 번역되었고, 사학과 학생이라면 한 번쯤 넘겨보았을 교재로 광범위하게 사용되었다. 1990년대까지 한국인의 '동양', '동아시아' 역사 인식, 곧 일본의 성공, 중국의 실패, 중국보다 더 완벽히 실패한 한국이라는 인식 구도에 막대한 영향을 미쳤다. 에드윈 O. 라이샤워·존 K. 페어뱅크 共著, 全海宗·高柄翊 共譯, 『東洋文化史』上·下, 乙酉文化社, 1964; 1969. 첨언하자면, 논지에 벗어날 우려가 있어 분석하지는 않겠지만, East Asia를 오늘날처럼 '동아시아'로 번역하지 않고 '동양'으로 번역한 당대의 지역 인식도 다른 측면에서 주목할 필요가 있다는 점만 언급해 두겠다. 관련된 자세한 분석은, 신주백, 「한국에서 동아시아사 인식에 대한 비판적 검토」, 『역사 화해와 동아시아형 지역 만들기』, 선인, 2015, 326~337쪽 참조.

른 현실이었으므로 박정희 군사정권과 제3공화국도 한일 간 경제협력을 강조하며 한일회담을 밀어붙이는 가운데서도 가장 신경 쓴 부분이 국민감정이었다. 그렇더라도 박정희를 비롯한 군사쿠데타 세력으로서는 미국의 후원을 확보하고, 경제개발로 정권 장악의 정당성을 내세우려면 일본과의 협력이 불가피하였다. 이때 그들이 반대를 넘어서는 수단의 하나는 완력이었고, 다른 하나는 경제성장, 곧 근대화=산업화=공업화의 추진과 성과 획득이었다.

2) '경제협력' 속에서 다시 드러나는 대일 감정 - 이중인격론

1965년 한일기본조약이 체결되면서 두 나라 사이에 정식 외교 관계가 성립하였다. 흔히들 이때부터 오늘날까지 한일 관계를 샌프란시스코 강화조약의 하위 시스템으로서 65년체제라 말한다.

견고한 65년체제하에 한국인의 대일 인식은 냉전 체제와 군사정권의 규정성에 큰 영향을 받았다. 한국의 군사정권은 일본의 자민당 보수 정권과 '반공'이란 공동 목표를 공유하고 있었다. 경제개발5개년계획 때 일본과의 협력 과정에서도 시사받을 수 있듯이, 경제 분야에서도 공동의 이해관계를 갖고 있었다.

전자의 공동 목표는 미국과의 관계에서 가장 중요한 가치로서, 그들의 후원을 받아야만 권력을 유지할 수 있는 박정희 정부에 사활적 이해였다. 후자의 공동 이해는 근대화, 곧 산업화를 달성하여 정권 장악의 정당성을 내세우려는 박정희 정부의 생태적 취약점을 만회할 중요한 기반이었다.

1965년 6월, 한일기본조약이 체결되는 순간을 전후로 협정의 내용에 대한 비판은 최고조에 달하였다. 사실 박정희 정부는 기본조약 체결 이전인 1964년 1월 일본과의 일괄 타결 방침을 굳혔다. 김종필이 3월에 한일 간 협상이 타결될 것임을 밝히면서 비판 여론은 급속히 고조되기 시작하였다. 3월 9일에는 야당과 재야 인사가 모여 '대일굴욕외교반대 범국민투쟁위원회'를 결성하고 반대 투쟁에 나섰다. 24일에는 5·16군사쿠데타 이후 최초의 대규모 반정부 시위가 있었고, 여기에서 서울문리대 학생들은 "민족 반역적 한일회담을 즉각 중지하고 동경체제 매국 정상배는 일로 귀국하라"를 비롯해 여덟 가지의 요구 사항을 담은 결의문을 발표하였다.

반대 여론의 중심에 『사상계』도 있었다. 박정희 정부가 일괄 타결 방침을 굳힌 직후인 4월에 「한일회담의 제문제」라는 제목의 긴급증간호를 간행한 것이다. 여기에서 편집진은 '편집후기'를 통해 다음과 같은 의견을 밝혔다.

> 우리가 원하는 국교의 정상화란 일본은 그들의 구태의연한 대한관(對韓觀)을 일소하고, 한국은 그릇된 대일 의존식 사고를 씻고 하나의 주권국가라는 당당한 입장에서 호혜평등의 원칙하에 국교가 정상화되는 것이라고 믿는다.[23]

---

23 「편집후기」, 『사상계』 긴급증간호, 1964. 4.

『사상계』 편집진은 1965년 6월에도 '한일회담의 파멸적 타결'이란 제목의 특집을 기획하여 「'협력'이냐 '침식'이냐-한일경제교섭의 내일」, 「일본의 인국궁핍화정책(隣國窮乏化政策)」처럼 매우 강한 어휘를 구사하는 글을 게재하였다. 여기에서 『사상계』 편집진은 경제원조를 빌미로 국교정상화를 서두르는 한국 정부를 "자기 돈을 써가면서 자국 경제를 외국 상사에 스스로 예속시키는" 유일한 나라라고 단정하였다. 비슷한 우려는 『신동아』의 6월 기획에서도 확인할 수 있다.

> 현재대로의 경제구조와 정책 체계를 전제로 해서 일본과의 경제 관계가 확대된다면 한국 경제의 개발을 촉진시키기는커녕 더욱더 정체적 경향과 종속적 구조를 강요받을 가능성이 크다…
> 일본의 쇠퇴 부문을 한국에 기대하고 한국이 필요로 하는 자본과 기술을 일본에 의존케 함으로써 한 단계 앞서가는 일본 경제의 발전 과정을 한국이 뒷받침하는 경제 관계가 이제부터의 한일경협의 성격이 될 것이다. 이러한 관점에서 그것은 한국 경제가 일본 경제의 하나의 하부구조가 되는 것이며 선진 자본국으로서의 일본 경제의 하청부적인 역할과 부담을 한국 경제가 짊어지게 되는 것이라 할 수 있다.[24]

한국 경제가 일본 경제의 '하청'으로 전락할 미래를 예측한 것이다.

『사상계』는 7월에 '한일협정 반대에 들끓는 국론을 들어본다'는 특집을 기획한 긴급증간호를 발행하였다. 교수, 언론인, 작가, 시인, 변호사,

---

24 홍성유, 「'협력'이냐 '침식'이냐-한일경제교섭의 내일」, 『신동아』 10, 1965. 6, 126쪽. 141쪽.

예비역 장성, 전직 국회의원과 관료 등 150명에게 앙케이트 조사를 실시한 답변에 따르면, 압도적 대다수가 한일협정이 '굴욕적'이라고 대답했으며, 기본조약이 국회에서 강행되면 '정국 혼란'을 예상하는 사람이 대부분이었다. 한일국교정상화는 어떤 토대 위에서 이루어져야 하느냐는 네 번째 질문에 대해, "우리의 자주성 있는 정신적 자세"와 "실력 있는 나라 건설"이 가장 많았고, "일본의 반성"을 촉구하는 의견이 뒤를 이었으며, "호혜평등의 원칙"을 강조한 의견도 많았다.[25]

그러나 대통령인 박정희는 이러한 비판에 수긍하지 않았다. 그는 한일협정을 체결함과 동시에 '특별담화문'을 발표하였다. 그는 "우리 국민의 일부 중에 한일 교섭의 결과가 굴욕적이니 저자세니 또는 군사적·경제적 침략을 자초한다는 등 비난을 일삼는 사람들"이 있으며 "심지어 매국적이라고까지 극언을 하는 사람"이 있다. 자신은 이를 잘 알고 있으며, 그들 때문에 오히려 한일회담 때 정부의 입장을 강화할 수 있었다고 말하기조차 하였다. 더 나아가 이러한 언급이야말로 일본에 대해 자신이 없고 피해 의식과 열등감에 사로잡힌 "비굴한 생각"이며 "굴욕적인 태도"라 지적하였다. 그러면서 한일국교정상화로 일본이 당장 침략해 올 리 없을 뿐만 아니라 당장 큰 덕을 볼 것도 아니라고 못 박았다. 그러므로 박정희 대통령은 한일국교정상화로 한국에 좋은 결과를 가져올지 불행한 사태로 이어질지는 "우리의 주체 의식이 어느 정도 건재하느냐, 우리의 자세가 얼마나 바르고 우리의 각오가 얼마나 굳으냐"에

<hr>

25 정일준, 「한국 지식인의 대일 인식과 한일회담」, 『한국사연구』 131, 2005, 83~84쪽.

달려 있다고 보았다.[26] 미래의 결과로 한일 관계를 말하자는 것이다. 여기에서 그가 말하는 미래 결과란 경제성장이 핵심이었다.

현재를 비판하며 부정적으로 보지 말고 미래를 말하자는 박정희 정부의 주장은 실용주의와 현실주의에 기반을 두고 우호적인 대일 정책을 추진하겠다는 말일 뿐이다. 달리 말하면 당대적 시점에서 볼 때 반일 정책을 포기하겠다는 말에 불과하다.

실제 일본인의 망언에 대해 공식 항의하는 액션을 취한 선택 이외에 다른 반일 행동을 보여 준 경우는 박정희 정부 18년간 매우 보기 드물었다. 물론 한일기본조약이 체결될 시점에 앞으로 밀려올 '일본 물결의 방파제를 구축'한다는 취지에서 1965년 '7·13공약'을 발표하였다. 공약의 주요 내용만 추려 보면, 국가의 자주성을 확립하기 위해 퇴폐적인 외래 풍조를 단속하고, 국교 정상화 이후 받아들일 청구권을 공개 사용하며, 모든 형태의 경제 침략 요소를 배제하겠다는 것이었다. 그러면서 박정희 정부는 자주적이고 생산적인 새로운 한국인상을 정립하기 위해 국사 교육을 대중화하고, 미풍양속과 민족 주체 의식을 저해하는 외국 간행물을 단속하고, 외국 음반, 영화, 외국인 공연 등을 점검하며, 일본색을 풍기는 천리교, 창가학회 등의 포고 및 자본 유입을 강력히 단속하겠다고 구체적인 조치를 발표하였다.[27] 실제 일본 문화 개방은 1970년대 한일 외교현안의 하나였지만, 박정희 정부가 일본 정부의 요구에 동의하지 않았다.

---

26 『박정희대통령연설집』 2, 대통령비서실, 1966, 208~212쪽.
27 『경향신문』, 1965. 8. 25.

한편, 한일기본조약을 체결한 즈음에는 비판적인 논조를 취하는 기획과 구별되는 접근법을 기획한 특집들도 나왔다. 『청맥』은 1965년 5월에 '일본은 다시 온다'는 제목으로, 『정경문화』는 6월에 '일본을 분석한다'는 제목으로, 『사상계』는 10월에 '전후 20년의 일본'이란 제목으로 특집을 편집하였다. 당대의 지식사회를 선도하는 잡지들이 모두 일본과 한일 관계에 주목한 것이다. 특집 기획의 제목만으로도 우리가 느낄 수 있는 실체는 한일협정에 대한 비판적 시선과 위기의식을 바탕으로 일본이란 나라 자체에 대한 분석이 주로 시도되었다는 점이다. 가령 『청맥』은 「일본의 재벌」, 「일본인의 대외의식」, 『정경문화』는 「일본의 정당과 정치 풍토」, 「전환기에 들어선 일본 경제」, 「일본 사회의 전통과 변천」, 그리고 비판을 선도했던 『사상계』 10월호에도 「극동에 있어서의 일본의 지위」, 「오늘의 일본 정당」, 「일본의 사회구조 분석」처럼, 당시 일본 사회를 분석하는 기획이 주를 이루었다. 협정이 체결될 예정이거나 체결된 현실에서 일본 자체를 알아야 한다는 필요성 때문일 것이다.

그런데 당시 한국 사회는 일본 자체를 알 수 있는 지식 기반이 매우 취약하였다. 일본배제론과 일본경계론은 감정과 비판을 앞세워 접근하는 주장이 많았다. 일본 자체에 대한 통계와 동향을 근거 있게 제시하며 분석적으로 접근한 글은 드물었다. 일본에 대한 취약한 정보와 분석력, 곧 대상에 대한 이성적이고 구체적인 분석에 기초하여 이루어지는 비판과 대응 논리가 나오지 않는 가운데 박정희 정부의 경제성장논리, 곧 근대화=산업화=공업화 주장은 힘을 받아갔다.

근대화 자체를 부정하지 않았고 7·13공약과 대립적이지 않았지만, 일본의 물결에 위기의식을 느끼며 주체적인 대응 논리를 개발하려는 움직임이 구체화하여 나름대로 성과를 거둔 분야도 있었다. 1960년대 후반에 이르면 새로운 한국사 인식의 관점과 태도로 확고히 자리를 잡은 '관점과 태도로서의 내재적 발전'이 바로 그것이다.[28]

한일 국교 수립를 위한 회담이 구체화하고 로스토식 근대화론이 확산되는 와중에 한국의 한국사 학계는 다음과 같은 위기의식을 느끼고 있었다.

제2차 세계대전이 끝나고 냉전 시대로 접어들면서 자유세계 대 공산세계의 양극화라는 상황 속에 이 땅의 사람들은 미국을 중심으로 한 자유세계의 일원으로 자인하여 이른바 '자유'의 수호를 유일의 구호로 삼았고, 민족 그것은 망각되거나 등한시되기가 일쑤였다. 그러다가 세계의 사정은 차차 강대국들의 실리주의적 입장을 노골화시켜 양극화의 상황은 다원화의 경향을 보이게 했고 '한일협정'이 체결되어 일본의 종교 내지 통속적 문물이 일본의 자본 및 상품과 표리 관계를 이루어 이 땅에 도도히 흘러들어 오게 되었다. '자유'의 수호만을 지상명령으로 알고 있던 이 땅의 사람들은 이제 비로소 민족 또는 민족문화의 수호를 생각하게 되었고, 자유세계의 일원이라는 관념만으로는 오늘의 국제사회 속에 생존할 수 없으며 우리 민족 스스로의 판단과 결정으로 살길을 찾아야겠다는 절박한 현실을 직감하게 되었다.[29]

---

28 1960년대 내재적 발전에 관해서는 신주백, 「관점과 태도로서 '內在的 發展'의 形成과 1960년대 동북아시아의 知的 네트워크」, 『韓國史研究』 164, 2014 참조.
29 이우성, 「1969~70년도 한국 史學界의 회고와 전망, 국사−총설」, 『역사학보』 44, 역사학회, 1971, 1~2쪽.

당대 상황과 내적 분위기에 대한 이우성의 정리는 우리 스스로 민족문화를 수호해야 한다는 필요성에 대한 시대적 자각과 그 방향에서의 대안적 움직임을 압축적으로 잘 전달해 준다. 이에 따라 한국사 학계는 민족문화를 수호하기 위한 대안적 노력 과정에서 식민주의 역사학을 비판하고 우리 역사의 주체적·내재적 발전에 주목하였다. 역사학자 김용섭의 글은 이때의 정황을 말해 준다.

> 일제하의 식민주의 역사학을 청산하는 문제는, 사상의 문제이고 선학들의 학문을 비판하는 문제이기도 하였으므로, 최소한 학계에 세대교체가 있지 않으면 아니 되었다. 그러므로 학계에서 이 일을 추진하기까지는 세월이 많이 흘렀다. 1960년대를 기다리지 않으면 아니 되었던 이유였다.
>
> 그런 가운데 직접적인 계기가 되었던 것은 … 한일회담의 재개였다. 한일회담이 재개되고 한일 간의 국교조약이 체결되는 변화가 있게 되면서는, 한국 사회와 학계에 일제 침략의 망령 과거사를 상기시켰고 그들의 새로운 내습에 대비해야 한다는 위기의식을 고조시키게 되었다. 언론계에서는 연일 이를 대서특필하였고, 학계에서는 이 문제를 근원적으로 대비하지 않으면 안 될 것으로 생각하였다.[30]

역사학계는 한국사를 내재적 발전의 측면에서 해석하고, 식민사관이 무엇인지를 규명하는 움직임을 본격화하였다. 이전과 달리 대일 인식의

---

30 김용섭, 『역사의 오솔길을 가면서』, 지식산업사, 2011, 470쪽.

핵심을 짚어 내려 시도한 것이다.

역사를 보는 눈, 곧 시선을 바꾸고 탈식민을 규명하려는 노력은 주체로서 한국인 의식을 심화하는 노력의 하나였다. 이때 이 주체의 형성에 대해 많은 지식인이 이의를 제기하면서 "정말 싸움은 이제부터다"라고 말하였다. 그중 함석헌은 넓은 시야 속에서 미래를 말하였다. 그는 "이번은 싸우다 싸우다 보니 앞에 서는 것이 단순한 국내의 독재 세력만이 아닌 것이 알려졌다. 박 정권 뒤에는 일본의 제국주의자들이 서 있고 일본의 뒤에는 또 미국의 달러의 힘이 강하게 버티어 주고 있는 것이 분명해졌다. … 어쨌거나 우리의 대적(對敵)은 홑몸이 아니요. 삼중이요. 삼위일체다"고 보았다.[31] 한일 관계에만 주목하지 않고 한미일 삼각관계 속에서 일본과의 관계를 꿰뚫어 본 것이다.

이처럼 탈식민을 꿈꾸는 새로운 역사 인식은 일본에 대해 비판적 태도를 전제하면서도 새로운 협력자와 우호적인 관계를 재설정하는 지향으로 이어졌다. 그래서 이들이 한일 관계를 비판적 협력이란 측면에서 바라보았다고 말할 수도 있겠다. 달리 말하면 '관점과 태도로서 내재적 발전'을 비롯한 새로운 역사 인식을 드러낸 사람들이 1960년대 후반의 시점에서 박정희 정부가 풀어 가는 한일 관계를 비판하는 반일 담론을 생산하고, 박정희 정부의 반민족성을 고발하는 대항 세력의 저항 담론을 만들어 냈지만, 이들은 일본을 배제하자거나 일본(문화) 자체를 거부하지 않았다. 오히려 새로운 역사 인식을 주장한 사람들 가운데는 박정희 정부가 역사교육을 재편하여 주체적 한국사 교육을 말하고자 할 때

---

31 『사상계』, 1965. 10, 35쪽.

협조하여 역사 정책 수립에 이바지한 경우도 있었다.

그래서 한일기본조약이 한일 간의 특수한 역사적 관계를 청산하지 못한 채 체결되었지만, 한국에서 근대화가 필요함을 근본적으로 부정하거나 대안적 방향을 제시하지 못하는 현실에서 한일회담을 비판하는 주장은 대중적 설득력이 약할 수밖에 없었다. 달리 말하면 박정희 정부 자체를 비판하기는 아직 쉽지 않았다.

대신에 일본 정부의 움직임을 비판하는 목소리는 1960년대 후반에도 여전하였다. 가장 빠른 비판은 한일기본조약 체결 직후인 1965년 8월부터 제기되었다. 동아일보는 8월 13일 자 기사에서 "일본이란 나라는 분명히 이중인격(二重人格)의 소유자다"라고 단정하였다. 그 보기의 하나로 한일협정 "조인을 본 뒤까지도 일본은 북괴와 또다시 북송 기간의 연장 협정을 운운하고 있다"는 사례를 들었다. 그래서 "우리의 적과 흥정 속으로" 들어간 일본의 "양수집병(兩手執餠)이나 좌고우면(左顧右眄)하는 따위의 양면책소(兩面責笑)는 우리로서 이 시점에 도저히 용인도 묵과도 할 수 없다"고 주장하였다. 동아일보는 또 다른 사례로, 북괴를 비롯해 공산 진영에 대한 '추파 정책'과 이즈하라 지방에 근거를 둔 밀수업자들의 노골적인 대한 밀수 행위를 방조하는 태도를 들었다.[32] 이중인격론은 이듬해에도 일본 정부가 여전히 추진하고 있는 북한과의 경제 교류 정책을 " '두 개의 한국'을 획책하는""이중외교"라고 비판하면서 다시 등장하였다. 그리고 이것을 일본인의 습성으로 꼬집으며 다음과 같이 비판하였다.

---

32 『동아일보』, 1965. 8. 13.

이미 오랜 역사를 통해서 우리는 일본 정부가 때로 나타내 보이는 이 중성격을 너무도 잘 알고 있고 너무도 뼈저리게 체험하였거니와 이번 북괴와의 경제 교류 강행에서 다시 한번 일본 정부의 속셈과 정체를 똑바로 인식할 수 있다.[33]

칼럼은 반공 연대를 추구해야 하는데 일본인의 고유한 이중적 습성이 이를 어렵게 한다고 밝혔다. 일본 정부의 외교정책적 판단과 행동을 이념의 잣대로 잘잘못을 구분하고 민족론으로 치환하여 비판하고 있는 것이다. 그래서 동아일보는 한일기본조약 체결 후 1년간의 한일 관계를 되돌아보며 '동등한 협력자 자세'가 조각났다고 진단하였다.[34]

이 시점까지는 한일 관계가 공식화한지 얼마 되지 않아 경제적인 측면에서 대일 인식이 크게 주목되지 않았을 것이다. 하지만 2년, 3년이 지나면서 무역 관계를 중심으로 교류의 결과를 놓고 일본을 비판하는 인식들이 드러나기 시작하였다. 가령 1966년도 대일 무역 역조액은 전년도보다 1억6천3백만 달러가 더 늘었다. 64%나 증가한 것이다. 그래서 1966년도 한국 전체 무역 역조액 가운데 대일 무역 역조가 80%를 차지할 정도였다. 한마디로 다른 나라에 수출해 벌어들인 돈의 대부분을 일본에 주고 있다고 말해도 지나치지 않았다. 이에 따라 경향신문은 한일기본조약 체결 이후 무역 불균형이 시정될 거라고 크게 기대했고,

---

33 『동아일보』, 1966. 7. 19.
34 『동아일보』, 1966. 12. 20. 그럼에도 동아일보는 한국과 일본 사이에 교류의 낙차가 있음을 인정하고 높고 튼튼한 담장을 쌓아가자고 제안하며 파탄적인 태도는 취하지 않았다.

일본 측도 최대한 성의를 다하겠다고 굳게 약속했는데, 조금도 개선될 기미가 없으니 근린친선과 호혜평등을 구현하자고 한 다짐은 온 데 간 데 사라졌다고 진단하였다.[35] 때문에 한국의 언론은 1960년대 말에 이르면 세계 경제력 3위의 일본이지만 시장성 위주의 타산 정치를 추구하고 사상적으로 무국적이면서 중국을 절대 자극하지 않으면서 군비를 증강하고 있는 '일본은 누구의 벗인가'라는 질문을 제기하였다.[36]

4. 65년체제의 지속과 안보협력

1) '경제협력'의 가속화 속에서도 좁혀지지 않는 대일 감정

65년체제가 등장하면서 여러 방면에서 한일 간 교류가 확대되었다. 47권의 『고려대장경』 영인본이나 김사업의 『한국문학사』 번역본 등 한국 관련 서적을 찾는 일본 사람이 많이 늘어났을 정도였다.[37] 1971, 1972년 남북 관계의 진전에 영향을 받은 측면도 있어 학계에서 고정 독자층이 형성되고 이웃을 알자는 움직임도 일어나면서 나타난 자연스럽

---

35 『경향신문』, 1967. 2. 20.
36 『경향신문』, 1968. 8. 14.
37 『경향신문』, 1972. 4. 4.

고 당연한 현상이었다.

그렇다고 '붐'이라고까지 말하기는 어려웠다. 일본인의 대한 인식이 좋아졌다고 말하기 어렵다. 이는 1963년 일본인이 소련 다음으로 싫어하는 나라가 한국이었는데,[38] 1970년 조사에서는 소련과 중국에 이어 한국이었던 사실에서 알 수 있다.[39] 마찬가지로 한국인의 일본에 대한 감정도 변함이 없었다. 1962년 첫 전국 조사 때 9개 국가에 대한 호감도 조사에서 한국인이 압도적으로 '매우 좋다'고 표시한 나라는 미국이었으며, 일본은 서독, 영국, 자유중국에 이어 다섯 번째였다. '좋다'고 반응한 나라에서는 월남에 이어 여섯 번째였다.[40]

상호 호감도가 높지 않은 현실에서 1970년대에 들어서도 한국인의 대일 인식을 악화시키는 요인은 1960년대와 마찬가지로 재일조선인의 북송 문제였다. 일본 정부가 1970년에 들어 조총련계 인사가 북한을 왕래하도록 허가한 데다 재일조선인의 북송도 재개할 수 있도록 검토하고 있다는 사실이 한국에 알려졌다. 이에 대해 한국 언론은 이동원 전 외무장관의 입을 빌려 일본이 '언제나 이(利)를 앞세운다'면서 "배신당한 호혜평등"이라 비판하였다.[41]

재일조선인의 북송 문제는 곧 조총련 문제였다. 1973년 7월 김대중 납치사건, 1974년 5월 한일대륙붕협정 일본 국회 비준 실패 등으로 한

---

38 『경향신문』, 1963. 12. 11.
39 『경향신문』, 1970. 3. 31.
40 『경향신문』, 1962. 6. 3. 나머지 나라가 필리핀, 인도, 소련이었다.
41 『경향신문』, 1970. 3. 11. 실제 1971년 2월 일본 정부는 북송 재개에 합의하였다(『동아일보』, 1971. 2. 9.)

일 관계는 "시대 구분으로 하나의 획이 그어질 만큼 커다란 전환기에 접어들었다"는 평가가 나올 정도로 어려움에 처하고 있었다.[42] 엎친 데 덮친 격으로 1974년 8월 조총련계 문세광이 육영수 여사를 저격하는 사건이 일어났다. 한일 관계가 비경제적, 비역사적 사안으로 전면 갈등에 들어선 것이다. 육영수여사저격사건은 1973년 7월 김대중납치사건으로 수세에 몰렸던 박정희 정부가 일본에 공세적으로 나설 수 있는 중요한 사건이기도 하였다. 박정희 정부는 일본을 진정한 우방으로 생각할 수 있는지 아니면 "간접적인 적성국으로" 간주할지를 고민할 정도였다.[43] 박정희 정부는 일본이 한국을 진정한 우방으로 생각한다면 한국의 안보와 직결된 조총련의 반한 활동을 규제함으로써 한국 안보에 대해 새롭게 인식했다는 말을 증명해야 한다고 생각하였다.[44]

1973, 1974년 한일 관계는 매우 어려운 지경이었다. 수상의 친서를 가지고 박정희 대통령을 방문하여 사태를 마무리 지으려 노력한 일본이지만, 한국 여론은 일본 정부가 '불성실한 대한 정책'을 실행하고 있다고 보았다. 일본에서 반한 활동의 온상인 조총련에 대한 규제가 제대로 이행되고 있지 않으며, 김대중납치사건에 대한 조사를 마무리하지 않고 있다고 판단했기 때문이다. 더구나 이즈음 일본의 정치인 가운데 일제의 지배 정책이 정당했다고 망언을 늘어놓거나 북한의 위협이 없다고 말하는 사람도 있었다.[45] 그래서 양국 관계가 개선될 기미는 보이지 않았다.

---

42 『동아일보』, 1974. 6. 3.
43 『동아일보』, 1974. 8. 28.
44 『경향신문』, 1975. 8. 14.
45 『경향신문』, 1974. 12. 26.

이러한 와중인 1975년에 한국과 일본은 한일기본조약 체결 10주년을 맞았다. 위태위태하며 갈등의 연속이던 한일 관계이지만, 경제 교류는 1970년대 들어 더욱 급속히 확대되어 갔다. 한국의 대일 진출이 늘었다기보다 일본 자본의 한국 진출이 활발하였다. 그 양상에 대해 한 논자는 다음과 같이 설명하였다.

> 65년 한일협정에서 합의를 본 자본 협력은 시간이 흐름에 따라 점차 신축성을 갖게 되었고 60년대 후반에 이르러서는 민간 차관 규모가 5억 달러로 증액됨과 동시에 플러스 알파가 더 늘어났다. 다시 70년대에 접어들면서 일본의 국제수지 흑자 폭의 대폭적인 증대와 엔화의 절상 압력이 제기되면서 일본 자본은 밀물처럼 밀려들었다. 특히 공해추방리스트에 오른 공개산업, 사양화에 밀려 존립 기반을 잃어버린 사양산업은 직합작 투자의 형태로 우리나라에 밀려들어 지난 2~3년 동안은 일본 자본의 독무대가 되어 버렸다. … 한일경협의 기치 아래 일본 자본은 우리 경제 속에 깊숙이 파고들었다. 이제 일본 자본 없이는 한국 경제를 지탱하기가 매우 어렵게 되었다. 우리의 경제구조가 그러하며 재계의 체질이 그러하다. … 한일경협이 그토록 허다한 문제점을 안고도 그런대로 유지될 수 있었던 것은 한일 양국 경제의 발전 단계 사이에는 현격한 갭이 존재하기 때문이다.[46]

한일기본조약 체결 이전부터 우려해 왔던 한국 경제의 대일 종속성

---

46 박병윤, 「르뽀 대일차관업체」, 『신동아』 123, 1974. 11, 90~91쪽, 98쪽.

심화라는 현실은 한국 사회에 불안 요인으로 작용하였다. 각계의 대표 100인을 대상으로 실시한 조선일보의 여론조사에서 97%가 대일경계론을 표명할 정도였다.[47]

'빚더미 위의 고도성장'이란 비판적 문제의식이 확산되면서 '근대화냐 일본화냐'라며 대일 예속화에 대한 우려가 사회 전반에 걸쳐 퍼져 있었다. 이에 대응하는 움직임으로 일본에 대한 새로운 비판 지점이 생겨났다. 정경분리원칙을 내세우며 경제 이익만을 추구하는 일본에 대해 '경제동물'이라는 표현이 본격적으로 등장한 것이다.

2) 안보협력에 묻혀 버린 대일 인식

삐거덕거리던 한일 관계의 새로운 전환점은 뜻밖의 곳에서 전개된 역사적 사건 때문에 찾아왔다. 1975년 4월 베트남이 공산화한 것이다. 미국과 일본은 한국의 안전이 일본의 안전에 직결된다는 '신한국조항'을 합의하였다.[48] 일본으로서는 한국의 안전을 위해 군사 분야에서 기여할 수는 없지만 경제협력 방식의 질적인 원조는 얼마든지 가능하기 때문에 경제협력의 분명한 논리가 만들어진 것이다. 또한 이즈음 슐레진저 미국 국방장관도 한미일 3각 안보체제를 구축해야 한다고 강조하였다. 안보협력이란 논리와 틀이 공공연하게 갖추어진 것이다.

47 『조선일보』, 1970. 3. 5.
48 『경향신문』, 1975. 9. 13.

박정희 정부로서는 한일 안보협력을 더욱 적극 강조할 필요가 있었다. 그래서 더 정교하게 안보협력의 논리를 다듬으며 공공연하게 강조하기 시작하였다. 이를 간략히 요약하면 다음과 같다.

한반도 주변을 둘러싼 역학 관계에서 볼 때 일본은 한국의 안보에 울타리 역할을 해야 할 위치이며 일본 또한 한국 없이는 안보를 생각할 수 없다는 안보 일체감은 기본 관계를 굳게 다져줄 수 있는 공동의 바탕이 아닐 수 없다.[49]

박정희 정부로서는 청구권자금이 1975년에 끝나가며, 제4차 경제개발5개년계획의 중점이 중화학공업의 육성인데 여기에 필요한 20억 달러의 자금 가운데 12억 달러를 안보협력론을 내세우며 일본의 차관으로 충당할 여지를 넓힐 수 있었다. 더구나 10년의 한일경제협력의 결과 대일 무역 적자가 줄어들기는커녕 크게 늘어난 데 대한 비판을 감당할 수도 있었다. 왜냐하면 일본의 대한경협(大韓經協) 총액은 10년 동안 23억 달러였는데, 한국의 대일무역 적자가 무려 63억 달러로 두 배가 훨씬 넘었기 때문이다. 그래서 이에 대한 해법으로 다음과 같은 내용이 제안되기도 하였다.

일본으로 하여금 허울 좋은 명분 아래 한국에서 임금적 · 시장적 편익만 추구하고 한국의 궁핍화를 촉진시키는 따위는 이제 더 이상 용납

49 『동아일보』, 1977. 5. 4.

될 수 없다는 것을 단호하게 보여 주어야 할 것이다. 앞으로 한일경협이 진정 호혜평등의 바탕 위에서 이룩되기 위해서는 이러한 우리의 자세 정립이 필수적이며, 아울러 일본이 종래와 같은 대한경협 방식을 반성하고 탈각해야 한다는 것을 거듭 강조해 두는 바이다.[50]

이러한 제안은 우리의 자세를 촉구하는 수준의 대안이고, 일본의 태도 전환을 도덕과 호혜평등 차원에서의 대안이라고 말한 데 불과하다. 물론 대일 의존을 벗어나기 위해 상품의 고품질화, 시장의 다변화를 말하는 견해도 있었다.[51]

물론 일본 사회에 대한 비판적 칼날을 들이대는 발언도 있었다. 민두기 서울대 동양사학과 교수는 대담에서 다음과 같이 말하였다.

배상 문제는 장개석이 '이원보은(以怨報恩)'이라면서 포기했던 것입니다. 그러나 중국과 한국 등 주변 국가의 희생을 바탕으로 부강했던 일본이 과연 전범의식(戰犯意識)을 청산하는 데 얼마나 기여했는가 하는 데는 착잡한 심정입니다. 일본은 자국의 부강이 타민족의 피를 제물로 삼아 이루어졌다는 것을 겨로 잊어서는 안 될 것입니다.[52]

민두기의 발언에서는 두 가지를 더 볼 수 있다. 하나는 1971년 중국

---

50 『경향신문』, 1976. 3. 11.
51 『동아일보』, 1977. 5. 13.
52 『동아일보』, 1978. 8. 14.

과 수교한 일본의 행동이다. 타이완과 단교하면서 이루어진 수교를 한국 사회가 보기에 일본이 은혜를 망각한 선택을 했다고 간주할 수 있었다. 또한 일본 경제는 한국전쟁 때 조선 특수 속에서 무역액의 60% 이상을 실현할 수 있었기에 패전 경제에서 벗어났고, 1960년대 중후반 1만여 개의 기업이 도산하고 있던 현실에서 베트남 특수로 위기를 넘겼다. 이는 우방의 희생을 딛고 일본 경제가 일어설 수 있었다는 한국 사회의 인식을 뒷받침해 주는 역사적 사실이다.

1975년 베트남의 공산화와 더불어 1976년 판문점도끼만행사건은 동아시아에서 데탕트가 끝났음을 의미한다. 박정희 정부로서는 한일 또는 한미일 안보협력을 강조하면서 대일 관계에 대한 비판, 곧 반민족적 정권이라는 이미지에서 상대적으로 자유롭고, 지속적인 경제성장을 통해 장기 집권의 정당성을 확보하는 데 필요한 경제자금을 일본 정부에서 원만하게 확보할 필요가 있었다.

이 공간에서 한일 간의 역사적 특수 관계를 말하는 행동은 박정희 정부에 대항하는 움직임으로 작동할 수밖에 없었다. 1960년대와 다른 지점이 바로 여기에 있다. 1970년대 후반의 박정희 정부는 일본의 식민지 지배에 대한 책임을 물을 수 없었다. 역사의 상처에 대한 국민의 감정은 철저히 '봉인'당할 수밖에 없었다. 이를 비판하는 목소리는 억압당하고 처벌을 받았다.

가령 박정희 정부는 보상이 결정된 민간인 청구권자들에 대해 보상금 지불을 끝으로 국가의 의무를 끝내려 하였다. 하지만 피해자들은 정부의 조치를 수긍할 수 없었다. 앞서 언급한 피폭자들처럼 보상에서 제외되어 반발한 경우도 있었지만, 적은 보상금 등 때문에 집단적으로 반발한 경우도 있었다.

1973년 4월에 부산에서 친목단체 수준의 '태평양전쟁유족회(太平洋戰爭遺族會)'가 발족되었다.[53] 유족회는 전주·대전·광주·순천·대구·부산 등지에 지부를 두고 활동하였다. 피해자와 유족들은 일본의 사죄가 이루어지지 않은 가운데 대일민간청구권 보상금으로 책정된 1인당 30만 원(약 19만 엔)의 액수가 너무 적고, 일본에 있는 유골을 송환하고 그 명단을 공개하라는 요구 등을 내세우며 반발하였다. 1974년 10월에는 피해자와 피폭자들이 연합하여 '수취거부전국유족단결회'를 결성하여 함께 활동하기도 하였다.[54]

박정희 정부는 피해자와 유족들의 반발에 대해 집회를 열지 못하게 하거나, 유족회가 안정된 활동을 위해 시도한 법인화 작업도 받아들이지 않았다. 박정희 정부는 한일협정을 준수하며 이와 관련된 문제로 일본과 외교적 마찰이 일어나길 원하지 않았다. 때문에 태평양전쟁유족회를 체계적으로 정돈하여 피해자 운동을 벌이려 했던 사람들에 대해 중앙정보부 등을 동원해 탄압하였다.[55] 민주화의 진전을 가로막고 있는 중앙정보부가 과거사 문제에 관한 민간 측의 비판을 가로막은 행위는, 정치적 민주화와 한일 간 역사 문제의 해결이 밀접히 연관되어 있음을

---

53 발표된 희생자는 모두 21,919명이었는데, 최종수 등이 이때 공개된 명단을 가지고 사람을 찾아다닌 결과 태평양전쟁유족회가 발족될 수 있었다(「한영용의 증언(2005. 7. 15)」, 일제강점하강제연행피해진상규명위원회 회의실). 한영용은 우키시마호사건피해자배상추진위원회 위원장으로 활동하고 있다.

54 단결회는 30만 원의 보상금을 받은 이후 활동이 소강상태에 빠졌다(「한영용의 증언(2005. 7. 15)」). 태평양전쟁유족회가 갖고 있던 취약점은 이 대목에서 그대로 드러난다고 말할 수 있겠다.

55 田中宏, 『戰後60年を考える』, 創史社, 2005, 15쪽.

시사한다. 심지어 박정희 정부는 물리적 제압이란 수단 이외에 국민 1인당 2,000불 시대가 되면 강제징용 생존자와 부상자에 대한 보상을 지불하겠다고 거짓으로 회유하기도 하였다.[56] 기타큐슈(北九州)에서 찾은 219주의 유해조차 봉환하는 조치를 취하지 않다가 1976년 10월 유족들 몰래 새로 조성한 망향동산에 안치한 일도 있었다.[57] 박정희 정부는 1979년 총선에서 야당에 패배함으로써 민심이 떠났다고 확인된 그 순간에도 동요하는 권력을 지키고자 강압 조치를 강화하는 한편에서, 한일 간의 과거사 문제가 되도록 갈등 요인으로 부각되는 사회 현상 자체를 피했던 것이다.

5. 맺음말

이상으로 1945년 이후부터 유신 정권 때까지 한일 관계의 변화에 따라 한국인의 대일 인식이 어떻게 바뀌어 왔는지를 살펴보았다.

해방 후 한국인의 대일 인식을 규정한 핵심적인 요소는 식민지 지배 경험, 가난으로부터 탈출하려는 욕망이 표현된 경제성장을 위한 한일 협력, 그리고 냉전 체제의 최전선 한반도의 분단과 반공이다. 경제협력

---

56 「第227回 國會 保健福祉委員會 會議錄 第3號(2002. 2. 25)」, 5쪽.
57 「第156回 國會 外務統一委員會 會議錄(1991. 12. 13)」, 43쪽.

과 분단, 반공은 시기를 불문하고 대일 인식에 관한 논쟁점을 제공하였다. 정권을 불문하고 한국인의 대일 인식에서 경제협력과 분단, 반공은 하나의 짝으로 움직였다. 여기에 대칭적 존재처럼 우뚝 솟아 한일 관계에 꾸준히 비판적 태도를 보인 요소가 식민지 지배 문제, 달리 말하면 과거사 청산 문제였다.

경제적 요인과 반공적 측면이 동시에 강하게 작동하지 않았던 이승만 정부에서는 대일배제론과 대일경계론이 대일 불신을 바탕으로 작동했지만, '조극 근대화'를 내세운 박정희 정부의 제3공화국 시기는 달랐다. 경제적 근대화에 대한 국민적 열망을 경제개발계획의 추진으로 구체화하는 과정에서 협력과 지원 국가로서 일본에 대한 시선은 새로이 등장할 수밖에 없었다. 또한 1970년대 들어 후반으로 갈수록 반공 연대에 바탕을 둔 안보협력론과 경제적 요인이 대일 인식을 억압하는 데 동원되었다. 비판적 논지를 펼치는 사람들 사이에서 대일경계론이 조금 작동하고 있을 뿐이었다. 한국 경제가 일본 경제의 종속적 지위로 편입될 수 있음을 우려하는 측면에서의 비판적 논지는 시장 논리보다 우선하는 식민지 지배 문제, 달리 말하면 과거사 미청산이란 현실과 연동하여 힘을 가질 수밖에 없었다. 그와 비례하여 대일 불신은 일본 무시를 낳았다. 일본인 이중성격론과 경제동물론이 바로 그것이다.

감정적인 대일무시론이기도 한 이중성격론과 경제동물론은 전후에 만들어진 일본인에 대한 불신론의 하나이지만, 한국인과 한국 사회가 일본이란 실제적 진실을 정면으로 주시하지 못하게 하는 방해 요인이기도 하였다. 한국인과 한국 사회가 격렬했던 비판과 드높았던 반대의 목소리에 비례하게 일본을 바라보는 객관적이고 깊이 있는 분석의 지점을 제대로 갖추지 못한 채 1980년대를 맞이해야 했던 한국 사회만의 내적 이유의 하나도 여기에 있다. 1982년도 일본의 고등학교 역사 교과서 검정 파동 때 한국 정부와 한국인이 보여 준 언행이 하나의 증거이다. 이에 대한 해명은 다음 과제로 한다.

| 참고 문헌 |

- 『경향신문』, 『동아일보』, 『조선일보』,
- 『사상계』, 『신동아』, 『정경문화』
- 「第156回 國會 外務統一委員會 會議錄(1991. 12. 13.)」
- 「第227回 國會 保健福祉委員會 會議錄 第3號(2002. 2. 25.)」
- 「한영용의 증언(2005. 7. 15)」, 일제강점하강제연행피해진상규명위원회 회의실
- 『박정희대통령연설집』 2, 대통령비서실, 1966

- 김용섭(2011), 『역사의 오솔길을 가면서』, 지식산업사.
- 김영록(1964. 4), 「일본 자본 可畏論 - 그들에게 과연 무엇을 기대할 것인가?」, 『사상계』 133.
- 라이샤워 지음, 이광섭 옮김(1997), 『일본 근대화론』, 小花.
- 마이런 와이너 編著, 車基璧 · 金鍾云 · 金泳祿 譯(1967), 『近代化』, 世界社.
- 박병윤(1974. 11), 「르뽀 대일차관업체」, 『신동아』 123.
- 서준식(2008), 『서준식 옥중서한』, 노사과연.
- 신주백(2014), 「관점과 태도로서 '內在的 發展'의 形成과 1960년대 동북아시아의 知的 네트워크」, 『韓國史研究』 164.
- 신주백(2015), 「한국에서 동아시아사 인식에 대한 비판적 검토」, 『역사 화해와 동아시아형 지역만들기』, 선인.
- 신주백 역(2017), 「자료 소개 : 하코네 회의 의사록(1960. 8. 30~9. 1) - 동아시아에 '근대화론'을 전파한 기점으로서 하코네 회의」, 『한국근현대사연구』 80.
- 신주백(2018), 「1960년대 '근대화론'의 學界 유입과 한국사 연구 - '근대화'를 주제로 내세운 학술기획을 중심으로」, 신주백 편, 『근대화론과 냉전 지식 체계』, 혜안.
- 에드윈 O. 라이샤워 · 존 K. 페어뱅크 共著, 全海宗 · 高柄翊 共譯(1964; 1969), 『東洋文化史』 上 · 下, 乙酉文化社.
- 이병도(1975), 『내가 본 어제와 오늘』, 博英社.
- 이우성(1971), 「1969~70년도 한국 史學界의 회고와 전망, 국사-총설」, 『역사학보』 44, 역사학회.
- W.W. 로스토 著, 李相球 譯(1960), 『反共産黨宣言-經濟成長의 諸段階』, 進明文化社.
- W.W. 로스토, 李相球 姜命圭 共譯(1961), 『經濟成長의 諸段階』, 法文社.
- 정기원(1956. 8), 「한일회담과 그 기본의제에 대한 고찰-특히 피해민족의 입장에서」, 『국회보』 7.
- 정일준(2005), 「한국 지식인의 대일 인식과 한일회담」, 『한국사연구』 131.
- 田中宏(2005), 『戰後60年を考える』, 創史社.
- 황병주(2008), 「박정희 체제의 지배담론-근대화 담론을 중심으로」, 한양대학교 박사학위논문.
- 홍성유(1965. 6), 「'협력'이냐 '침식'이냐 - 한일경제교섭의 내일」, 『신동아』 10.

제7장

1970년대 일본의 보수주의 언론과 한국 인식

- 『쇼쿤(諸君)!』의 한국 관련 기사를 중심으로

| 박삼헌 ■ 건국대학교 일어교육과 교수 |

* 이 글은 『일본역사연구』 제51집(2020. 4. 30, 5~32쪽)에 게재된 원고를 수정 · 보완한 것이다.

1. 머리말

1965년 한일국교정상화 이후 정치·경제·외교 등 모든 방면에서 매우 밀착되어 가던 한일 관계는 1973년 8월 8일 도쿄 한복판에서 한국의 야당 지도자 김대중이 한국의 중앙정보부 요원들에게 납치되었다가 같은 달 13일 서울의 자택 앞에서 발견되는 사건이 발생하면서 악화되었다. 이 사건은 같은 해 11월 2일 박정희 대통령의 공식사과와 다음 날 일본을 방문한 김종필 총리의 진사(陳謝)로 일단락되었다.[1]

그러나 불과 5개월 후인 1974년 4월 3일, 한국 정부가 긴급조치 제4호를 선포하고 국가보안법 위반을 이유로 전국민주청년학생총연맹(민청학련) 관련자들을 체포하였는데, 여기에 일본인 두 사람이 포함되면서 한일 관계가 또다시 악화되었다.[2] 그러던 중 8월 15일 광복절 경축행사가 열린 국립극장에서 재일한국인 문세광[文世光, 일본식 이름은 난조 세이코(南条世光)]이 박정희 대통령을 저격하려다 부인 육영수를 저격하는 사건이 발생하고, 9월 5일에는 외무대신 기무라 도시오(木村俊夫)가 "한국은 조선반도의 유일 합법정부가 아니다"라는 발언을 하면서 한일 관계는 최

---

1 「韓国側陳謝で"収拾"金大中事件 日韓首相会談で決着」, 『朝日新聞』, 1973. 11. 3.
2 「木村外相 韓国に強く不満の意 日本人二人の控訴問題」, 『朝日新聞』, 1974. 7. 26. 일본인 2명은 민청학련을 취재하던 저널리스트 다치카와 마사키(太刀川正樹, 28세)와 통역을 했던 서울대 대학원생 하야카와 요시하루(早川嘉春, 37세)이다. 비상보통군법회의는 이들에게 대통령긴급조치 1호 및 4호 위반, 내란선동죄 및 반공법, 출입국관리법 위반죄 등으로 징역 20년을 구형하였다. 1975년 2월 15일 대통령특별조치로 형집행이 정지되고 석방되었다.

악을 맞이하였다.[3] 하지만 같은 달 19일 한국을 방문한 일본 정부특사 시나 에쓰사부로(椎名悦三郞)의 진사(陳謝) 및 다나카 가쿠에이(田中角栄) 수상의 친서 전달 등으로 '한일 협조를 향한 노력'에 합의하면서 양국 관계는 최악의 경우인 국교단절은 피할 수 있었다.[4]

이상과 같이 양국 정부가 한 차례씩 주고받은 '진사'가 말해 주듯이 1970년대 한일 관계는 위기와 극복을 반복하였다.[5] 이 과정에서 그동안 한국에 그다지 관심이 없던 일본의 언론은 한국의 민주화 운동, 재일한국인,[6] 남북통일을 키워드로 하는 '한국 문제'의 중요성을 인식하기 시작하였다. 예들 들어 전후 일본의 대표적 '진보주의' 잡지로 평가받는 이와나미서점(岩波書店)의 『세카이(世界)』는 '본지의 조선 문제 보도'를 다음과 같이 회고하고 있다.

3 「'韓国政府が唯一でない' 木村発言に反発 日本大使館乱入事件(ソウル)」, 『朝日新聞』, 1974. 9. 6.「"한국 '유일합법정부' 아니다" 기무라 중의원서 주목할 답변」, 『조선일보』, 1974. 9. 6.
4 「日韓協調へ努力 椎名・朴会談で確認 '補足メモ'も渡す 田中親書と同時に 陳謝の意を表明 総連の名をあげる 椎名特使 田中親書・椎名特使訪韓」, 『朝日新聞』, 1974. 9. 20.
5 이 시기 한일 관계에 대해서는 곽진오, 2002, 「육영수의 죽음과 한·일간의 갈등-갈등구조 극복 한계를 중심으로-」, 『한일 관계사연구』 제16집; 이완범, 2007, 「김대중 납치사건과 박정희 저격사건」, 『역사비평』 80호; 김은경, 2010, 「냉전 변용기의 한일 관계의 전개-김대중 납치사건과 박정희 대통령 저격사건을 중심으로-」, 『일본공간』 7호; 김영미, 2011, 「외교문서로 통해서 본 김대중 납치사건과 한·일 연대」, 『한국근현대사연구』 58 등 참조.
6 재일한국인이라는 존재는 이미 고마쓰가와(小松川) 사건(1958)과 김희로 사건(1968)을 통해서 전후 일본 사회에 큰 파장을 불러일으켰다. 하지만 그것은 어디까지나 전후 일본 사회에 내재되어 있는 '민족 차별'을 고발하는 식민주의 비판의 성격이었다. 그러나 문세광과 민청학련 관련 일본인의 등장은 전후 일본 사회가 재일한국인이라는 존재를 식민주의 못지않게 남북 대립으로 상징되는 '냉전'과 함께 인식하게 된 중요한 계기였다고 할 수 있다. 고마쓰가와 사건은 조경희, 2012, 「'조선인 사형수'를 둘러싼 전유의 구도: 고마쓰가와 사건(小松川事件)과 일본/'조선'」, 『東方學志』 제158집, 김희로 사건은 임상민, 2017, 「김희로 사건과 김달수-정기간행물 『김희로공판대책위원회뉴스』를 중심으로-」, 『日本語文學』 第72輯 참조.

본지가 적극적으로 조선 문제를 다루기 시작한 것은 1970년대에 들어서부터이다. 1973년부터 한국 민주화 운동의 목소리를 전하는 지하통신 '한국으로부터의 통신'(T.K생)이 시작되어 1988년까지 16년간 연재되었다. 1973년 한국의 야당 지도자였던 김대중 씨가 도쿄에서 납치되어 서울로 끌려간 사건(김대중 씨 납치사건)이 발생하자, 이후 사건을 둘러싼 일본, 한국 각계의 움직임과 발언 등을 극명하게 추적한 '다큐멘터리 김대중 씨 납치사건'이 1980년 김대중 연금해제까지 6년 반 동안 연재되었다. 월간지로서 이러한 장기 연재는 모두 이례적일 것이다. 왜 본지가 이웃나라의 문제에 이렇게까지 깊이 관여했던 것일까. 그것은 조선반도와의 관계야말로 일본인이 짊어지고 있는 가장 무겁고 뿌리 깊은 문제라고 생각했기 때문이다.[7]

1970년대에 들어서 적극적으로 '조선 문제'를 다루기 시작한 『세카이』의 가장 중요한 주제는 한국의 정치 문제였다. 그 논조는 박정희 정권의 폭력성을 고발하고 한국의 민주화 운동을 지원하는 데 맞춰졌다. 그러나 다른 한편으로는 박정희 체제를 전적으로 부정하면서 비판하고 북한의 김일성 체제는 긍정적으로 평가하고 옹호한 결과, 한국 사회의 어두운 면을 집중적으로 부각시켰다는 평가를 받기도 한다.[8] 따라서 김

---

7 本誌編集部, 「朝鮮問題に関する本誌の報道について」, 『世界』 710号, 2003. 2, 261쪽.
8 한상일, 2008, 『지식인의 오만과 편견-《세카이世界》와 한반도-』, 기파랑, 100쪽. 한상일의 연구 외에도 『세카이』를 통해서 전후 일본의 진보파 지식인이 한반도를 어떻게 인식했는지 분석한 것으로 西岡力, 1980, 「雑誌『世界』は朝鮮をどうみたか」(上)·(中)·(下), 『朝鮮研究』 197号·198号·201号; 김무성, 2005, 『일본 잡지 『세카이(世界)』지에 나타난 북한상에 관한 연구』, 서울대학교 대학원 석사학위논문; 임성모, 2011, 「냉전기 일본 진보파 지식인의 한국

대중 납치 사건 이후 나타나는 『세카이』의 '반한친북' 논조는 1970년대 일본의 진보주의 언론이 한국과 한반도를 어떻게 인식하였는지 보여 주는 대표적 사례라 할 수 있다.

그렇다면 같은 시기 일본의 보수주의 언론은 한국을 어떻게 인식하였을까.

이 글에서는 분게이슌주(文藝春秋)가 1969년 7월에 창간한 『쇼쿤(諸君)!』[9]을 통해서 1970년대 일본 보수주의 언론의 한국 인식을 고찰하고자 한다. 『쇼쿤!』은 창간 당시부터 "좌익적 풍조 속에서 좌익 전염병에 대한 면역의 역할을 수행했다"[10]고 평가받은 전후 일본의 대표적 보수주의 잡지이다. 물론 보수주의라는 개념을 어떻게 규정하느냐는 별도의 문제이기도 하다. 다만, 1970년대 일본의 언론 지형도를 고려한 미디어 연구의 평가를 참고한다면, 여기에서 보수주의 잡지라 함은 적어도 『세카이』에 게재되지 않을 것 같은 기사를 게재하는 잡지를 의미한다.[11]

전후 일본의 보수주의 언론에 관해서는 『쇼쿤!』과 『세이론(正論)』을 분석한 조마루 요이치(上丸洋一)의 연구가 유일하다. 조마루는 『쇼쿤!』과 『세이론』의 창간 과정을 간략히 검토한 후, 주로 일본의 역사 교과서 왜곡(1982)과 나카소네 야스히로(中曾根康弘) 수상의 야스쿠니신사(靖国神社) 공식 참배(1985)가 국제적으로 문제시된 1980년대를 분석하고 있다.

인식-『세카이』의 북송 · 한일회담 보도를 중심으로-」 『동북아역사논총』 33호(성공회대학교 동아시아연구소 기획, 권혁태 · 조경희 엮음, 2017, 『두 번째 '전후'』, 한울아카데미 수록) 등 참조.

9 창간 당시엔 '!'가 없는 『쇼쿤』이었고, 1970년 1월호부터 『쇼쿤!』으로 바뀌었다. 참고로 『쇼쿤!』은 2009년 6월호로 폐간되었다.

10 阿川尚之, 1999, 「『左翼伝染病』からの逃走」, 文芸春秋編 『『諸君!』の30年』, 文藝春秋, 163쪽.

11 오쿠 다케노리 지음, 송석원 옮김, 2011, 『논단의 전후사 1945~1970』, 小花, 204쪽.

1980년대에 들어서『쇼쿤!』과『세이론』의 논조가 일본의 침략을 침략으로 인정하는 '보수'에서 침략으로 인정하지 않는 '우파'로 변화하였다고 보고 있기 때문이다.[12]

이 글에서는 조마루의 연구를 참고로 하는 한편, 그가 누락시킨 1970년대『쇼쿤!』의 한국 관련 기사에 주목하고자 한다.[13] 이는 전후 일본 언론의 한국 인식을 알아보기 위해『쇼쿤!』과 같은 보수주의 잡지는 고려하지 않고『세카이』와 같은 진보주의 잡지만을 분석해 온 선행 연구의 한계점을 극복하고 전후 일본 언론의 한국 인식을 종합적으로 파악하려는 시도이기도 하다.

2. 보수주의 '오피니언 잡지'『쇼쿤!』의 등장

전후 일본의 언론 공간에서는 "진보 · 혁신파의『세카이』, 보수 · 현실파의『분게이슌주(文藝春秋)』, 중간적 입장의『주오코론(中央公論)』"[14]이라는 평가가 있듯이, 이미 분게이슌주는 보수주의 종합잡지『분게이슌주』

---

12 上丸洋一, 2011,『『諸君!』「正論」の研究-保守言論はどう変容してきたか-』, 岩波書店, 18쪽.
13 1969년 7월에『쇼쿤!』이 창간된 이후 1973년 11월에 산케이신문사(産経新聞社)가『세이론』, 1977년 12월에 PHP연구소가『VOICE』를 창간하였다. 본고에서는 1970년대 보수주의 언론 창간의 신호탄이라 볼 수 있는『쇼쿤!』을 중심으로 분석하기로 한다.
14 「 [戦後５０年にっぽんの軌跡] (99) 総合雑誌 論壇の形成」,『読売新聞』, 1995. 8. 30.

를 발행하고 있었음에도 불구하고 왜 1969년에 새롭게 『쇼쿤!』을 창간하였을까.

1968년 7월, 분게이슌주사 사장 이케시마 신페이(池島信平)는 같은 해 6월 10일 발족한 '일본문화회의'의 기관지를 분게이슌주에서 발행하겠다고 사원에게 공지하였다. 하지만 사원 반수 이상의 반대 서명이 제출되면서 실현되지 못하였다. 이에 이케시마는 일본문화회의와는 별도의 독자적인 새로운 잡지를 발행하기 위해 다나카 겐고(田中健五)를 편집장에 임명하고 그 준비를 맡겼다.[15]

그렇다면 일본문화회의는 어떤 단체일까.

일본문화회의는 그 취의서에서 "좌우 양익의 과격한 광신상태", "좌우 양익의 사상적 대립"의 문제점을 비판하고 "책임 있는 자유의 입장에 서는 동지의 결집과 합의가 급선무임을 통감"[16]한다고 밝히고 있다는 점에서 스스로의 위치를 '좌우 양익'과 거리를 두고 '자유'를 표방하는 문화단체이다. 다시 말해서 1968년 대학가를 중심으로 시작된 전학공투회의(전공투) 운동과 같은 신좌익과도, 신좌익에 대항하며 철저한 반체제 국가혁신운동을 전개하던 신우익과도 거리를 두려는 문화인이 결집한 보수주의 단체였던 것이다.[17] 이후 일본문화회의의 발기인들은 『쇼쿤!』의 주요 필진으로 참가하고 있다.

---

15 앞의 上丸洋一, 24~25쪽.
16 「資料 日本文化会議 趣意書」, 『国民文化』104, 1968. 07. 01, 13~14쪽. 일본문화회의의 이사장은 다나카 미치타로(田中美知太郎), 이사는 하야시 겐타로(林健太郎), 후쿠다 쓰네아리(福田恆存), 고바야시 히데오(小林秀雄) 등이다.
17 앞의 上丸洋一, 34쪽.

『쇼쿤!』은 1969년 7월에 창간되었다. 이케시마가 작성한 창간사는 다음과 같다.

> 쇼쿤! 우리들은 지금 여러분에게 호소하고 싶은 것이 너무도 많습니다. 전후 24년, 생각해 보면 4분의 1세기나 됩니다. 그동안 새로운 민주주의가 일본의 토양에 심어지고 키워졌지만, 과연 그 새로운 사고방식과 삶의 방식은 우리들의 신체 속에 확실히 정착했을까요?
> 우리들은 매일 아침 신문을 읽고, 매일 밤 다이얼을 돌려 보고 있지만, 그곳에서 세상의 뒤틀린 모습이 생생하게 나타납니다. 사려 깊은 사람이라면 이럴 리가 없다는 생각을 할 것입니다. 저희들도 동일합니다.
> 뭔가 잘못되고 있다고 사사건건 느끼는 이 세상에서 그 잘못된 것을 자유롭게 독자와 함께 생각하고 납득해 가는 것이 새로운 잡지 '쇼쿤'의 발간 목적입니다.
> 옛 사람은 돌도 외치는 시대라고 말했습니다. 우리들은 침묵하고 있거나 무시하고 있는 길가의 돌이 아닙니다.
> 올바른 발언을 합시다. 여러분 진정한 사실(事實)을 알 권리를 행사합시다. 새로운 잡지 '쇼쿤'은 새로운 오피니언 잡지입니다. 이 잡지에는 일본인으로서 부끄럽지 않은 것, 그리고 세계 어느 나라에서든 올바르게 통용되는 것을 하나하나 담아가고 싶습니다.[18]

이케시마에게 『쇼쿤!』은 '세상의 뒤틀린 모습', '뭔가 잘못되고 있다고

---

[18] 池田信平, 1969. 7. 1, 「創刊にあたって」, 『諸君』 1-1, 272쪽.

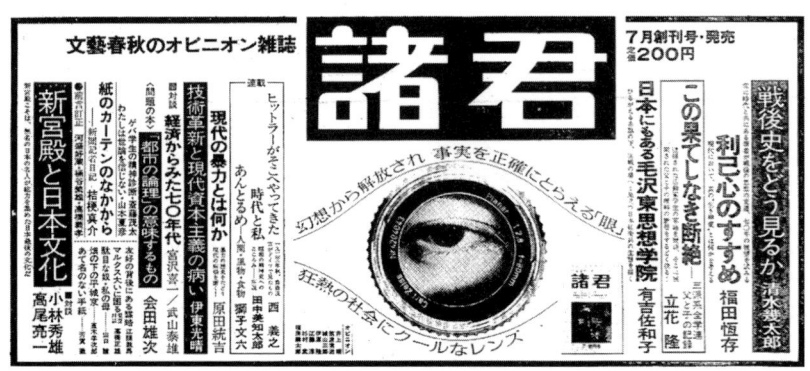

『쇼쿤!』 창간호 광고(『朝日新聞』, 1969. 5. 24.)

사사건건 느끼는 이 세상'에 대해 '올바른 발언'을 하기 위한 '새로운 오피니언 잡지'이다. "환상에서 해방되어 사실을 정확히 포착하는 눈"과 "광열적인 사회에 쿨한 렌즈"라는 창간호의 광고 문구에서도 알 수 있듯이, 신좌익과 신우익이라는 '환상'과 '광열(狂熱)'의 '잘못'을 '독자와 함께 생각하고 납득'하기 위해 창간되었던 것이다.

그렇다면 새로운 보수주의 오피니언 잡지로 창간된 『쇼쿤!』은 한국을 어떻게 인식하였을까. 1970년대 『쇼쿤!』에는 한국 관련 기사가 총 16편 실렸다(표1 참조). 그중 가장 많은 것은 오카자키 히사히코(岡崎久彦)의 글이다. 오카자키는 1992년 외무성 퇴직 이후 왕성한 저술 작업을 통해 집단적 자위권에 대한 해석 변경과 헌법 개정의 필요성을 강조하는 동시에, 진보사관을 비판하면서 '새로운 역사 교과서를 만드는 모임(새역모)' 활동에 참여하는 등 탈냉전기 이후의 일본 국가 정체성 논의에서 보수적 인식을 대표하는 인물 중 하나이다.[19]

---

19 이정환, 2019, 「오카자키 히사히코(岡崎久彦)의 현실주의적 안보론과 일본적 민주주의론」,

저자	제목	호수	발행연월
蔡熙宗(評論家)	朝鮮高校生暴行事件-どちらか加害者か-	2-10	1970. 10.
本田靖春(評論家)	大韓民国の憂鬱	4-11	1972. 11.
マーク・ゲイン (Mark Gayn, ジャーナリスト)	教祖金日成の朝鮮	5-1	1973. 1.
本田靖春(評論家)	私の中の朝鮮人	5-12	1973. 12.
安岡庄太郎(作家) 日野啓三(作家・読売新聞記者)	〈対談〉朝鮮人と日本人 -何がこの緊張関係を生んだのか-	6-11	1974. 11.
神谷不二 (慶応義塾大学教授・国際関係史)	朝鮮半島に「危機」はない	7-2	1975. 2.
渡辺昇一 (上智大学教授・言語学)	歴史と「血の論理」-帰化人から日韓併合まで-	8-1	1976. 1.
長坂覚(国際問題評論家) (본명은 岡崎久彦, 外交官)	韓国便り・その一 日本人の好きな国・嫌いな国	8-8	1976. 8.
	韓国便り・その二 日本人の常識の空白	8-9	1976. 9.
	韓国便り・その三 日本語に一番遣い言葉	8-10	1976. 10.
	韓国便り・その四 日本人の唯一の親類	8-11	1976. 11.
	韓国便り・その五 統一新羅と日本	8-12	1976. 12.
	韓国便り・その六 日本と韓国の歴史の岐路	9-1	1977. 1.
	韓国便り・最終回 近代化の神話	9-2	1977. 2.
鈴木卓郎(朝日新聞編集委員)	義士・安中根は生きている	11-12	1979. 12.
長谷川慶太郎(エコノミスト)	韓国は減速していない	11-12	1979. 12.

그는 1973년 10월부터 1976년 3월까지 주한 일본대사관 참사관으로 근무한 경험을 토대로, 1976년 8월호부터 국제문제평론가 나가사카 사

『일본연구』제79호, 75쪽.

토루(長坂覚)라는 필명으로 「한국통신(韓国便り)」을 총 7회에 걸쳐 연재했다. 이것은 1977년 11월에 『이웃나라에서 생각했던 것(隣の国で考えたこと)』(日本経済新聞社)이라는 제목으로 출판되었고, 1978년에 제26회 일본 에세이스트클럽상(日本エッセイスト·クラブ賞)을 수상했다. 1982년에는 최선규가 한국어로 번역해 『서울에서 900일(원제·이웃나라에서 생각했던 일)』(雲亭文化社)이라는 제목으로 출판되었고, 1983년에는 주오고론사(中央甲論社)에서 오카자키의 본명으로 다시 출판되었다. 한 가지 흥미로운 것은 이 책이 2006년에 '혐한 서적'을 다수 출판하는 WAC에서 『왜 일본인은 한국인이 싫은가(なぜ日本人は韓国人が嫌いなのか-이웃나라에서 생각했던 것(隣の国で考えたこと)-』라는 제목으로 출판되었다는 점이다. 1970년대에 출판되었던 『이웃나라에서 생각했던 것』이 2006년에 동일한 내용에 제목만 바뀌어 『왜 일본인은 한국인이 싫은가』로 출판된 것은 1970년대 일본의 '보수주의'적 한국 인식이 2000년대에 들어서 '우익적' 한국 인식으로 변화한 것을 상징적으로 보여 준다. 이에 대한 분석은 3장 1절에서 하겠다.

다음으로 많은 것은 『요미우리신문(読売新聞)』 사회부 기자 출신 평론가 혼다 야스하루(本田靖春)의 글이다.[20] 혼다는 1933년 경성에서 태어나고 중학교 1학년 때 일본으로 귀환한, 이른바 재조일본인이다. 「대한민국의 우울」은 1971년에 요미우리신문사를 그만두고 이듬해에 다녀 온 한국 취재 여행의 경험담이고, 「내 안의 조선인」은 재조일본인의 시선

---

20 혼다는 『내 안의 조선인』 외에도 김희로 사건을 취재한 『사전(私戦)』(潮出版社, 1978), 재일한국인 어머니의 구술 자료를 정리한 『우리들의 어머니(私たちのオモニ)』(新潮社, 1992) 등을 출판하며 재일한국인에 대한 관심을 지속적으로 보이고 있다(정호석, 2019, 「전후(戦後)를 사는 '오모니'-재일한인 모성 표상의 계보학-」, 『일본비평』 21호, 251~256쪽 참조).

으로 일본 사회의 뿌리 깊은 '조선인 싫어하기(朝鮮人ぎらい)'를 비판한 것이다. 이 두 편의 글은 1974년에 출판된 『내 안의 조선인(私のなかの朝鮮人)』(文藝春秋)의 토대를 이루고 있다. 이에 대해서는 재일한국인 평론가 채희종의 글 「조선고교생 폭행사건(朝鮮高校生暴行事件)-어느 쪽이 가해자인가(どちらが加害者か)-」와 함께 3장 2절에서 상세히 분석하도록 하겠다.

이상과 같이 1970년대의 『쇼쿤!』에는 비록 그 수가 적을지라도 한국·재일한국인 관련 기사가 실렸다. 앞으로 살펴보겠지만 그 내용도 다분히 『세카이』나 『아사히신문(朝日新聞)』 등 진보주의 언론의 한국·재일한국인 관련 기사를 의식한 것이다. 그렇다고 해서 선행 연구에서 지적하고 있듯이 "노골적인 반공, 반민주화 운동, 반조선 캠페인을 확대시키는 내용"[21]만은 아니었음을 먼저 밝혀 두고자 한다.

3. 한국을 바라보는 '쿨한 렌즈'

1) '누군가'는 말해야 하는 또 하나의 '한국 통신'

1970년대 일본의 공산당이나 사회당은 물론이고 일부 진보주의 언론은 한국을 언급할 때 "朴「韓国」政権, 日「韓」条約, 對「韓」政策"과 같

---

21 윤건차 지음, 박진우 외 옮김, 2009, 『교착된 사상의 현대사』, 창비, 298쪽.

이 괄호를 붙여서 표기하였다. '박 정권의 민주주의 유린과 인권 무시'를 비판하는 것과 한국을 '국가'로 인정하지 않는 것은 별개의 문제였음에도, "남조선에 존재하는 정권은 미제국주의의 조선 침략 정책을 기초로 세워진 반공 괴뢰 정권이므로 그 지배하에 있는 지역을 국가로 인정할 수는 없다"는 인식이 있었기 때문이다.[22] 이런 의미에서 『세카이』가 1972년부터 연재하기 시작한 「한국으로부터의 통신」과 「김일성 회견기」는 일본의 진보주의가 지녔던 냉전 이데올로기에 포섭된 '반한친북'적 한반도 인식을 전형적으로 보여 준다.[23]

그렇다면 이 시기에 『쇼쿤!』에서 연재하기 시작한 오카자키의 「한국통신」은 한국을 어떻게 인식하였을까.

나는 한국이라는 국가에 대해 민주적이니 비민주적이니 하는 여러 이야기가 있지만, 사회의 실질은 일본이나 미국과 같은 데모크라시라기보다는 오히려 대중정치(mass politics)라고 볼만한 정치사회 제도에 도달하기 직전의 국가라고 생각한다. 그것은 현재의 군사정권이 한국의 전통적인 정치 형태인 귀족적 정치에 Coup de grace(치명타)를 주었기 때문이다. 일본을 포함해서 영국, 독일, 이탈리아 등의 전시 중 총동원체제가 계급사회를 붕괴시켜 버린 프로세스와 흡사하다고 하겠다. 내

---

22 「韓国ではなく『韓国』」, 『毎日新聞』, 1974. 8. 25.

23 한상일은 '한국으로부터의 통신'에 대해 박정희 정권을 '악의 상징'으로 그려낸 나머지 한국은 지구상에서 가장 낙후되고 야만적인 곳이며 한국인은 짐승과 같은 삶을 살고 있을 뿐이라는 왜곡된 이미지를 생산해 냈다고 평가하고, '김일성 회견기'에 대해서는 『세카이』가 '북한의 홍보지'이자 '김일성의 대변지'를 자처한 것이라고 평가한다(앞의 한상일, 205~278쪽, 281~315쪽 참조).

가 전후(戰後) 처음으로 영국으로 갔던 해는 배급 제도가 남아 있던 마지막 해였었는데, 그때까지 달걀과 베이컨은 아직 배급을 하던 때였다. 그런데 어떤 중류의 영국인이 "전전(戰前)에는 아침 식사에 달걀과 베이컨을 먹는 사람은 중류 이상의 사람이었고 노동자는 콩을 삶아서 먹었다. 그런데 베이컨 따위는 구경도 못하던 그 친구들이 이제는 배급 덕분에 그것을 먹게 되었다"라고 말하는 것을 들은 적이 있다. 이것도 전시체제가 낳은 사회의 균질화의 일례라 할 것이다. 한국에서도 일반적으로 말해서 지주의 경제력을 배경으로 하는 종래의 지식계급과 독서계급은 중화학공업화의 진전과 경제계획 달성을 하기 위한 중세(重稅) 때문에 경제적 지반이 무너져 갔고, 또 북과의 긴장이 계속되는 상황 아래에서의 권력 집중으로 종래의 상류계급의 정치적 발언력이 낮아지고, 그 반면에 새마을운동 등 농민의 정치적 참여가 강화되어 사회의 급속한 대중화, 탈귀족화가 진행되어 갈 듯 싶다.

일단 자유화되든 안 되든 한국 사회는, 아마도 대중정치라는 의미에서 세계에서 가장 발달한 일본, 미국 못지않게 될 것이고, 이와 동시에 대중사회가 지닌 많은 문제점에 바로 직면하지 않을 수 없을 것이다. 이웃나라 일본의 사례를 눈앞에서 보고 있는 만큼, 그렇게 되어 버릴지도 모르는 불안감이 한국의 지도층 중에 있는 듯하다. 김대중 씨를 포함하는 가장 급진적인 야당에서도 "한국에서 일본 정도의 자유는 지나친 것일 수 있지만, 그래도 조금은 더 자유가 있어도 좋지 않을까"라는 식의 표현을 한다(밑줄은 인용자, 이하 동일).[24]

---

24 長坂覚, 1976. 9, 「韓国便り・その二 日本人の常識の空白国」, 『諸君!』 8-9, 116~117쪽(岡崎久

오카자키는 '군사정권'이라는 용어를 사용하기는 하지만, '한국'을 하나의 '국가'로 인식하고 있다. 구체적으로는 '민주적' 또는 '비민주적'이라는 기준, 즉 군사정권의 여부와 상관없이 '대중정치라고 볼만한 정치사회 제도에 도달하기 직전의 국가'로 보고 있다. '대중정치'가 '세계에서 가장 발달한 일본과 미국'이라는 표현에서 알 수 있듯이, 대중정치는 사회주의 국가의 '전체주의'와 구별되는, 미국이나 일본과 같은 '반공 · 자유 진영' 국가의 특징이다.

그렇다면 북한은 어떻게 인식하고 있었을까.

본서에서 일한관계에 대해서 정책 제언까지 하면서도 <u>조선반도의 반쪽인 북조선에 대해서는 전혀 언급하지 않았던 것이 내내 마음에 걸렸다.</u> 그러나 결국 북조선에 대해서는 쓰지 않기로 하였다. 간단히 말하자면 체제의 상이(相異)라는 문제가 되겠지만, 내가 평양에 체재하며 서울을 느끼는 것과 동일하게 정부 측이나 반정부 측, 그리고 관민을 불문하고 널리 각계 인사들과 만나서 개인적인 의견이나 경험을 자유롭게 들을 수 있고, 또 내가 받은 인상이나 결론을 솔직하게 말하며 자유롭게 토론할 수 있는 환경이 주어지지 않는 한, 본서를 쓴 것처럼 객관성을 가지고 북조선을 쓸 자신이 전혀 없었기 때문이다. <u>일본에서 관념적으로 만들어 낸 조선반도에 대한 이미지가 얼마나 부정확한 것인지 거듭 지적해 온 나로서는 양심적으로도 북조선에 대해 발언할</u>

彦, 2006, 『なぜ日本人は韓国人が嫌いなのか-隣の国で考えたこと-』, WAC, 67~68쪽). 이하 인용표기는 동일한 내용이므로 잡지가 아니라 단행본으로 통일한다.

처지가 아니라고 생각한다.[25]

　당시는 물론이고 지금까지도 북한과 일본은 정식 외교관계를 맺고 있지 않은 상태에서 외교관인 오카자키가 북한을 '국가'로 인식한다 해도 그것을 명언할 수는 없었을 것이다. 그럼에도 '조선반도의 반쪽인 북조선'이라는 표현에서 알 수 있듯이, 오카자키는 북한을 한반도에 존재하는 하나의 '정치적 실체'로 인정하고는 있다. 다만 '일본에서 관념적으로 만들어 낸 조선반도'라는 표현에서도 알 수 있듯이, 당시 『세카이』나 『아사히신문(朝日新聞)』 등 진보주의 언론에서 보도하던 '친북' 기사에 대해서는 그 '객관성'을 이유로 거리를 두고 있다. 전후 일본의 역사 연구도 '마르크스 사관'에 편향되어 있어서 한국에 대한 '일반 일본인'들의 무지와 편견을 개선할만한 '객관적'인 역사 연구가 이뤄지지 못했다고 비판하고 있다.[26]

　이상과 같이 오카자키는 진보주의와 동일하게 냉전 이데올로기에 포섭된, 그러나 그 방향성은 정반대인 '친한반북'적 한반도 인식을 지니고 있다. 이런 의미에서 오카자키와 진보주의의 한국 인식은 서로 전혀 다른 듯 보이지만 실제로는 냉전 이데올로기가 만들어 낸 일란성 쌍생아이다. 또한 그 쌍생아는, 즉 진보주의는 한국의 민주화 운동을 지원하면서,[27] 오카자키는 1906년에 일본의 한국 침략에 반대하며 가결한 니

25 위의 책, 316~317쪽.
26 위의 책, 95~96쪽.
27 앞의 윤건차, 298~301쪽 참조.

시자카 유타카(西坂豐)[28]를 사례로 들면서 스스로 "선의의 일본인"[29]을 자처했다는 점에서도 동일하다.

이제 오카자키의 "일한 양국의 친선 관계를 유지하고 발전시키기 위해 누군가는 말해야 하는 선의의 용기 있는 발언"[30]을 구체적으로 살펴보도록 하자.

오카자키는 한국에 온 이후 한국과 일본 사이의 '상호혐오(antipathy)'의 근원은 무엇이고, 그것을 어떻게 하면 해결할 수 있을지가 '과제'로 남았다고 한다.[31] 우선 오카자키가 생각하는 '상호혐오'의 근원은 다음과 같다.

> 식민지 시대의 36년과 전후의 30년, 즉 조선 문제에 대한 객관적 인식을 방해하는 특수 요인이 있었던 합계 66년의 공백은 그 사례를 찾아보기 힘들 정도로 크다. (중략) 우리 일본인 1억 1천 만 명의 거의 모두

---

28 『대한매일신보』에 따르면, 동양의 평화를 주창하던 그는 이토 히로부미에게 서울에 통신사 설치 허가를 요청했으나 통감부의 방해로 좌절되었고, 이에 일본의 침략행위를 항의하는 서신을 보냈으나 아무런 답을 얻지 못하자 대한 침략 반대를 분명히 하기 위해 1906년 12월 6일 서울 이현(泥峴)의 한 여관에서 할복자살했다고 한다. 『대한매일신보』는 그를 '의사'라고 칭하며 을사늑약에 찬성한 5명(이완용, 이제용, 박제순, 권중현, 이근택)을 통렬히 비난하는 기사를 실었다(「西坂氏遺言」, 『大韓每日申報』, 1907. 1. 5. 등 참조).

29 앞의 岡崎久彦, 52쪽.

30 岡崎久彦, 1976, 「韓国の人々に訴える」, 『自由』18-1·2, 自由社, 101쪽. 이 글은 오카자키가 한국에 있을 때 아시아정책연구원(원장 민관식 전 문교부장관) 주최 세미나에서 강연한 원고이다. 『쇼쿤!』에 연재한 기사와 함께 단행본에 포함되어 있다. 잡지 『지유(自由)』는 1956년에 반전체주의와 반공산주의를 표방하는 지식인 그룹이 결성한 '일본 문화포럼'의 기관지이다(앞의 上丸洋一, 40~44쪽 참조).

31 앞의 岡崎久彦, 15쪽.

가 속해 있는 이 세대가 한국에 대한 무지 그리고 그로부터 발생된 편견 속에서만 살아 온 것이니, 이 얼마나 놀랍고 무서운 일인가. 한편 일본 거리에는 한국에 관한 서적이 범람하고 있지만, 그것은 KCIA나 기생관광과 같이 편견과 무지에서 생겨난 일본인의 우월감과 한국인 멸시에 영합하려는 엽기적인 추리소설이나 훔쳐보기 취미에서 비롯된 못된 취미에서 나온 것들뿐이고, 양 국민의 상호 이해와 교양을 높이는 데 공헌할 만한 것은 거의 없다.[32]

미신, 오해, 편견이 무지에서 나오는 것이라는 지극히 당연한 진리를 새삼스럽게 재인식하게 만드는 것이 한국인에 대한 일본인의 이해 현상이다. 이 무지가 한국인에 대한 멸시의 감정을 낳게 만들었을 뿐 아니라, 한국의 근대사에 대한 일본인의 무지가 한국인의 대일 감정이 무엇인지 이해하지 못하게 만드는 원인이 되고, 나아가서는 한국의 현상에 대한 일본인의 무지가 일부의 반(反) 한국적 편향의 도량(跳梁, 함부로 날뜀-인용자)을 허용하는 결과를 낳았다.[33]

그가 생각하기에 '상호혐오'는 '식민지 시대 36년과 전후 30년간' 이어진 한국에 대한 일본인의 '지적 공백'에서 비롯된다. 특히 '한국의 근대사에 대한 일본인의 무지'를 지적하면서 "일본의 원죄는 그때까지 2천 년 동안을 타국의 속령이 된 적 없이 독립을 하고 있던 나라를 그 의사에 반해서 병합해 버렸다는 것이고, 그런 짓을 일본이 한 이상 이후

---

32 위의 책, 104쪽.
33 위의 책, 68~69쪽.

아무리 선정(善政)을 펼쳤다 해도 그런 은혜로 원한을 해소할 수는 없는 것"이라고 강조한다.[34] 따라서 "한국병합에 대한 한국인의 원한", "식민지 시대의 부산물로서 한국에 대한 일본인의 무지", "무지를 바탕으로 하는 일본인의 조선인 멸시라는 인종적 편견이 존재하는 한 일본과 한국의 상호혐오는 앞으로도 재생산되어 갈 것"이라고 지적한다.[35]

그렇다면 한국과 일본의 '상호혐오'는 어떻게 해결될 수 있을까. 우선 다음 글을 보도록 하자.

> 근대화라는 것은 이상한 것이어서, 지금까지의 세계에 있어서 정복, 피정복 관계에서 나타나던 원한이나 콤플렉스와는 전혀 질적으로 다른 우등의식이나 열등의식을 만들어 내는 것 같다. (중략)
> 자기들이 가진 것은 무엇이나 우월한 것이고, 상대가 가진 것의 가치는 전혀 인정하지 않으려는 되지 못한 우월의식과 이에 대한 굴욕감, 반발, 노여움, 원한이 선진국과 후진국의 전형적인 심리적 구조이다.[36]
> 일본과 한국 사이의 '상호혐오', '콤플렉스' 등 모든 감정적인 마찰의 원인이라는 것도 거시적으로 보자면, 근대화가 좀 빨랐느냐 늦었느냐 하는 것에 집약되는 것 같다. 이는 일본과 한국만의 문제가 아니고 과거 2세기 동안에 걸친 지구상의 모든 문제, 즉 제국주의, 식민지주의, 인종차별, 경제면에서의 이른바 남북 문제뿐만 아니라, 민주주의나

---

34 위의 책, 101쪽.
35 위의 책, 304쪽.
36 위의 책, 305~306쪽.

공산주의 문제의 상당히 큰 부분까지 근대화 역사의 차이, 좀 더 단적으로 말하자면 그 결과로 생긴 생활수준의 차이에 기인한다 하여도 과언은 아니다.[37]

앞에서 살펴보았듯이 오카자키는 '상호혐오'의 일차적 원인이 '일본(인)'에게 있음을 명확히 하고 있다. 그러나 '거시적'으로는 "한국이 일본보다 서구 접촉이 20년, 개국이 30년 정도 늦는"[38] '근대화 역사의 차이', 그리고 '단적으로는 그 결과로 생긴 생활수준의 차이'가 '상호혐오'의 근원이라는 견해를 제시하고 있다. 그는 이것을 '선진국과 후진국의 전형적인 심리적 구조'라고 규정한다. 그리고 그 해결책을 설명하기 위해 일본과 영국의 관계와 재미 일본인의 사례를 제시한다.

일본이 영국에게 100년간의 콤플렉스를 털어 버린 이유는 단 한 가지, 일본과 영국 사이에는 해마다 성장률에 큰 차이가 생겨서 마침내 1인당 GNP가 일본이 영국을 능가한다는 것이 분명해진 다음부터였다. 미국 안에서 일본계가 오랜 인종차별에서 해방되고 미국 사회 속에서 명예로운 지위를 갖게 된 것은 과거 수십 년간의 일계인(日系人)의 피땀어린 노력의 결과이기도 하지만, 그리고 또 미국 사회의 변모, 국제정치의 변화 등 제반 요소가 있기도 하였지만, 궁극적으로는 모국(母國) 일본의 경제적 성공이 미국인에게 인정된 결과라는 점을 부정할

37 위의 책, 307쪽.
38 위의 책, 269쪽.

수는 없을 것이다.[39]

‘후진국’ 일본이 ‘선진국’ 영국과 미국보다 ‘경제적’으로 발전했을 때, 일본의 ‘열등의식’이 사라지고 이에 따라 영국과 미국의 ‘우월의식’도 사라지면서 ‘상호혐오’의 악순환이 해결되었다는 것이다. 따라서 일본과 한국의 경우도 그 해결책을 다음과 같이 제시한다.

최근 젊은 한국인 중에는 아무런 선입견 없이 일본을 알려고 일본에 오는 사람들도 있는데, 그런 사람들이 반일 감정을 가지고 돌아가게 되는 원인은 무엇보다도 일본인의 우월감이 감정을 상하게 만들었기 때문이라 하겠고, 그런 것에 반발하다가 일본인의 한국 멸시관, 편견, 차별의 깊은 뿌리를 느끼고, 이제는 일본인을 철저히 증오하게 되는 과정을 밟는 사람이 있다. 그러다 보면 또 일본인은 한국인들이 자기들을 미워한다는 것을 깨닫게 되고, 그것이 원인이 되어 또 그 미움을 한국인에게 되돌리게 된다.

그렇다면 일본과 한국 관계의 장래를 생각했을 때, 어떻게 하면 이러한 악순환을 단절해 버릴 수 있을까. 물론 문화교류에 의한 상호 이해 증진은 그 어떤 시대를 막론하고 대단히 중요한 것이지만, 무엇보다 그 근본적인 해결은 한국 경제의 근대화를 촉진하여 한국인의 생활수준을 일본처럼 되게 만드는 데 있지 않을까?[40]

39 위의 책, 307쪽.
40 위의 책, 306쪽.

일찍이 나는 이것이 백년하청(百年河清, 백 년을 기다린다 해도 황하의 흐린 물은 맑아지지 않는다는 뜻, 인용자)을 기다리는 것처럼 아득한 방법이라고 생각했지만, 최근 한국 경제의 눈부신 성장력을 보고 있자니, 이것이 가장 첩경이라는 생각이 든다.[41]

일본과 한국의 '상호혐오'의 원인이 '일본(인)'에게 있기는 하지만, 그 근원에는 '근대화 역사의 차이'와 '그에 따른 생활수준의 차이'에서 나타나는 '선진국' 일본의 우월감과 '후진국' 한국의 열등감이 존재하므로, '한국 경제의 근대화를 촉진하여 한국인의 생활수준을 일본처럼 되게 만드는 것'을 그 해결책으로 제시하고 있는 것이다. 그리고 그 "경제발전에 일본이 적극적으로 협력하는 태도가 무엇보다도 필요"하다. 왜냐하면 "한국 근대화의 마지막 완성을 일본이 돕는 행위가 일본에 대한 한국의 원한마저도 최종적으로 과거의 일로 만들어 주길 바라기 때문이다."[42]

이상과 같은 오카자키의 분석은 '약육강식'이라는 냉엄한 국제질서를 배경으로 '자국'의 이익을 확보하기 위해 활동하는 '외교관'다운 현실주의적 해결책일 수도 있다. 그런 만큼 그 내용은 1970년대 일본 정부가 한일국교정상화 이후 한일 관계의 중심에 두고 추진한 '경제협력'의 논리 그 자체였다고 할 수 있다. 하지만 『세카이』의 '한국으로부터의 통신'이 "일본 언론이 한국의 민주적 발전을 위해서 이처럼 참여한 적이

---

41 위의 책, 308쪽.
42 위의 책, 314쪽. 오카자키는 한일 경제협력의 대표적인 사례로 포항제철의 '기적'을 언급하고 있다(같은 책, 311~313쪽).

일찍이 있었던가"[43]라고 회상하고 있듯이 한국의 민주화라는 '정치'를 지원한 '선의의 일본인'의 한국 인식이었다면, 『쇼쿤!』의 「한국통신」은 "신일철(新日鐵)의 일본 기술진의 헌신적 협력"으로 포항제철이라는 "일한협력의 금자탑"[44]을 쌓으며 한국의 근대화라는 '경제'를 지원한 '선의의 일본인'의 또 다른 한국 인식이었다.[45]

2) 재일한국인을 새롭게 포착하는 시선, '내 안의 조선인'

1970년대는 1968년 김희로 사건 이후 1969년부터 네 차례에 걸친 '출입국관리법안' 제출, 1970년 히타치제작소(日立製作所) 취업 차별 소송 등 일본 사회에서 재일한국인 문제가 본격적으로 논의되기 시작한 시기이기도 하다.

재일한국인 관련 기사가 『쇼쿤!』에 처음 게재된 것은 재일한국인 평론가 채희종(蔡熙宗)의 「조선고교생 폭행사건-어느 쪽이 가해자인가-」이다. 1970년 3월 20일 도쿄에서 데이쿄쇼코(帝京商工)고등학교 학생 50명이 등교 중인 조선고등학교 학생 5명을 집단 구타한 사건에 대한 평론 기사이다.[46]

---

43 지명관 지음, 김경희 옮김, 2008, 『한국으로부터의 통신』, 창비, 10쪽.
44 앞의 岡崎久彦, 312쪽.
45 오카자키는 박정희 정권에 대해 "최근 일본·미국과의 관계에서 약간의 잡음을 일으켰던 한국의 '비민주성'이니 하는 문제도 근대화의 마지막 손질로 종지부를 찍을 것으로 생각한다"며 '미온적 태도'를 취하고 있다(위의 책, 314쪽).
46 「帝京商工生が集団暴行」, 『朝日新聞』, 1970. 3. 12. 도쿄 및 그 주변에서 조선학교 학생에 대

여기에서 채희종은 이 사건을 바라보는 재일조선인의 인권을 지키는 모임(在日朝鮮人の人権を守る会)의 시선을 다음과 같이 비판하고 있다.

'재일조선인의 인권을 지키는 모임(在日朝鮮人の人権を守る会)'이 지적하는 바에 따르면, 일련의 폭력 사건은 ① 재일조선인에 대한 일본인의 편견, 멸시의 감정 ② 재일조선인의 민족 교육에 대한 억압과 조선 적시관(敵視觀) ③ 보다 근본적으로는 일본 정부의 조선민주주의인민공화국에 대한 적시(敵視) 정책과 그것이 반영된 재일조선인 억압 정책 등에 의한 것이다.

'재일조선인의 인권을 지키는 모임'의 지적이 우리들 조선인에 대한 매우 깊은 이해와 그 양심적 입장에 기초하고 있다는 것은 분명하다. 그러나 그들 양심적인 이해를 단호히 거절하고 싶다. 그것이 양심적인 일본인의, 좋은 의미에서의 이해에 머물고 진정한 '일본인의 문제'로 다루지 않기 때문이다.[47]

가령 심정적으로 김희로와 공통분모를 가지고 있다 해도 우리들에게는 피해자 의식에서 생기는 일본인에 대한 어리광 같은 것이 있어서는 안 된다. 양심의 가책을 느끼는 일본인에게 의지해서는 결코 문제가 해결되지 않는다. 나는 일본인의 과도한 동정은 딱 질색이다. 김희로 사건에서 활약하던 '양심적 일본인'을 보고 있자면 불편해서 화가 난다.[48]

한 일본인 학생의 집단 폭행은 1962년 이후 꾸준히 발생하여 1970년대에는 사회문제가 되었다.

47 蔡熙宗, 1970. 10, 「朝鮮高校生暴行事件ーどちらが加害者かー」, 『諸君!』 2-10, 201~202쪽.

48 위의 글, 205쪽.

재일조선인의 인권을 지키는 모임은 내용으로 보건데 '양심적 일본인'이 재일한국인을 지원하는 '친북' 성향의 진보주의 단체라 추측된다. 채희종이 그들을 비판하는 이유는 재일한국인의 문제에 대해 '과도한 동정'에 머물러 있을 뿐 '진정한 일본인의 문제'로 다루고 있지 않기 때문이다. 물론 '양심적 일본인'들의 재일한국인 지원 활동이 그저 '과도한 동정' 때문인지 아니면 '진정한 일본인의 문제'로 생각하기 때문인지는 그들에게 직접 물어보고 확인할 수밖에 없다. 또한 재일한국인의 범죄, 즉 1958년 이진우 사건과 1968년 김희로 사건에 대해 '남의 일'이 아니라 바로 우리들 일본인 및 일본 사회가 만들어 낸 사건이라는 의미에서 '김희로는 우리들이다'라고 말했던 오에 겐자부로(大江健三郎)와 같은 전후 일본인의 문제의식도 분명히 존재하기 때문이다.[49]

　　그러나 채희종은 재일한국인이 일본인의 편견과 차별을 받아 온 것은 어제 오늘의 일이 아닌데, 김희로 사건 이후 재일한국인을 향한 조선민주주의인민공화국을 적시(敵視)하지 않는 '양심적 일본인', 즉 진보주의의 높은 관심과 지원이 불편했던 것은 아닐까 싶다. 그 '양심적인 일본인'이 "재일조선인에게 일본이 단순한 이국(異國)이 아닌 것처럼, 일본인에게도 조선인은 일반적인 의미의 외국인이 아니어야 하는 사실을 전혀 되돌아보지 않고 있기 때문"이다.[50] 이어서 다음 글을 보도록 하자.

　　조선인에 관한 한 일본인 속에 잠재하는 편견, 차별 의식은 뿌리 깊

---

49 임상민, 2018, 「일본문학과 재일조선인 범죄학 연구」, 『일본 문화학보』 제77집, 10~11쪽 참조.
50 앞의 蔡熙宗, 202쪽.

다. 조선인이 일본의 식민지 지배에서 해방된 지금까지도 여전히 그것은 남아 있다. 일반적으로 전후 세대에게는 그런 것이 없다고 일컬어진다. 그러나 우리들의 형제자매와 같이 전후 세대에 속하는 2세들도 정도의 차이는 있지만 민족적 편견과 차별의 씁쓸한 기억을 갖고 있다. 다만 일본의 전후 세대의 편견이나 차별 의식이 전중(戰爭中), 전전(戰前) 세대의 그것처럼 식민지 지배의 현실에 뿌리를 두는 것은 아닌 만큼, 지극히 희박하다고 할 수 있다. 그들은 조선이 일본의 식민지였던 시대를 알지 못하므로, 본래 차별 의식이나 편견이라는 것이 있을 리 없다. 하지만 전후 세대인 어린 고등학생들이 일부에서는 폭력마저 휘두르기에 이르렀다. 우리들 조선인이 그 배후에 어떤 특정한 힘의 움직임을 감지하고 그것에 대해 위구심을 품는 것도 무리는 아니다. 하지만 생각해 보면 까닭도 없는 민족적 편견과 차별 의식 등에 사로잡혀 폭력 행위까지 휘두르는 일본의 전후 세대도 또한 그런 의미에서는 가해자라기보다 불행한 피해자라 할 것이다.[51]

채희종이 보기엔, '조선이 일본의 식민지였던 시대'를 알지도 못하면서 재일한국인에 대한 편견과 차별 의식을 가지고 폭력을 휘두르는 '전후 일본의 어린 학생들'이야말로 '불행한 피해자'이므로, '양심적 일본인'은 재일한국인에게 '과도한 동정'을 하지 말고 오히려 '전후 일본의 어린 학생'들이나 더 신경 쓸 필요가 있는 것이다. 이것은 '양심적 일본인'이 무엇보다도 먼저 그들의 자녀들에게 '조선이 일본의 식민지'였다

---

51 앞의 글, 205~206쪽.

는 사실(事實)을 가르칠 필요가 있다고, 다시 말해서 전후 일본이 식민 통치에 대한 반성을 보다 철저히 해야 한다는 재일한국인의 비판이기도 하다. 때문에 채희종이 부제로 단 '어느 쪽이 가해자인가'에서 그 '어느 쪽'은 '양심적 일본인', 즉 진보주의도 포함하는 '전전·전중 세대 일본인' 전체인 것이다.

채희종의 글이 실리고 2년 정도 시간이 흐른 후 『쇼쿤!』에는 혼다 야스하루의 글 두 편이 실렸다. 혼다는 '요미우리신문사의 선배 중 도쿄대 출신에 평소 진보적 언사를 자주하던 Y'가 "내가 왜 조선인 따위에게 사과를 해야 하냐"[52]고 반문하던 기억을 회상하며 다음과 같이 적고 있다.

> 지금까지 일본에서 조선 문제를 파헤쳐 온 것은 주로 좌익이었다. 그럼 이러한 지극히 예외적인 사람들이 문제의 본질을 깨달았다고 할 수 있을까.
>
> 그들을 거기까지 몰아세운 것은 '계급의식'이다. 그리고 그들은 무엇인가를 붙여서 '계급적 연대'를 말한다. 그것은 조선 민중도 그들도 동일하게 일본 제국주의의 피해자였다는 논법에 기초한다.
>
> 실로 그것은 부분적으로는 진실이라 할 수 있다. 그러나 주관적으로는 어떠하든 우리가 가해국 측에 있었던 사실(事實)을 부정할 수는 없

---

52 本田靖春, 「大韓民国の憂鬱」, 『諸君!』 2-10, 1972. 11, 102쪽 참조(本田靖春, 1974, 『私の中の朝鮮人』, 文藝春秋, 14쪽). 혼다는 『쇼쿤!』의 글 두 편을 토대로 단행본 『내 안의 조선인』을 출간하였다. 단행본의 구성은 『쇼쿤!』에 실린 글을 그대로 전재하면서 재일한국인과의 개인적 경험 사례를 추가 기술한 형태를 취하고 있다. 본고에서 인용하는 부분은 『쇼쿤!』과 『내 안의 조선인』에 공통적으로 실린 글이므로, 인용 부분 확인의 용이성을 고려하여 단행본 『내 안의 조선인』에서 인용 페이지를 기입하기로 한다.

다. 피해국의 민중과 같은 선상에서 절대로 논해서는 안 된다. (중략) 여기에 Y와 같은 가짜 좌익의 결정적인 오류가 있다. 그는 일본과 조선의 관계를 역사적으로 재인식하려는 기획에 '분노'마저 터뜨렸다. 그는 가해자 측의 책임을 '계급의식'으로 바꿔친 것만이 아니라 '조선인 따위에게'라며 차별을 조장하는 언사를 하고도 부끄러워하지 않았다. 게다가 그가 편집국에서 안보 문제 등에 대해 '양심적'이고 '진보적'인 편집자 행세를 계속했던 것은 대체 어떻게 된 일인가.

나는 그처럼 '양심적'이지도 '진보적'이지도 않다. 그러나 조선인에 대해서는 일찍이 가해자였고, 지금도 가해자라는 인식을 분명히 한다.[53]

혼다는 스스로 '양심적'이지도 '진보적'이지도 않지만, '조선인에 대해서는 과거에도 지금도 가해자'라고 규정한다. 이것은 혼다의 문제의식이 조선민주주의인민공화국을 적시(敵視)하지 않는 전후 일본의 진보주의도 비판하던 재일한국인 채희종의 문제의식과 동일한 선상 위에 서 있음을 보여 준다.

그렇다면 혼다는 왜 재일한국인 채희종과 같은 문제의식을 지니게 되었을까. 그것은 혼다 자신이, 해방 이전인 1933년에 경성에서 태어나 13살까지 생활하다 귀국했으므로 해외여행에서 출생지, 즉 'Place of Birth'를 'Seoul, Korea'로 적어야 할지, 아니면 본적이 도쿄이므로 'Tokyo, Japan'이라 적어야 할지 고민하는, 재일한국인의 고민을 공유

---

53 위의 책, 21~22쪽.

하는 '재조일본인'이기 때문이다.[54] 다음 글을 보도록 하자.

나는 대부분의 일본인이 '조선인을 싫어한다'는 것을 알고 있다. 일본인의 '조선인 싫어하기(朝鮮人ぎらい)'는 제2차 세계대전의 패전 때문에 전후에는 표면화될 만한 기회가 적어졌다. 하지만 그들에 대한 멸시 사상이 근절되지 않았다는 것은 한 사람 한 사람 가슴에 손을 얹고 생각해 보면 무엇보다도 명백하다.

전후에 우리들은 '시나인(支那人)'을 '중국인'으로 바꿔 말하였다. 그리고 그 새로운 호칭은 이제 어떤 저항도 없이 사회에 정착하였다. 그러나 우리들이 조선인을 부를 때 느끼는, 주저함과 비슷한 감정은 29년이 지난 지금도 전혀 해소되지 않는다. 일찍이 우리들의 사회에서 '조선인'은 '조센, 조센, 무시하지마, 같은 밥 먹는데 뭐가 달라'의 '조센진'이고, 그 자체가 멸칭(蔑稱)이었다. 지금도 우리들이 조선인을 향해 당당히 '조선인'이라고 부를 수 없는 것은 그것이 과거의 멸칭과 동일한 '발음'이라는 점이 하나의 이유일 것이다.

전후 사회의 출발점은 메이지 이래의 제국주의·군국주의적 팽창을 우리 모두의 과오로서 뉘우치고 고치는 것에 있다고 한다. 일중 국교 회복에 이르는 도정에서 베이징을 향해 되풀이된, 때로는 적당하지도 않고 전체적으로는 불필요하기까지 했던 '죄송합니다'는, 그것이 비굴하다는 사람들의 목소리마저 구석으로 처박아 놓을 정도로 중국에 대한 일본인의 '우호의 맹서'임을 믿어 의심치 않았다. 무엇보다도 그

---

54 위의 책, 4~5쪽 참조.

증거로서 젊든 늙든 중화요리점에서 '시나소바(支那そば)'가 아니라 '중화소바'를 주문한다. 그리고 우리나라에서는 '타이완인'도 모두 '중국인'이다.

이와 비교해 보면, 우리들이 조선인을 솔직하게 '조선인'이라 부를 수 없는 것은 남북 분단의 탓만은 아니다. 우리들이 한국인이라 스스로를 부르는 사람들을 '조선인'으로 통일해서 부르는 것은 너무 나간 행동이다. 그렇다고 해서 우리들이 그들을 '한국인'이라 불렀었나 싶으면 그것도 아니다. '저쪽 분' 또는 '저쪽 출신'이라고 말만 정중히 하게 되었을 뿐이다. 하지만 그 실체는 변함없이 멸칭(蔑稱)이다. 게다가 그 것을 말할 때에는 '북'도 '남'도 관계없다. 60만 재일조선인 중 조총련에 속하는 사람들을 '조선인'이라 부르고, 거류민단과 관련된 사람들을 '한국인'이라 구분하는 것은 꽤 소양을 갖춘 인종이고, 대개는 동일하게 '저쪽 분'인 것이다.

전후 사회의 출발점은 우리들의 과오를 뉘우치고 고치는 것에 있다고 앞에서 말했지만, 과연 그렇다고 말할 수 있을까. 우리들은 중국인에게 했던 것처럼 조선인에게 사죄의 뜻을 표명한 적이 없다. 지금 인류의 역사는 한 나라의 군대가 타국 영토를 맘대로 들어가는 것을 무엇보다도 죄악으로 삼으며 부정하고 있다. 그리고 일찍이 중국에 대한 침략이 일본에 의한 조선 병합이라는 제국주의 정책의 연장선상에 있다는 것은 역사상 사실(事實)이다.[55]

---

55 위의 책, 185~187쪽.

여기에서 혼다는 전후 일본이 '메이지 이래 제국주의와 군국주의'의 과오를 뉘우치고 고치는 것에서 시작한다고 하면서도, 정작 그 대표적 '피해자'인 재일한국인에게는 일체 '사죄'하지 않는, 즉 '가해자' 의식이 없음을 지적한다. 따라서 혼다의 지적은 재일한국인을 지원하는 그 어떤 '양심적 일본인'이 놓치기 쉬운, "피해자와 가해자 사이에 걸쳐 있는 본질적인 균열을 인정"하며 스스로를 '반(半) 쪽발이'라 부르는 재조일본인이 '양심적 일본인'과 달리 새롭게 포착한 재일한국인 인식이자 전후 일본 사회에 대한 자기반성적 비판이었던 것이다.[56]

그렇다면 혼다의 한국 인식은 어떤 것일까. 다음은 1972년 8월, 그가 패전으로 일본에 귀국했다가 처음으로 다시 한국을 방문했을 때, 명동의 한 음식점에서 점심을 먹으면서 느꼈던 '감정'이다.

주의를 둘러보고 나는 맘이 불편해졌다. 넓은 가게에서 불고기를 먹으며 맥주잔을 기울이고 있는 것은 우리들 두 명뿐이었기 때문이다. 손님들은 모두 비빔밥이나 국밥, 어쨌든 밥 한 그릇에 김치뿐이었다. 이를 본 우리들은 한국에 머무는 동안은 저녁 이외에는 불고기를 먹지 말고 맥주도 마시지 않기로 하였다. 우리들은 왠지 우리 자신이 '진주군(進駐軍)'처럼 느껴졌기 때문이다.[57]

여행자가 식사하면서 맥주 한 잔하는 가벼운 행동에 불과한 것임에

---

56 위의 책, 150쪽.
57 위의 책, 41~42쪽.

도 불구하고, 자신을 '진주군'이라 느끼며 이후에는 점심에 절대 고기와 맥주를 하지 않은 행동은 다소 한국에 대한 혼다의 '과잉'이 아닌가 생각되기도 한다. 하지만 군수회사에 근무하던 아버지와 간호사 출신 어머니, 즉 '조선식민자 1세'였던 부모가 일상에서 드러냈던 '조선인 차별감(差別感)'을 상기하고 " '경성'에서 태어나 자란 나는 '조선에 있었다'고 말할 수 있을까"[58] 자문하고 있다는 점에서, 혼다는 재일한국인을 바라보는 시선의 연장선에서 한국을 바라보고 있는 것만은 분명하다. 그것은 '가해자'로서 식민지 지배의 책임과 사죄를 해야 한다는 역사 인식이다. 때문에 혼다는 당시 박 정권 타도를 전면적으로 주장하던 진보주의와는 다소 다른 한국 인식을 보여 준다.

나는 지금의 한국에서 과거의 일본을 보는 것 같다. 군대와 경찰에 의한 독재는 일본의 통치가 조선반도에 남긴 최악의 유물이고, 한국의 지배자들은 그 '충실한 계승자'로서 인간의 자유를 말살하였다. 한국의 민중에게 부끄러워해야 할 것은 우리들이 독재자 양성의 출발점과 같은 역할을 수행한 것에 있지 않을까. 29년 전에 사람들은 해방되지 않았다. 통치권이 '일본의 제복(制服)'에서 '한국의 제복'으로 이어졌을 뿐이기 때문이다. (중략)
일본의 대한(對韓) 민간투자는 73년 말 누계로 695건, 4억 3,600만 달러에 달한다. 이는 외국의 한국 투자 건수 중 82%, 금액으로는 67%를 차지하는 비율이다.

[58] 위의 책, 25~32쪽 참조.

한국에서 박 정권 비판이 그와 동시에 '대일 예속'에 대한 강한 반발을 내포하고 있는 것은 종종 지적되는 바이다. 대한 원조 즉시중지론에 동조할 마음은 없다. 하지만 장기적인 일한 관계를 전망했을 때 '원조'의 형태를 근본적으로 재검토해야 할 시기가 된 것은 분명하다. 그러나 반박(反朴) 감정이 뿌리 깊은 반일 감정과 공존하는 것을 보더라도, 그것은 우선 우리들의 문제이다. 한국의 부패를 초래한 원흉은 일본의 정치와 경제라는 비판을, 우리 자신의 문제로 겸허히 받아들이는 것부터 시작해야 한다.[59]

혼다는 한국 민중과 연대하여 박정희 정권을 타도하자는 진보주의 진영에게 "일국의 여론이 독립한 다른 국가의 정권을 감정에 휩싸여 살리거나 죽일 수 있다는 것은(또는 그럴 수 있다고 생각하는 것은) 매우 건강하지 못할 뿐 아니라, 그 나라 민중의 힘을 완전히 무시하는 것"[60]이라고 지적하는 한편, 오히려 '한국의 부패를 초래한 원흉은 군대와 경찰에 의한 일본의 통치와 (전후)일본의 정치와 경제라는 비판을 우리 자신의 문제로 겸허히 받아들이는 것부터 시작'할 것을 촉구하고 있다. 혼다도 당시의 진보주의와 동일하게 "박 정권과 같은 지배 체제를 단 한 번도 좋다고 생각해 본 적"[61]은 없다. 하지만 한국의 박정희 정권 타도 운동을 지원하는 것보다 우선되어야 하는 것은 한국에 '군대와 경찰에 의한 독재'

59 위의 책, 228~229쪽.
60 위의 책, 216쪽.
61 위의 책, 224쪽.

라는 일본 통치의 흔적을 남겼다는 자기반성인 것이다. 이런 의미에서 혼다에게 한국은 '내 안의 한국'이었다.

4. 맺음말

이상, 1970년대의 『쇼쿤!』에 실린 한국 관련 기사를 분석해 본 결과는 다음과 같다.

첫째, 당시 진보주의 진영의 한국 인식을 비판하는, 즉 냉전 이데올로기에 포섭된 한국 인식이었다. 그렇다고 해서 그 내용이 선행 연구에서 지적하듯 '노골적인 반공, 반민주화 운동, 반조선 캠페인을 확대시키는 것'은 아니었다. 오히려 그 정반대였다. 오카자키의 경우는 '정치'가 아닌 '경제'를 통해서 한국의 근대화에 기여함으로써 한국과 일본의 '상호 혐오'를 해소하자는 주장이고, 혼다의 경우는 식민 통치의 '가해자'라는 역사 인식을 지니고 뿌리 깊게 내면화된 (진보주의도 포함하는) 일본인의 '조선 차별 감정'을 스스로 반성하는 것부터 시작하자는 주장이다. 그 결과 1970년대 『쇼쿤!』에는 한일 관계의 새로운 우호 관계를 설정함에 있어서 식민 통치에 대한 일본의 반성이나 사죄보다는 현실적인 경제 지원을 중시하는 입장(오카자키)과 정치적·경제적 지원보다도 우선적으로 식민 통치와 '조선인 차별'에 대한 역사적 차원의 자성(自省)을 중시하는 입장(혼다)이 공존하고 있다.

둘째, 냉전 이데올로기에 포섭된 한국 인식이었다고 해서 북한이라는 존재를 '부정'하지는 않았다. 그렇다고 해서 적극적으로 '긍정'하지도 않는 태도를 견지하고 있다. 북한 관련 기사로는 1972년 11월에 실렸던 미국 및 캐나다 저널리스트 마크 게인(Mark Gayn)[62]의 「교조 김일성의 조선(教祖金日成の朝鮮)」이 유일하다. 이것은 그가 1972년에 북한을 방문하고 『뉴욕타임스(The New York Times)』에 발표한 "The Cult of KIM"을 번역한 것이다. 『쇼쿤!』 편집부는 "일부에서 보이는 그저 '납작 엎드린 보고(報告)' 또는 거꾸로 형언하기 어려운 중상(中傷)만을 목적으로 하는 '논문'과 달리 인정할 것은 인정하면서도 많은 모순과 곤란을 안고 고투하는 북조선의 있는 그대로의 모습을 서술한 특색 있는 보고서"[63]라고 소개하고 있다. 『세카이』가 1972년부터 일본인이 쓴 「김일성 회견기」를 연재했던 것을 상기한다면, 1973년 1월에 『쇼쿤!』이 일본인이 아니라 서양인의 '있는 그대로의' 북한 방문기를 싣고 있다는 것은, 북한에 대한 '환상'으로부터 거리를 두고 '쿨'하게 보려는 보수주의 잡지 『쇼쿤!』의 편집 방침에 충실한 결과라 할 것이다.

이상과 같이 1970년대의 보수주의 잡지 『쇼쿤!』은 좌우 어느 쪽에도 치우치지 않는, 이른바 '자유주의'를 표방하며 새로운 한일 관계를 지향하고 있었다. 하지만 그 안에는 냉전 이데올로기라는 자장 안에서 식민

---

62 마크 게인은 저서 『재팬 다이어리(Japan Diary)』(William Sloane Associates, 1948)에서 김일성이 죽은 유명 게릴라의 이름을 도용했다는 내용을 기술하고 있다. 그는 일관되게 북한의 김일성 체제와 중화인민공화국의 마오쩌둥 체제를 비판하는 입장을 취하였다. 참고로 『재팬 다이어리』에서 한국 관련 내용은 『해방과 미군정』(까치, 1986)이라는 제목으로 출판되었다.
63 マーク・ゲイン, 1973. 1, 「教祖金日成の朝鮮」, 『諸君!』 5-1, 179쪽.

통치에 대한 반성과 사죄를 중시하는 한국 인식과 그렇지 않은 한국 인식이 공존하고 있었다. 이러한 공존은 1980년대에 들어 '전후 총결산'을 기치로 내건 나카소네 야스히로 내각이 들어서면서 파열음이 나오기 시작하였다. 식민 통치의 반성과 사죄를 우선시하던 입장은 1980년대 들어서도 여전히 재일한국인의 지문 날인 거부 운동을 보편적 인권의 차원에서 지원하였다. 반면에 식민 통치의 반성과 사죄보다 경제협력을 중시하던 입장은 1982년에 발생한 일본의 역사 교과서 문제가 한국과 일본만이 아니라 중국도 참여하는 국제 문제로 확대되자 전면적으로 식민 통치를 긍정하는 역사수정주의로의 선회를 시작한 것이다.[64] 그리고 그 과정에서 『쇼쿤!』도 지금까지는 적어도 일본의 식민지 책임을 부정하지는 않던 보수주의 논조를 배제하고, 식민지 책임 자체를 부정하는 우익주의[65] 논조를 적극적으로 표방하기 시작하였다. 이와 같은 1980년 『쇼쿤!』의 논조 변화, 그리고 그에 따른 한국 인식의 변화는 이후의 과제로 삼고자 한다.

---

64 박삼헌, 2010, 「1980년대 일본의 교육개혁과 '임시교육심의회'」, 한일관계사 연구논집 편찬위원회 편, 『해방 후 한일 간 상호 인식과 역사 교과서 편찬의 변화』, 경인문화사 참조.

65 오늘날 우익은 국가주의, 민족주의, 제국주의, 전체주의 또는 국가사회주의를 포함하는 개념으로 이해되며, 광신적 배외주의, 인종주의 등 국가에 대한 과도한 충성심과 사회주의, 공산주의에 대한 적대심을 지닌 것으로 이해된다(堀幸雄, 2006, 『最新 右翼辞典』, 柏書房, 49~50쪽). 따라서 1980년대 『쇼쿤!』의 논조는 일본의 식민지 책임을 '부정'하고 있다는 점에서 1970년대와 달리 '우익주의'적 논조라 평가할 수 있다.

| 참고 문헌 |

- 곽진오(2002), 「육영수의 죽음과 한·일간의 갈등-갈등구조극복 한계를 중심으로-」, 『한일 관계사연구』제16집.
- 김무성(2005), 『일본 잡지 『세카이(世界)』지에 나타난 북한상에 관한 연구』, 서울대학교 대학원 석사학위논문.
- 김영미(2011), 「외교문서로 통해서 본 김대중 납치사건과 한·일 연대」, 『한국근현대사연구』58.
- 김은경(2010), 「냉전 변용기의 한일 관계의 전개-김대중 납치사건과 박정희 대통령 저격사건을 중심으로-」, 『일본공간』7호.
- 박삼헌(2010), 「1980년대 일본의 교육개혁과 '임시교육심의회'」, 한일 관계사연구논집 편찬위원회 편 『해방 후 한일간 상호 인식과 역사 교과서 편찬의 변화』, 경인문화사.
- 오쿠 다케노리 지음, 송석원 옮김(2011), 『논단의 전후사 1945~1970』, 小花.
- 윤건차 지음, 박진우 외 옮김(2009), 『교착된 사상의 현대사』, 창비.
- 이완범(2007), 「김대중 납치사건과 박정희 저격사건」, 『역사비평』80호.
- 이정환(2019), 「오카자키 히사히코(岡崎久彦)의 현실주의적 안보론과 일본적 민주주의론」, 『일본연구』제79호.
- 임상민(2017), 「김희로 사건과 김달수-정기간행물 『김희로공판대책위원회뉴스』를 중심으로-」, 『日本語文學』第72輯.
- 임상민(2018), 「일본문학과 재일조선인 범죄학 연구」, 『일본 문화학보』제77집.
- 임성모(2011), 「냉전기 일본 진보파 지식인의 한국 인식-『세카이』의 북송·한일회담 보도를 중심으로-」『동북아역사논총』33호(성공회대학교 동아시아연구소 기획, 권혁태·조경희 엮음, 2017, 『두 번째 '전후'』, 한울아카데미 수록).
- 정호석(2019), 「전후(戰後)를 사는 '오모니'-재일한인 모성 표상의 계보학-」, 『일본비평』21호.
- 조경희(2012), 「'조선인 사형수'를 둘러싼 전유의 구도:고마쓰가와 사건(小松川事件)과 일본/'조선'」, 『東方學志』제158집.
- 지명관 지음, 김경희 옮김(2008), 『한국으로부터의 통신』, 창비.

- 阿川尚之(1999), 「『左翼伝染病』からの逃走」, 文芸春秋編『『諸君!』の30年』, 文藝春秋.
- 岡崎久彦(1976), 「韓国の人々に訴える」, 『自由』18-1・2, 自由社.
- 岡崎久彦(2006), 『なぜ日本人は韓国人が嫌いなのか-隣の国で考えたこと-』, WAC.
- 上丸洋一(2011), 『『諸君!』『正論』の研究-保守言論はどう変容してきたか-』, 岩波書店.
- 西岡力(1980), 「雑誌『世界』は朝鮮をどうみたか」(上)・(中)・(下), 『朝鮮研究』197号・198号・201号.
- 本田靖春(1974), 『私のなかの朝鮮人』, 文藝春秋.

제8장

전후 일본 정체성 담론의 국내적 내파와 대외적 굴절

– 오키나와 배제와 동아시아 주변화

| 최은봉 ■ 이화여자대학교 정치외교학과 교수 |

* 이 글은 『일본역사연구』 제51집(2020. 4. 30), 89~130쪽에 게재된 원고를 수정 · 보완한 것이다.

1. 머리말

일본만큼 일본인은 누구인가, 일본은 어떤 나라인가, 일본문화의 본질은 무엇인가에 대한 질문이 끊임없이 제기되는 나라도 많지 않다.[1] 이러한 질문의 요체는 국민과 국가의 정체성(아이덴티티)으로 집중된다. 일본, 일본인, 일본문화에 대한 질문이 상시적으로 던져진다고 하지만 정체성에 대한 관심이 쏟아지며 분출하는 특정 시기가 있다.[2] 일본의 전후에 대한 여러 분야의 연구들은 전후 중기, 특히 1960년대가 정체성에 대한 질문이 촉발되었고 그 후의 일본인론(日本人論, 니혼진론), 일본문화론의 붐을 이끈 시기였다는 점을 지적한다.[3] 전후 개념은 시점에 따라 논쟁적이지만 이 글에서는 1960년대를 전후 중기로 잠정적으로 구분한다. 그렇다면 왜 이 시기에 그렇게 다양한 일본론, 일본인론, 일본문화론이 등장했는가? 그러한 논의에서 유추할 수 있는 전후 일본 정체성의 핵심은 무엇이고 그것이 전후 일본의 중요한 국내외 정책을 어떠한 방향으로 유도했는가? 이 연구는 이러한 문제의식에서 출발한다.

그것에 답하기 위해 우선 전후의 유동적 시대 배경하에 1960년대에 정체성 담론이 등장하여 그 후 다양한 관점이 붐을 이루며 경합적으로

---

1 케네스 B. 파일 저, 이종삼 역, 『강대국 일본의 부활』, 서울: 한울, 2008.
2 아오키 다모츠 저, 최경국 역. 『일본문화론의 변용』, 서울: 소화, 2012.
3 김용운, 「전후 일본인론의 동향」, 『비교일본학』 5, 1997a, 67~80; 박용구, 「일본문학, 일본학 : 전환기 일본인론의 과제」, 『일어일문학연구』 52(2), 2005, 225~243; 「21세기 일본인론의 패러다임 시프트: 전망과 과제」, 『일어일문학연구』 96(2), 2016, 437~457.

전개되도록 작용한 국면을 추적한다.[4] 이 시기에 '신생 일본'으로서 새로운 정체성을 구축하고자 하는 동력이 형성되어 기존 정체성이 위기에 직면하는 단계를 거쳐 국민과 국가의 정체성의 내용이 창발적으로 구성되었다. 이렇게 형성된 정체성의 지향성은 대내적으로는 내셔널리즘(nationalism)을 강조하고 대외적으로는 중상주의(mercantalism)로 표상되는 양태였으며 당대의 국가이익 편향적인 경제대국으로 부상하고자 하는 전후 일본 구상이었다는 점을 밝힌다.

내셔널리즘은 민족주의, 국민주의, 국가주의라는 다양한 의미로 번역되기도 한다. 내셔널리즘은 역사적 상황과 조건에 따라 게양, 고무의 감정이나 혐오, 증오의 감정을 불러일으킨다. 내셔널리즘이 이데올로기나 운동의 차원에서는 자유와 독립 혹은 억압과 침략을 뜻하기도 한다. 근대 세계의 역사에서 민족 국가가 주요 정치적 단위가 되어 전개한 가해-피해의 대립과 인정 투쟁의 역사적 궤적은 그 대표적인 사례이다.[5] 근대 일본 제국이 한반도와 타이완을 포함한 식민화와 류큐(琉球, 오키나와) 병합 등을 추진한 것은 전형적으로 이러한 범주이다.[6] 본고에서는 전후 일본 정체성의 구성요소로서 내셔널리즘의 게양에 주목하며 내셔널리즘을 다의적으로 사용한다. 그러나 일본 열도 내에서 오키나와에 대해 일본 본토가 주도한 국민 통합의 이중적이며 양가적인 입장을 다루고자 하므

---

4 오구마 에이지 저, 조현석 역, 『일본 단일 민족 신화의 기원』, 서울: 소명출판, 2003; 조성은 역, 『민주와 애국: 전후 내셔널리즘과 공공성』, 파주: 돌베개, 2019.
5 마이클 빌그리 저, 유충현 역, 『일상적 국민주의』, 서울: 그린비, 2020.
6 강상규, 「일본의 유구 병합과 동아시아 질서의 변동」, 『지방사와 지방문화』10(1), 2007, 7-48.

로 이 경우 내셔널리즘은 주로 국민주의의 차원에서 소환될 것이다.

중상주의는 근대국가가 형성되는 15~18세기 기간에 유럽에서 국가의 안보를 확립하기 위해 정치적으로 강력한 왕정 체제를 수립하고 경제적으로는 국가의 간섭과 통제를 필요로 하는 상황에 대응하여 등장한 사조이다. 중상주의자는 국가의 독립을 유지하고 안보를 지키는 것이 국가의 기본적인 책무라고 간주한다. 중상주의는 충분한 국부와 국력을 창출하고 유지하기 위한 책임은 국가에 있다고 전제한다. 중상주의 정책의 목표는 국가의 번영과 국력의 신장이다. 국가를 지키고 안보를 유지하기 위해서는 막대한 비용이 수반되므로 국가 안보의 핵심 요소는 부유한 국가가 되는 것일 수밖에 없다. 국부는 국력을 강화시키고, 강화된 국력은 다시 국부를 축적하고, 증가한 국부는 국가를 번영시키고 안전하게 만든다고 가정한다. 중상주의는 국부와 국력 간에 선순환 관계가 형성되는 것을 전제로 한다.

18세기 말과 19세기에 들어서면서 고전적 중상주의는 경제국가주의(economic nationalism)의 형태로 전개되기 시작했다. 이는 경제력의 독립적 위상을 강조하며 외부 의존성의 심화를 억제하기 위해 국가가 시장을 통제하여 육성해야 한다는 것이다. 경제국가주의는 개인의 경제적 이익보다 국가의 경제적 이익이 우선해야 하고 강력한 국가의 개입을 통해서 국가의 자율성하에 국부를 추진해야 한다고 주장한다. 20세기 후반 예측하기 어려운 세계가 전개되자 기존의 중상주의를 좀 더 세밀한 형태로 변용한 것이 신중상주의와 그에 동반되는 다양한 방식의 보호주의이다. 일본의 근대화 과정은 군부 및 천황의 역할 변화에 따라 변모를 거치기는 했지만, 메이지유신 이후 제2차 세계대전을 기점으로 전전과 전후의 구분과 상관없이 일관되게 국가 중심의 산업화에 기반한 중상주의 정책을 표방해 왔다. 이러한 특징은 샌프란시스코 강화조약(대일강화조약, 1952년 발효) 이후 동아시아 국가들과의 관계를 재구축하는 이른바 국교 정상화와 배상 외교의 과정에서 식민주의와 제국주의에 대한 책임을 결락한 채 수출 중시의 경제 교역 추구와 국수주의적 보호주의의 전개에도 투사되었다.

국제적으로 세계대전 종결에 이어 전개된 냉전의 맥락하에 동아시아에서 한국전과 베트남전을 경험한 시대가 1960년대이다. 이 시기는 일본의 정치사회적 주요한 변화와도 맞물려 있는 역사적 변곡점이자 국내외로 복합적 의미를 지니는 중대 국면이었다. 특히 1968년은 메이지 유신 100주년을 맞아 일본의 근대화에 대한 재평가와 국가 진로의 재설정 및 전후에 대한 새로운 인식 구축을 강조하는 상징적인 해였다. 일례로 전후는 끝났다, 전후는 끝났는가를 중심으로 '전후론'의 논쟁이 다차원에서 전개되어 다양한 논거가 제시되고 치열한 논박이 설파되기도 했다. 이런 점에서 전후 중기에 정체성 담론이 붐을 이루었던 것은 정체성의 위기를 반증하는 것이었다고도 할 수 있다.[7]

정체성 연구를 개척한 에릭슨(Erik Homburger Erikson)은 정체성의 위기라는 신조어를 만들었다. 정체성의 위기가 발생하는 맥락은, 사회를 구성하는 모든 주민들이 원집단에서 갖고 온 다양한 정체성을 모두 포함하면서도 동시에 이를 능가하는 수퍼 정체성(super-identity)을 만들려고 할

---

7 요시노 코사쿠 저, 김태영 역, 『현대 일본의 문화내셔널리즘: 현대 일본 아이덴티티의 행방』, 서울: 일본어뱅크, 2001.

때이며, 그런 상황에서 진정 정체성이 무엇인지를 사회적으로 개념화하려는 노력을 기울이게 된다.

1960년대 일본 외교문서의 내용을 분석한 연구에 의하면 당시 일본의 외교 방향은 동아시아 지향성을 보여 주고 있는 것도 일면 사실이다.[8] 그러나 관계 재구축은 신뢰를 회복한 대등한 관계 개선이라기보다는 역사 화해를 덮어 두고 일본의 국가이익을 우선시하는 경제협력 등을 명분으로 한 협의의 배상 외교 방식으로 전개되었다. 물론 식민주의와 전쟁의 책임을 미루도록 한 구조적 유인은 반공 냉전의 환경에서 발생했다. 그에 더해 중국(1951년은 중화민국, 1972년은 중국인민공화국)이 일본에 대한 전후 배상 청구를 포기함으로써 일본의 전쟁 책임에 대한 국제법적 추궁의 명분이 약화된 점도 분명히 있다.[9] 그러나 무엇보다 중요한 것은 당시 일본에서 정체성의 국민주의적 요소와 중상주의적 요소가 연속선상에서 전후 부흥과 경제 최우선의 이데올로기로 표상되었다는 점이다. 이에 따라 일본은 국가를 중심으로 하는 구성원의 소속감과 열의를 강조하고 국가이익의 공리적 구현을 목적함수로 배치하는 발전국가 모델을 정형화했다. 동아시아 차원에서도 공동체적 공생을 추구하는 아이디어를 일본이 제시한 적이 거의 없고 그렇기에 역사 문제 해결을 위한 주도적 역할은 발휘되지 않았다. 오히려 일본을 필두로 한 기러

---

8 최은봉·신재민, 「일본 외교정책의 동아시아 지향성: 1990년대 이후 외상 국회연례연설의 내용분석을 중심으로」, 『일본연구』 20, 2008, 25~44쪽, 外交靑書, 1957~1969年.

9 Seung-Hee Oh and Eunbong Choi. 2015. "Seperating Economy from Politics? Japan's Coexistence Strategy with Two China's in the 1960s." *Korean Journal of International Studies* 13(2).

기 대형이 동아시아 자본주의 경제발전 모형으로 제시되었다. 일본 외교에 있어서 동아시아는 주변화됨과 동시에 경제적 연계망에 기능적으로 포섭되는 제한적 결과가 초래되었다.

1960년대 일본의 정치적 공간에서 국가란 잔여주권(residual sovereignty)의 영역인 오키나와는 제외된 채 성립한 주체였다. 정체성의 내셔널리즘적(국민주의적) 요소는 실효 지배의 범위가 아니었던 오키나와의 주민을 사실상 비국민으로 규정하고 배제시켰다. 오키나와에 대한 주권적 애매함에 직면해야 했던 전후 신생 일본 국가의 입장은 바로 그 국가가 지향하던 사회 통합의 제한성과 이중성을 노정하였고, 역설적으로 내셔널리즘(국민주의)의 균열과 내파를 초래하였다. 다른 한편으로 정체성의 중상주의적 요소는 대외적으로 동아시아 외교에 영향을 미쳐 제국주의 청산 외교의 도덕적 기준을 최소한화하고 경제적 협력의 외양을 띤 배상에 한정하여 동아시아 외교를 전개하였다.[10] 이러한 추이는 대미 외교의 주류화와 중심화 현상과 극명하게 대비되었고 동아시아를 주변화하는 모순적이고 굴절된 국수주의적 양상으로 전개되었다. 이처럼 전후 일본 구상은 내셔널리즘(국민주의) 정체성의 국내적 내파와 중상주의 정체성의 대외적 굴절을 거쳐 오키나와에 대해서는 배제, 그리고 동아시아에 대해서는 주변화라는 몰역사적 사유 방식과 자의적 행동 양

---

10 박홍영, 「일본 배상 외교정책의 특징과 전략: 베트남 공화국에의 전후 배상(1953~1965)」, 『한국정치학회보』 34(3), 2000, 313~328쪽; 『일본 ODA와 국제정치』, 서울: 한울, 2006; 「일본 외교 50년의 정체성과 냉전 '문제'」, 『아시아문화연구』 48, 2018, 213~248쪽; 이정환, 「일본 정부 개발 원조의 보편주의적 이상과 특수주의적 역설: 이익선과 인간안보 사이에서」, 『세계정치』 24, 서울대 국제문제연구소, 2016; 김석수, 「일본 정부개발원조와 국익의 연계」, 『문화와 정치』 3(1), 2016, 83~108쪽.

식을 정착시켰다. 통시적으로 돌아보면 1960년대는 냉전 등의 영향이 일본의 선택에 여러 제한적 요소로 작용하기도 했지만, 국내에서의 사회적 통합과 대외적으로 회복적 외교의 시도가 가능한 기회 공간이 개방된 환경이었던 것으로 평가된다. 그러나 일본이 보여 준 편향적 정체성의 지향은 식민지 기억을 은폐하고 전쟁 책임을 지연시키거나 회피하는 구조로 작용하였다.[11] 그 결과 일본의 사회 통합의 구축을 불완전하게 귀결시킨 것은 물론, 동아시아와의 선린 관계[12]의 형성을 저해하는 부정적 유산과 미해결의 역사적 과제를 남겼다.

이 글에서는 우선 전후 중기 1960년대 일본의 정치사회적 변화와 더불어 등장한 다양한 일본론, 일본인론과 국가 정체성 관련 논의를 추적하여 등장 배경과 주요 내용을 회고조망의 시야에서 살펴본다. 다음으로 여러 다채로운 정체성의 주장들이 전후 일본의 국가와 사회 차원에서 새로운 국가 정체성을 구축하고 형성하는 데 환경을 제공하고 신일본 구상의 배경으로 작용한 점을 고찰한다. 나아가서 그것이 일본인의 '기억의 취사선택'[13]의 구성적 환류 메커니즘을 거쳐 오키나와섬을 주권의 '예외상태'에 처하게 하고[14] 오키나와 주민을 비국민화하는 공식적, 비공식적 입장에 내재화되었다는 점을 밝힌다. 또한 일본과 동아시

---

11 김상준, 「일본의 전쟁기억과 공동체의 상상: 기억과 사회적 재생산을 중심으로」, 『일본연구논총』 30, 2009, 31~55쪽.
12 다케우치 요시미 저, 서광덕·백지운 역, 『일본과 아시아』, 서울: 소명출판, 2004; 마리우스 젠센 저, 지명관 역, 『일본과 동아시아 이웃나라들』, 서울: 소화, 2002
13 박삼헌, 「아베 정권의 메이지 기억과 정치: 메이지 150년 기념사업을 중심으로」, 『일본역사연구』 48집, 2018, 5~27쪽.
14 조르조 아감벤 저, 김항 역, 『예외상태』, 서울: 새물결, 2009.

아 국가와의 관계 재구축 과정에서 중상주의적 정체성에 기반한 일본의 태도에 영향을 끼쳤다는 점을 추적한다. 동아시아 국가와의 배상 교섭 중 몇가지 사례를 선정하여 국교 정상화라는 명분으로 추진되었으나 경제협력 및 경제원조의 부각과 도덕적 기준의 약화로 인해 실질적으로 미완의 관계 정상화에 머물게 된 한계점에 초점을 맞추어 설명한다.[15] 전후 일본 정체성의 내셔널리즘(국민주의)적 내파와 중상주의적 굴절이 남긴 국민 통합의 결락과 동아시아 신뢰 구축의 어긋남[16]이라는 유산은 현재진행형의 역사에 자취를 남기고 있다.

2. 정체성 담론과 전후 일본 구상

1) 정체성 담론과 정체성 정치

정체성(identity)은 사회에 둘러싸여 있는 개인으로서의 자신이나 집단

---

15 이원덕, 『한일과거사처리의 원점: 일본의 전후 처리 외교와 한일회담』, 서울: 서울대학교 출판부, 1996; 「일본의 전후 배상 외교에 관한 고찰 – 국제 비교의 관점 –」, 『동북아역사논총』 22, 2008, 7~36쪽; 윤석정, 「관대한 대일 강화조약과 이승만 정권의 강화조약 외교: 일본의 군사적 주권 문제와 이를 둘러싼 한미 간의 마찰」, 『동북아역사논총』 63, 2019, 367~396쪽.

16 Eunbong Choi and Min Ju Lee, 2019, "How Is the Distrust Trap Pervasive in East Asia?: Focusing on Incomplete Sovereignty with a Prospect Theory." *Journal of Peace and Unification*, 9(2).

으로서의 자신이 타자와는 다른 고유의 의미를 갖는 존재인지 아닌지를 문제로 할 때 기초가 되는 개념으로 존재 의의나 신원의 의미를 지닌다. 변하지 않는 존재의 본질을 깨닫는 성질 또는 그 성질을 가진 독립적인 존재를 의미한다. 에릭슨의 정신분석적 자아심리학과 올포트(Floyd Henry Allport)의 인격심리학에서 사용한 용어이다. 국가 정체성은 national identity 혹은 state identity로 표현되는데 내셔널 아이덴티티는 '국민 정체성', '민족 정체성'으로도 번역하여 혼용되기도 한다. 국가 정체성은 개별 국가의 전통이나 특성으로서의 정체성이 국가를 통해 투영되어 보이는 인지적 결과라고 할 수 있다. 인지적 결과가 약하거나 기대 이하일 경우에는 개별 국가의 정체성이 제대로 구축되지 않았다고 판단하게 된다. 그 반대로 그 국가의 정체성 구축 요소, 즉 고유한 특성으로서의 문화와 역사, 영토로서의 경험 또는 독특한 특성이 관찰자에게 확실하게 전달되었다면 구축된 정체성이 제대로 인지되었다고 할 수 있다. 아이덴티티라는 단어가 확인하다(identify)란 말에서 유래했다는 사실은 정체성이 자기가 아닌 타인에 의한 확인과 증명을 통해 형성되는 것임을 시사한다. 자아와 정체성은 각각의 개념 규정에 대해서 그리고 양자의 관계에 대해서 복수의 의견이 있지만, 대체로 자아는 개인적 정체성, 정체성은 사회적 정체성을 의미하는 것으로 간주한다.

정체성은 한 사람의 인간이 성장해 가는 과정에서 획득한 자기자신의 연속성과 안정성에 관한 자아 인식이다. 또한 자신이 어떤 사람인지를 타인에게 이해시키고 신뢰받을 수 있는 형태로 나타나는 표지이다. 정체성은 자신이 어떠한 사람인지의 위치를 사회 속에 부여하고 타인과의 관계에서 이해와 관심을 높이기 위해 이용되는 집합적 속성을 나타내는 추상적 개념이다. 어떤 아이덴티티를 공유한 사람들은 그것을 매개로 서로 이해하고 관심을 공유하고 있다고 믿고 하나로 행동하려는 경향이 있다. 따라서 정체성은 국민이나 민족의 결집을 촉구할 때 중요한 개념이다.

이에 대한 기존 연구의 구별 기준은 모호하나, 이 글은 national identity가 국가의 구성원인 국민의 입장에서 국가로부터 느끼는 소속감과 관련된 것이라면, state identity는 국내 혹은 국제정치에서 주권(sovereignty)을 소유하고 행사하는 정치체로서의 국가가 스스로를 인식하는 정체성이라는 점에 주목하는 것으로 구분하되 통합적으로 보고자 한다. 본 연구에서 사용하고자 하는 '국가 정체성'은 이 두 개념을 모두 포괄하여 국내에서는 국민이 국가로부터 느끼는 소속감이 국가 정체성을 구성하고, 이것이 국제정치의 행위자인 국가에 투영되는 것으로 보고자 한다.[17] National identity와 관련해서는 "민족이나 국가에 느끼는 소속감"으로 "관계·담론·맥락·접촉·역사적 경험 등 다양한 요소들을 통해" 정치적으로 구성되는 개념이라는 정의가 존재한다.[18] 주권국가의 변화에 따라 국가 정체성도 변화하지만, 이전 정치체로부터 형성된 가치나 기억, 문화, 역사 등은 사라지지 않는다고 보는 견해도 있다.[19]

---

17 양승태, 「국가 정체성 문제와 정치학 연구: 무엇을 어떻게」, 『한국정치학회보』 40(5), 2006, 65~79쪽; 마이클 빌그리 저, 유충현 역, 『일상적 국민주의』, 서울: 그린비, 2020.

18 Richard R. Verdugo et al. *National Identity: Theory and Research*. Charlotte, NC: Information Age Publishing, 2016, 2-3.

19 Grigol Ubiria, "Nation-State, National Identity, and National Culture in the Era of Globalization." In *Imagined Identities: Identity Formation in the Age of Globalism* ed. Pultar, Gönül. Syracuse: Syracuse University Press, 2014.

카스텔(Manuel Castells)은 정체성의 사회적 구성이 언제나 권력관계의 맥락 안에서 발생한다는 전제하에 정체성 구성의 근원과 형태를 세가지로 분류했다. 첫째, 정당화 정체성은 사회 행위자와 비교하여 자신의 지배를 확대 또는 합리화하기 위해 사회의 지배적인 제도에 따라 도입된다. 이는 권위와 지배 이론의 핵심 주제이며 민족주의 이론과도 연관이 된다. 둘째, 저항적 정체성은 정체성 정치의 출현을 예고한다. 지배 논리에 의해 폄하되거나 비난받는 처지에 있는 행위자들이 생성하며, 사회제도에 확산되어 있는 원리와는 구분되거나 반대되는 원리에 기반하여 저항과 생존의 경향을 구축한다. 셋째, 기획적 정체성이 드러나는 것은 어떠한 사회 행위자들이든 간에 그들에게 이용 가능한 문화적 자산에 기반하여 사회 가운데서 자신들의 지위를 재정의하는 새로운 정체성을 추구하려고 할 때이다.[20]

미첸(Jennifer Mitzen)에 의하면 국가(state)는 존재론적 안보(ontological security)를 추구하는 존재이며, 존재론적 안보란 중요한 상대와 관례화된(routinizing) 관계를 형성하고 그 관계에 종속되는 것을 의미한다.[21] 이때 존재론적 안보를 추구하는 국가는 정치적 갈등이 발생하거나 지속된다 할지라도 이로 인해 구축된 관계가 충분한 존재론적 안보 이익을 제공한다면 갈등을 방지하지 않는 경향을 보인다고 주장하였다.[22] 이 관계의 바탕에는 기초적 신뢰(basic trust)가 존재하는데, 상대 국가의 행

---

20 마누엘 카스텔 저, 정병순 역, 『정체성 권력』, 서울: 한울, 2008.
21 Jennifer Mitzen. 2006. "Ontological Security in World Politics: State Identity and the Security Dilemma." *European Journal of International Relations* 12(3), 341.
22 위의 책, 347쪽.

동과 의도를 지속적으로 관찰하고 경험한 결과가 축적되면 기초적 신뢰가 형성된다.[23] 미첸은 존재론적 안보가 실제 국가 행위에 미치는 영향과 관련하여 국가 정체성의 역할에 주목하였다. 그에 따르면 국가 정체성(state identity)은 정치 행위자로서 국가의 자기 인식으로, 국가가 어떤 행위를 할 것인가를 결정하는 데 영향을 미칠 뿐 아니라 그 행위의 결과가 정체성을 유지시키거나 변화시키는 데 다시 영향을 준다.[24] 이는 국가라는 행위자는 자신의 안전이 보장되는지에 대해 스스로 인식하고 판단하는 존재라는 것을 전제로 한다.

정체성의 구분은 사회정체성, 개인정체성, 자아정체성으로 나누는 어빙 고프만(Erving Goffman)의 분류가 편의적으로 받아들여지고 있지만, 여러 연구자들이 지적하듯이 일반적으로 차원을 구분하지 않은 채 논의가 뒤섞여 혼란스럽기도 하다. 간략한 범주화에 따르면, 집단 차원에서 이미 특정 모습을 갖춘 정체성이 있을 것으로 전제하고 그것이 무엇인지 추적하는 방식을 본질주의적 패러다임이라고 할 수 있다. 반면, 정체성을 언어와 병치시키는 언어 패러다임은 언어에 의해 정체성이 재현되는 것을 강조한다. 이에 더하여 권력 패러다임은 외부의 상황과 영향력에 반응하여 그 압력에 적응해 가는 방식에 주목하여 권력에 의해 정체성 없는 주체가 존재하게 되는 점을 밝히고자 한다. 이런 상황으로 인해 정체성의 정체를 밝히는 것이 가장 난제라는 말도 있다.

이 글에서는 1960년대 일본의 정체성을 규명하기 위해 위의 구분에

---

23 위의 책, 343쪽.
24 위의 책, 346~347쪽.

서 사회 정체성의 수준에 초점을 맞추고 권력 패러다임을 차용한다면 도구적 유용성이 있을 것으로 본다. 헌팅턴(Samuel P. Huntington)은 사람은 이성만으로 살지 않고, 자아를 규정하기 전까지는 자기 이익을 추구하면서 합리적으로 계산하고 행동할 수 없다고 했다. 그렇기 때문에 이익 추구 정치에는 항상 정체성이 전제되어 있고, 그 이음새가 권력이 개입하는 지점이다. 정체성과 이익의 길항적 관계가 표출된 현상을 정체성 정치라고 명명한 것은 비교적 최근의 시도이다. 정체성 정치는 정체성이 사회적 맥락에서 출현하며 권력과 연계되어 작동하는 구조를 문제시하며 1970년대부터 주로 미국의 문화적 변화를 중심으로 거론된 개념이다. 인종, 성, 종교, 계급, 지역 등으로 분화된 집단이 각 집단의 정체성 정치의 주체로 등장하여 권리를 주장하는 활동을 말한다. 주류 문화가 전제되고 차이나 차별로 인해 주류 문화에 속하지 못한 집단의 주변화(marginalization)가 표출된다. 이때 갈등이 심각해져서 극단화될 경우 기존의 공동 자산과 상호 이해가 파괴되는 문화 전쟁으로까지 나아간다.

1960년대 일본의 오키나와 문제에 이러한 정체성 정치의 개념을 재해석해서 소급 적용해 보는 것도 의미가 있다. 물론 정체성 정치가 현실적으로 미국 사회의 고유한 다양성을 전제로 했다는 문맥의 차이는 고려해야 한다. 또한 오키나와 문제는 주권의 층위가 일본의 식민주의와 제국주의, 그리고 미국의 실효 지배가 중첩하는 지정학적 특수 공간에서 전개되었다는 점을 참고해야 한다. 그럼에도 불구하고 1960년대 오키나와 사안의 모호함은 정체성과 이익이 권력을 매개로 하여 포함과 배제, 포용과 소외, 주류화와 주변화의 현상으로 분절된 문제적 상황으로서 정체성 정치의 패러다임을 적용하여 중층적으로 조명해 볼 수 있다.

2) '일본인론'과 '일본문화론'의 다중성과 인식구조

정체성에 대한 관심의 집약인 일본론, 일본인론, 일본문화론은 사회 정체성론에 치중한 한계가 있다. 따라서 국가의 정체성에 대한 언설은 그 너머를 인지해야 함이 중요하다.[25] 이런 점을 전제한다면 일본인론, 일본문화론은 국가의 정체성을 유추할 수 있는 의미 있는 준거이다. 일본인론은 일본인의 정체성을 연구하는 학문 분야이다. 일본인과 그들의 문화에 관한 특징을 서구 문화, 대체로 미국 문화와 비교하여 해석하는 이론이 주류이다.[26] 일본문화론은 일본 사회와 문화의 특징에 관한 언설을 총칭하여 구체적으로 1960년대를 기점으로 활발하게 전개되어 1970년대와 1980년대에 널리 확산된 일본인의 특수성을 찾고자 하는 일련의 저술들이 포함된다.[27] 일본인론, 일본문화론에 대한 관심은 1960년대 확대되어 1970년대와 1980년대에 고조되었다가 쇠퇴되고 새로운 지평으로 흡수된다는 평가도 있다.[28] 그러나 최근 문화의 정치, 감정의 정치, 정체성의 정치에 대한 관심이 다시 높아지면서 개인, 집단, 국민, 국가의 정체성이 비중 있게 재조명되고 있다.

이 글에서는 정체성이 일종의 구성적 제도와 같은 요소로 국내와 대외 정책에 작용하였다고 보고 일본의 오키나와에 대한 입장과 대(對)동

---

25 마이클 빌그리 저, 유충현 역, 『일상적 국민주의』, 서울: 그린비, 2020.

26 권숙인, 「일본문화를 보는 세가지 눈-루스 베네딕트, 나카네 치에, 노마 필드」, 『국제지역연구』12(1), 2003, 45~66쪽.

27 스티븐 리드 저, 최은봉 역, 『일본특이론의 신화 깨기』, 서울: 오름, 1997.

28 이숙종, 「일본문화론의 쇠퇴와 새로운 지향」, 『동아시아비평』 1, 1998, 94~108쪽.

아시아 외교 관계를 연관해서 역추적한다.

이 연구는 1960년대 일본문화론과 일본인론의 담론적 발전 및 전개 과정에 주목하여 그 속에 나타난 일본인의 정치적 자아로서의 국가 정체성을 발견하는 작업을 진행한다. 1960년대는 일본의 국가 정체성 논의의 결절점이었다. 특히 미일안전보장조약 체결에 반발한 안보 투쟁 경험은 일본의 전후 국가 정체성을 구성하는 평화국가 개념을 둘러싼 담론적 위기를 드러냈다.[29] 그러나 결과적으로 야당과 시민사회 세력이 괄목할 만한 제도적 변화를 이루어 내지 못했고, 미국의 외교정책 기조에 경도된 일본의 정책 방향은 계속 유지되었다. 1960년대 일본인론과 일본문화론의 '붐' 현상을 조명하는 것은 신생 국민국가로의 재탄생 속에 주권성에 대한 일본의 자기 규정과 그것을 통해 국제정치적 의미의 타자인 타국과 타국민에 대한 일본의 인식을 파악하기 위한 과정이다.[30] 이러한 인식틀(framing)은 1960년대 일본의 대 동아시아 외교정책 결정 과정에 대한 자기정체성의 영향을 분석하는 단계에 확장시켜 적용할 수 있다.

전후의 일본인론은 일본문화와 일본인의 특성을 근대화 과정을 맥락으로 하여 설명했다. 일본의 근대화란 서구의 사회제도를 받아들여 진행되었는데 제2차 세계대전 이후 한국전쟁 특수와 동아시아 냉전이라는 환경 요인에 힘입어 역설적으로 미국과 유럽에 비견할 수준에 이르

---

29 Nick Kapur, *Japan at the Crossroads-Conflict and Compromise after Anpo*. Cambridge, MA: Harvard University Press, 2018.

30 남궁철,「전후 오키나와의 자기결정 모색과 '반복귀론'」,『일본역사연구』 4, 2018, 199~240쪽.

렀다. 그러나 사회적 측면에서는 일본적 요소가 잔존하고 구조 역시 독특한 형태를 유지하고 있었다. 이러한 불일치로 인해 국내 사회에서는 물론 국제사회에서도 커뮤니케이션의 문제에 직면하게 되었다. 이러한 상황에 대처하기 위해 1960년대 이후 일본, 일본인, 일본문화에 대해 다각도로 질문을 던지는 많은 일본인론이 등장했다. 가장 대표적으로 베네딕트(Ruth Benedict)는 일본문화의 저변의 요소를 국화와 칼로 비유하며 부끄러움의 문화라는 개념을 제시했다. 일본인들은 타인의 평가를 의식하고 그에 대해 반응하며 행동을 결정한다는 것이다. 나카네 치에(中根千枝)는 일본 사회를 수평 사회로 보고 그 안에서의 인간관계는 사회적 신분의 상호 관계의 기초인 부모-자식 간 친자 관계에서 드러나는 애정과 충성의 교환이라고 설명했다. 도이 다케오(土居健郎)는 일본인이 의존 혹은 응석의 구조에 의거하여 개인의 자립성보다는 상호 의존적인 인간관계를 더 중시한다고 기술하며 서로 의존하면서 사회생활을 영위하는 가운데 의리나 은혜를 주요한 덕목으로 삼는다고 했다.

이러한 특질을 간추려 보면 서구에서 개인을 중시하는 계약사상이 지배하는 것에 비해 일본에서는 일본 특유의 인연에 의한 관계를 강조하며 이러한 일본인의 속성은 사회화를 통해서 전수된다는 점을 지적한다. 나아가서 서구에서는 개인주의가 강조되고 자율성을 규율하는 규범이 중시되는 데 비해 일본에서는 개인이 소속된 집단이 더 중요하게 고려되고 집단이 속한 상황이나 상대에 따라서 행동의 규범이 달라진다고 본다. 그렇기 때문에 일본에서 조직의 장은 부모와 같이 교육과 부양의 책임을 지고, 그 아래의 부하는 신뢰와 봉사를 제공하는 식의 가족 집단과 유사한 인간관계가 형성된다는 것이다. 결국 일본에서는 개인보다는 집단이 강조되고 조직의 원형은 위계가 있는 가족제도에 기초한다고 본다.

일본문화론은 일본인론의 범주와 중첩되어 제시되었다. 넓은 의미로는 일본의 문화와 사회의 특질을 역사적·통시적으로 파악하는 시도이지만, 좁은 의미로는 1960년대와 1970년대 활발히 전개되어 1980년대까지 유행한 일본인의 특수성과 독자성을 강조하는 여러 저술을 말한다. 앞서 일본인론에서 언급했듯이 주로 서구와 대비해서 본질론적 접근을 취하며 일본인의 특성이 탐구되었다. 일본문화의 고유성을 상술하기 위해 제안된 개념들을 예시한다면, 집단주의, 간인주의, 응석, 비언어적 초논리적 커뮤니케이션 방식, 사회의 동질성, 사회구성의 단일성 등이며, 일본의 특수성을 강조하는 차이의 언설이 다수이다. 1980년대 이후부터는 이러한 일본인론과 일본문화론에 대해 여러 차원에서 비판이 이루어졌다. 무엇보다 일본 사회와 문화의 균질성에 지나치게 집중하여 다양성의 측면을 무시했다는 것이다. 나아가서 전후 일본의 경제 부흥과 성장을 강조하고 이러한 성취를 일본인론과 문화론으로 설명하다 보니 일본인의 자부심과 우월감을 드러내어 조장하는 이데올로기, 내셔널리즘이 되었다는 것이다.

1960년대 일본을 통치한 이케다 내각과 사토 내각 시기는 이 같은 정체성, 정체성 담론, 정체성 정치의 삼각구도가 작동하여 정부의 국내외 정책에 영향을 미쳤다.

3) 결정적 분기점, 1960년대 일본: 이케다 정권과 사토 정권 시기의 정치적 기표

이 글에서는 국가와 사회의 공식적 규칙이나 표준 운영 절차 등을 제도로 규정하며, 역사적으로 형성된 제도적 맥락이 개인과 (국가를 포함한) 행위자의 이익과 선호에 영향을 준다고 보는 역사적 제도주의를 준거로 삼는다. 즉 제도의 정치적 역할에 대해 시간이라는 새로운 변수를 주목한 것이다. 일반적으로 제도(institution)란 정치적 이익을 달성하기 위해 만들어진 특정한 조직으로 인식되며, 정치학적으로 가장 중요한 주제 중 하나이다. 이와 관련된 제도주의(institutionalism)는 크게 구제도주의와 신제도주의로 나뉜다. 신제도주의가 기존의 제도주의 이론들의 흐름과 구분되는 큰 특징 중 하나는 '제도' 개념에 대한 인식 변화에 있다. 우선 신제도주의는 제도를 다양한 요소들로 구성된 복합체로 인식해야 한다고 주장한다. 또한 제도의 분기적 단절 외에 제도의 안정성과 점진적 변화도 나타날 수 있으며 이를 설명하는 중요한 개념으로 '아이디어'를 제시하고 있다.[31] 즉 신제도주의는 제도의 복합성을 인정하고 완만한 제도 변화 과정을 관찰한다.

신제도주의의 유형은 크게 행태주의적 제도주의, 합리적 선택(rational choice) 제도주의, 역사 제도주의(historical institutionalism) 등으로 나뉜다. 이 가운데 역사적 제도주의와 관련하여 개발된 주요 개념으로는 경로 의존성(path dependence)과 결절점(critical juncture) 등이 존재한다. 피어슨(Paul

---

31 하연섭, 「신제도주의의 이론적 진화와 정책연구」, 『행정논총』 44(2), 2006, 218쪽.

Pierson 2004)은 경로 의존성을 어떤 한 사건이나 제도를 통해 촉발된 정치 과정의 경향이 역사적으로 자기 강화적인 발전을 보여 주는 것이라고 보았다. 특히 제도나 정책은 정치적 불확실성을 줄이기 위해 고안되는 것이기 때문에, 경로 의존성이 강하게 나타난다. 이는 국제정치에도 적용될 수 있다. 국제제도(international institution)는 국가 간 평화와 협력을 실현시키기 위한 장치로, 한번 만들어지면 쉽게 변하지 않는 특징을 보여 준다. 특히 경로 의존성은 정책 결정 과정에서 현실과 관계없이 특정한 경향의 정책을 선호하는 인식이라는 점에서 역사 제도주의의 중요한 분석 개념이다.[32] 역사 제도주의에서 언급되는 또 다른 주요 개념은 결절점이다. 결절점이란 행위자의 선택이 결과로서의 이익에 영향을 미칠 가능성이 지속적으로 커지는 상대적으로 짧은 시간을 일컬으며, 국내정책 외에 외교정책 결정을 설명하는 데 유용한 개념이다.[33] 정치 발전의 경로 의존성은 결절점으로 규정되는 시기부터 발현된다. 1960년대의 일본은 이러한 역사적 결절점으로서 범주적 특성을 갖는 시기였다. 주권적 차원에서 오키나와 문제의 모호성은 방기해 두었으나 샌프란시스코 체제 성립 이후 '주권국가'로서 신생 일본은 신속하게 자유 진영의 선진국 대열에 합류하여 이중적 경주로를 개척했다. 이러한 선택은 이후 일본의 정치적, 역사적 진로에 경로 의존적 효과를 가져왔다.

32 Pierson, Paul. 2000. "Increasing Returns, Path Dependence, and the Study of Politics." *The American Political Science Review 94(2)*, pp.251-267; *2004. Politics in Time: History, Institutions, and Social Analysis*. Princeton : Princeton University Press.

33 Giovanni Capoccia and Daniel Kelemen. 2007. "The Study of Critical Junctures: Theory, Narrative, and Counterfactuals in Historical Institutionalism." *World Poltics* 59(3), pp.341-369.

1960년대는 일본이 전후의 탈각을 모색하던 전환기이자, 국제 무대로의 본격적 진출을 도모하던 결정적 분기점이었다. 전반적으로 일본의 국내 정치가 안정되고 높은 성장률을 기록하며 경제 부흥을 구가하던 시기였다. 1960년대에 통치 권력의 행사는 1960년에 집권한 이케다 하야토(池田勇人) 정권과 1972년까지 집권한 사토 에이사쿠(佐藤榮作) 정권이 담당했다. 1960년 일본의 정치사회를 파악하기 위해서 이케다 정권과 사토 정권 시기에 전개된 중요한 사건들을 정치적 기표로 삼는 것은 타당하다. 사실 1960년대 초반은 미쓰미(三井) 미이케(三池) 탄광의 대규모 노사분규와 안보 투쟁(안보반대투쟁, 미일안전보장조약 개정반대운동)으로 정치사회적 불안정이 최고조에 달했다.[34] 이 두가지 사건에 휘말려 좌초한 기시 노부스케(岸信介) 내각은 그 여파로 해체되었다.

1960년 새롭게 등장한 이케다 내각은 이후 일본 대외 정책의 주요 기조로 오랫동안 자리 잡게 된 '정경분리' 원칙과 경제성장을 중시하는 정책 비전을 제시하였다.[35] 국가의 정체성은 경제에 무게가 실리는 방향으로 크게 변용되었고 핵심 정책도 중상주의적 경제성장을 주도하는 방향으로 선회하였다. 1960년부터 무려 1,574일간(1960년 7월 19일~1964년 10월 25일 수상 재임) 집권하였던 이케다 내각은 1964년에 일본이 국제사회의 일원이 되는 획기적인 사건 세가지를 이루어 냈다. 첫째, 1964년 4월 28일 OECD(Organization for Economic Cooperationa and Development, 경제협력개발기구)

34 Nick Kapur, *Japan at the Crossroads - Conflict and Compromise after Anpo*, Cambridge, MA: Harvard University Press, 2018.

35 최은봉·오승희, 「전쟁 기억과 전후 중일 외교의 중층 구조: 전쟁 종료 문제의 인식과 해석의 어긋남」, 『일본연구』 25, 2013, 3~25쪽.

가입을 성사시켰다. 둘째, 같은 해 9월 7일에는 도쿄에서 IMF(International Menetary Fund, 국제통화기금)와 세계은행(World Bak Group)의 합동 연차 총회를 개최하는 등 눈부신 경제 발전을 이룬 '선진국'으로서의 국제정치적 위상을 높여 갔다. 일본의 자유화 정책은 당시 국제 환경에서 일본에 수출 확대의 판로를 열어 주는 효과가 있었다. 셋째, 무엇보다 전후 일본의 평화주의적 국가 이미지와 발전된 국가로서의 면모를 동시에 보여 줄 수 있는 기회는 1964년 10월 10일 제18회 도쿄 올림픽 개최였다. 아시아에서는 역사상 처음으로 열린 대회인 도쿄 올림픽은 사실 국가 주도의 사회동원을 통해 국가와 개인을 동일시하는 국민 인식을 강화시키기는 계기가 되었다.[36] 도쿄 올림픽은 정지궤도 통신위성을 통해 미국에 중계되었다. 텔레비전 방송이 생중계된 것은 1964년 도쿄 올림픽이 처음이었다.

이케다 수상은 그의 뒤를 이은 사토와 함께 요시다 시게루(吉田茂)의 노선을 따르는 요시다파의 대표적 인물이자 '요시다학교'의 우등생이었다. 요시다의 입장은 요시다 독트린 혹은 요시다 노선으로 알려졌다. 냉전 시기 서방 세계 특히 미국과의 협력을 외교 기조로 삼아, 미국의 안전보장에 의존하여 방위력을 최소한화하고 재군비를 하지 않으며 경제 발전에 국가 역량을 집중한다는 입장이었다. 보수 본류로 분류되는 요시다파는 점령 정책에 기본적으로 충실함으로써 왕실의 안위, 조기 강화(편면강화 방식), 경군비 경제 발전을 강조하며 전후 안정과 부흥을 꾀하였다.

---

36 이안 부루마 저, 최은봉 역, 『근대 일본』, 서울: 을유문화사, 2014.

요시다 국정 철학을 계승하여 이케다는 연합국과의 강화, 냉전하의 미일 관계의 구축과 동시에 전후 일본 경제의 재편성을 선도하는 역할을 했다. 전임 수상인 기시 시절의 주요 정치적 쟁점이었던 헌법 개정 문제와 미일안보조약 개정 문제 등 격화된 정치적 사안을 접어 두고 경제성장 위주의 경무장 노선을 내세웠다. 무엇보다 국민의 평균소득을 10년 내에 두배로 향상시키겠다는 소득배증계획은 획기적인 경제 비전이었고 이케다의 상징적 경제정책이 되었다. 이케다는 첨예한 보혁 갈등에서 벗어나도록 사회적 분위기를 이끌어 정치의 계절에서 소위 '경제의 계절'로 전환시킴으로써 전후 고도성장의 기반을 놓았다.

이케다 수상은 재정과 경제로 국민적 인기를 누린 드문 예로 꼽힌다. 국가의 모든 것을 재정 경제에 집중시킴으로써 일본의 국가와 일본인의 정체성을 경제성장에 경도되도록 유도했다. 이케다의 정치적 입장과 스타일은 소득배증계획이라는 이케다 경제정책의 대표적 슬로건에 가리워져 있지만 정치적인 영역에서는 저자세의 정치가이자 관용과 인내의 인물로 알려져 있고 유화적인 태도로 야당과 타협을 지향하는 태도를 취함으로써 정치적 균형과 안정을 도모하고자 했다. 그런데 이케다의 소득배증계획을 다면적으로 보면, 그것은 관료 주도로 추진된 정부 주도 경제성장 정책으로서 행정지도 및 인허가권을 통해 관료가 공공사업 주도권을 행사하는 것이었다. 그 결과 자민당과의 연계하에 관료 주도의 '정관재 트라이앵글'이 형성되고 그로 인해 집권 자민당 중심의 파벌 정치와 이익 유도 정치가 심화되는 결과를 가져온 측면이 있다.

이케다 정권에 뒤이어 등장한 사토 내각은 이케다 내각보다도 약 1.8배(1964~1972년 수상 재임) 정도 더 오래 유지되었다. 사토 내각은 요시다 노선에 따른 경제부흥정책을 유지하였다. 그러나 이케다 내각의 소극적인 대외정책 기조를 비판하면서 보다 자신감 있는 국제정치 행위자로서의 일본이라는 이미지를 부각하고자 노력하였다.[37] 사토 재임 중 ILO(International Labour Organization) 조약 승인, 한일조약 조인(독도 문제 등 논란이 되는 문제는 보류한 국교 정상화로서 한일 간의 분쟁을 남김), 미일안보조약의 자동 연장, 오사카 만국박람회(大阪万博, Expo '70), 대학입시조치법의 성립 등을 이루었고 '1970년대의 안보 소동'을 피했다는 평가를 받는다. 특히 사토 수상의 최대 업적으로 꼽히는 것은 오키나와 반환협정 조인의 실현이다. 오키나와는 전후 1951년 워싱턴에서 미국과 맺은 조약에 의해 시정권(施政權, 신탁 통치 지역에 대하여 입법, 사법, 행정의 감독을 행사하는 권한)이 미국에 있었기 때문에 미국의 영토와 다름없었다. 이 조약 체결 이후 오키나와 조기 반환 요구가 강했으나 냉전 초기 극동아시아의 안보 긴장감이 고조되면서 오키나와 반환 가능성이 약화된 상황이었다.

사토는 전후 오키나와를 처음 방문한 수상이자, 현직 수상으로서 이토 히로부미(伊藤博文, 1887년 방문)와 도조 히데키(東條英機, 1931년 방문)에 이어 세 번째 방문한 수상이다. 사토 수상의 오키나와 방문은 국내외의 큰 주목을 받았고 당시 언론에도 다음과 같이 특종 보도되었다.[38]

사토 수상은 19일 오전 7시 30분 하네다 공항 출발 일생 특별기로 3일

37 石川眞澄, 『戰後政治史』, 박정진 역, 『일본 전후정치사 : 일본 민주주의의 보수적 기원과 전개』, 서울: 후마니타스, 2006.
38 『讀賣新聞』 1965年 8月 1日; 김민화, 「오키나와현호국신사의 창건과 재건 과정」, 『일본역사연구』 45, 2017, 183~221쪽.

간에 걸친 오키나와 방문길에 오른다. …(중략) 수상은 이번 방문에서 일본 정부는 오키나와 본토 복귀를 강하게 바라고 있고, 그 증거로 경제원조를 큰 폭으로 증액할 의사를 밝힐 예정이다.

수상은 19일 오전 10시 30분경 나하(那覇) 공항에 도착, 왓슨 고등변무관, 마쓰오카 류쿠(琉球) 정부 주석 등의 마중을 받은 후, 공항에서 환영행사에 참가해 성명을 발표한다. 수상은 그중에서 오키나와 복귀가 실현되지 않는 한 '전후는 끝났다고 할 수 없다'라는 기존의 의사를 강조한다. 이어서 숙소인 도큐(東急) 호텔까지 히노마루(日の丸) 환영을 받으며 퍼레이드를 하고, 휴식 후 왓슨 고등변무관, 마쓰오카 주석을 방문, 간담회를 진행할 예정이다. 오후에는 류쿠 정부 주최의 환영대회에 출석, 교육, 후생, 산업진흥 등의 원조 예산 증액 방침을 발표하며 류쿠 정부의 자치 능력을 높이고 자치권 확대를 추진할 것을 요망한다. 그 후 수상은 내외 기자단과의 회견에 이어, 호국신사, 남부전적을 순회, 오키나와전의 영령 18만의 명복을 빌고 기념식수를 진행한다. 밤에는 왓슨 고등변무관 주최의 리셉션에 참석한다. (후략)

오늘 수상의 방문 장소

[호국신사] 오키나와 출신 장병과 전쟁에 희생된 일반 주민, 학동 등 103,628주, 본토 출신으로 오키나와 전사몰 군인군속 63,521주가 합사되어 있다. 이후 조사로 계속 합사하게 되므로 총 20여만 주가 될 예정이다.

이어서 『요미우리신문(讀賣新聞)』 8월 19일 자의 「首相けさ오키나와

へ 現地 長期, 計劃援助お 期待」라는 기사는 다음과 같이 보도한다.

> 수상은 1965년 8월 19일 처음으로 오키나와를 방문하여 나하(那覇) 공
> 항에서 이렇게 말했다. "오키나와가 본토로부터 분리된 지 20년, 우리
> 국민은 오키나와 90만 명을 조금이라도 잊어서는 안 됩니다. 나는 오
> 키나와의 조국 복귀가 실현되지 않는 한 우리나라에서 전쟁이 끝나지
> 않았다는 것을 잘 알고 있습니다."[39]

사토 정권은 1965년 이래 미국의 린든 존슨(Lyndon Johnson)과 리처드
닉슨(Richard Nixon) 행정부와의 협상을 지속하여 1969년 닉슨 대통령과의
미일수뇌회담에서 류큐제도를 일본에 반환하고, 그곳에 배치된 모든 핵
무기를 철거하며, 1951년 체결된 미일안보조약을 계속 유지하기로 합
의했다. 1972년 5월 15일에 '핵제거, 본토 동등(同等)'의 오키나와 시정권
반환이 이루어졌다.

사토는 핵무기확산금지조약을 체결하는 등 비핵 3원칙의 핵무기 정
책과 '평화롭게 오키나와 반환을 실현시킨' 공로를 인정받아 1974년 숀
맥브라이드(Sean MacBride 아일랜드의 정치인)와 함께 노벨평화상을 받았다.
아시아인으로서는 첫 노벨평화상 수상이었다. 북베트남의 레둑토(黎德
壽 Le Duc Tho) 대표가 1973년 베트남평화협정을 성사시킨 공로로 미국의
헨리 키신저(Henry Kissinger)와 공동 수상자로 발표된 적이 있으나 레둑
토가 수상을 거부했기 때문이다. 당시 사토의 업적이 알려지며 오키나

---

39 『讀賣新聞』 1968년 8월 19일

와 반환은 역사적으로 중요한 상징적 결절점으로 다시 한번 상기되었다. 사토는 비핵 3원칙을 1967년 12월 중의원예산위원회에서 표명하고, 1968년 1월 시정방침 연설에서 발표하였다. 비핵 3원칙은 반환받는 오키나와에 핵무기를 만들지도, 갖지도, 반입하지도 않는다는 것이다. 당시 동북아의 정세는 일본과 군사 경쟁 중이던 중국이 1964년 최초 핵실험을 단행했고 1966년에는 전략사령부(구 제2포병)를 창설하는 등 긴장과 갈등이 고조되었다. 일본은 도쿄 올림픽을 앞두고 있는 시점에 추진된 중국의 핵실험에 대해 반발하면서 1967년 사토 수상이 비핵화 3원칙을 선언했다. 그 후 사토의 비핵 3원칙 발언은 유일한 피폭국인 일본의 중요한 국시(國是)로 인정되었다.

그런데 사토가 여전히 재임하던 시기인 1969년에 사토와 닉슨 대통령이 오키나와에 핵병기를 반입하는 의제를 승인한 이른바 핵 밀약 공문서(오키나와 밀약)가 훗날 밝혀졌다. 이를 근거로 사토가 했던 '들여오지 않는다'는 말은 애초부터 거짓이며 위선이었다는 지적이 제기되었다. 오키나와섬이 일본에 반환된 뒤에도 핵 반입과 미국이 계속 주둔할 수 있도록 허용한 사항에 합의한 것은 문제가 되어 국내외 비판이 제기되었다. 이에 대해 사토의 비핵 3원칙은 평시에만 비핵화를 한다는 의미이지 긴급사태 때도 비핵화를 한다는 의미는 아니므로 이 밀약이 비핵화 3원칙을 위반하는 것은 아니라는 방어적 입장의 대응도 제시되었다. 반면 국제정치적 차원의 미일 관계가 전개되는 외교 영역에서 일본 정부는 오키나와를 암묵적으로 방치하였고, 재차 '버린 돌(捨石)'과 같이 다루었다는 비판적 평가가 오키나와 내부와 외부에서 나왔다. 이로써 사토의 오키나와에 대한 언설과 오키나와 방문은 일본 영토의 전체성의 회복을 추구하되 일본의 안보를 위해서는 오키나와가 일본의 일부가 되었더라도 다시 버릴 수 있다는 이중적 언약으로 인식되었다. 밀약은 미군지기를 떠안는 대가로 경제적 혜택이 주어지는 관계로서의 '오키나와 문제'에 대한 이중적 접근을 확인시켜 주는 강력한 증거물이었다.

사토는 이 문서를 퇴임 후 총리관저에서 자택 서재로 옮겨 보관해 오다가 1975년 사망했다. 작성 일자는 1969년 11월 19일이며 영어로 탑 시크릿, 즉 극비 문서라고 적혀 있고 사토가 쓰던 자택 서재 책상에서 발견되었다. 합의의사록의 내용은 세가지이다. (1) 미국 측은 극동 지역 방위를 위해 긴급사태가 생길 경우, 일본과 사전에 협의한 뒤 핵무기를 오키나와에 다시 반입하거나, 오키나와를 통과할 권리가 인정되는 것이 필요하다. (2) 일본 측은 사전 협의가 있으면 지체없이 그 요구에 응한다. (3) 미국 정부는 긴급사태에 대비해 오키나와의 핵무기 저장지를 언제든지 사용할 수 있는 상태로 유지할 필요가 있다. 여기서 핵무기 저장지는 명시되어 있지는 않지만, 아시아 최대 미군기지로 유명한 오키나와의 가네다(嘉手納) 공군 기지(미국 태평양 공군의 제5공군 소속 제18비행단이 주둔하는 가장 큰 군용 비행장)로 추정된다.

재임 기간이 당시 전후 최장(아베 신조 전 수상이 헌정 사상 최장 재임 기간 기록을 갱신함)이었던 사토 통치기인 1960년대와 1970년 초반에 일본은 전반적으로 경제대국으로 괄목할 만한 성장을 했고 세계 열강으로 재등장했으며 아시아의 여러 나라들과의 관계 개선도 추진했다. 이 시기에 일본인과 일본 국가의 정체성은 경제성장의 지향성, 경제대국화 가능성의 자부심과 더불어 국수주의적 중상주의의 색채가 더욱 강해졌다.

이를 바탕으로 새로운 성격의 일본인론과 일본문화론 논의가 활발해
졌는데, 이는 본격적으로 전후 일본의 국가 정체성을 어떻게 형성할 것
인가에 대한 문제와 밀접한 관련이 있다. 한국전쟁 발발 전까지 일본인
은 "소극적, 동정적, 자학적"과 같은 표현을 통해 부정적인 성격이 더 부
각되었다.[40] 그러나 전쟁 특수로 경제발전의 기회가 생긴 이후 일본인과
일본문화의 특수성을 긍정적으로 인식하고자 하는 흐름이 서서히 나
타났다. 일본이 다른 아시아 국가들과 달리 빠르게 산업화에 성공할 수
있었던 이유에 대해 서구 사회의 발전과 유사한 봉건제적 역사를 경험
했다거나 지리생태적 환경이 발전된 서구 사회와 유사하다는 식의 공
통점을 찾고자 하였다. 더 나아가 서구 선진국들을 제치고 세계 제2의
경제대국으로 올라설 수 있었던 사회적 배경에는 일본의 전통적 집단
주의의 잠재력이 자리 잡고 있다는 주장이 깔려 있다.

경제성장이 고도화되었던 1960년대는 집단주의의 흐름이 가속화되
던 시기였다. 일본의 극작가이자 평론가인 야마자키(山崎正和)는 1960년
대의 일본은 국가와 개인의 목표를 공유하는 집단주의적 성향이 두드
러졌으며, 이를 경제 발전을 이루어 낸 요인으로 인식하는 국내외에서
의 긍정적 평가가 활발하게 제기되었다고 보았다.[41] 이처럼 1960년대는
한국전쟁 특수와 배상 외교의 경제 도구화와 더불어 고도의 경제성장
과 이른바 '55체제'하의 국내 정치적 안정을 바탕으로 일본문화의 특수

---

40 김용운, 「전후 일본인론의 동향」, 『비교일본학』 5, 1997a, 71; 「한국에서의 일본인론의 현실
과 전개」, 『비교일본학』 39, 1997b, 25~32쪽.

41 山崎正和, 『柔らかい個人主義の誕生-消費社会の美学』, 中央公論社, 1994.

성을 긍정적으로 인식하는 일본인론과 일본문화론의 전성기였다.[42] 오키나와의 배제와 동아시아의 주변화가 불편한 현실로 다가왔다 하더라도 소수의 애드보커시 사회단체나 시민그룹을 제외한 일반 대중에게는 그로 인한 국내외 모순의 은폐는 국익을 위해서는 감내해야 하는 것으로 합리화되었다.

3. 오키나와 배제와 제한적 사회 통합: 국민주의 정체성의 내파

1960년대 일본은 대내적으로는 경제대국, 대외적으로는 평화국가·문화국가(이하 평화국가)라는 이미지를 적극적으로 알리기 위해 노력하였다. 당시 일본은 고도의 경제성장을 통해 1964년 4월 28일 경제협력개발기구(OECD)에 가입하였으며, 같은 해 9월 7일 도쿄에서 국제통화기금(IMF)과 세계은행(World Bank)의 합동 연차 총회 개최를 유치하였다. 그로부터 한 달이 채 지나지 않은 1964년 10월 1일, 도쿄 올림픽 개막 직전에 당시 신칸센 중 최초의 노선이자 세계 최고의 고속철도인, 도쿄와 오사카시를 잇는 도카이도 신칸센(東海道新幹線)을 개통하였다. 이러한 업적들은 일본의 경제·기술 발전이 선진국 못지않은 수준에 이르렀음을 대

---

42 박용구, 「개인 대 간인: 일본인론의 탈오리엔탈리즘화 과정」, 『일본연구논총』 26, 2007, 365~392쪽; 「21세기 일본인론의 패러다임 시프트: 전망과 과제」, 『일어일문학연구』 96(2), 2016, 437~457쪽.

내외적으로 입증하는 주요한 근거가 되었다.

　도쿄 올림픽과 신칸센은 제2차 세계대전 이후 약 20년 만에 일본의 재기를 국제사회에 알리는 계기가 되었다. 일본은 1964년 아시아 국가 최초로 도쿄 올림픽을 개최하여 고도로 발전한 일본 경제와 '평화주의' 지향적 태도를 전 세계에 어필하였다. 이때 일본 국민의 집단적 자부심은 정점에 이르렀다.[43] 이처럼 1960년대 일본은 국가 경제 발전으로 높아진 국제적 위상을 바탕으로 긍정적인 자아 인식을 투영한 국가 정체성이 형성되고 있었다. 또한 1960년대 일본은 1952년 발효된 샌프란시스코 강화조약을 시작으로 여러 국가들과 배상 문제를 두고 협상을 마무리 짓는 단계에 머물러 있었다.

　그렇다면 1960년대 오키나와는 어떠했는가? 1945년 오키나와는 일본에서 유일한 지상전이 펼쳐진 전장이 되어 다수의 일반 주민을 포함해 20여만 명이 전쟁에 희생되는 피해를 입었다. 패전과 동시에 오키나와에 미군의 주둔이 시작되어 1972년까지 장기간에 걸쳐 미군의 점령 지배를 받게 된다. 한국전쟁이 격화되고 있던 1951년 9월 8일에 조인된 샌프란시스코 강화조약(대일강화조약, 제2차 세계대전의 종료를 위해 연합국 48개국이 일본과 맺은 평화조약)으로 일본은 점령에서 벗어나 독립을 이루었다. 그러나 오키나와는 일본의 국가주권 내에 남기되 주권 공간의 외부에 방치하여 미국이 오키나와 영토를 자유롭게 활용하도록 보장함으로써 잔존주권·잔여주권(residual sovereignty)의 범주로 남았다. 전문과 본문 27조로 되어 있는 샌프란시스코 강화조약 제3조는 다음과 같이 규정한다.

---

43 이안 부루마 저, 최은봉 역, 『근대 일본』, 서울: 을유문화사, 2014.

일본국은 북위 29도선 이남의 난세이제도(류큐제도 및 다이토제도를 포함한다), 소후간 이남의 난포제도(오가사와라군도, 니시노시마 및 가잔열도를 포함한다) 및 오키노토리시마와 미나미토리시마 합중국을 유일한 시정권자로 하는, 신탁통치제도하에 두는 국제연합에 대한 합중국의 어떠한 제안에도 동의한다. 이러한 제안이 이루어지고 가결되기까지, 합중국은 영수를 포함하는 이들 제도의 영역 및 주민에 대하여 행정, 입법 및 사법상의 권력 일체(all and any)를 행사할 권리를 갖는 것으로 한다 (United Nations Treaty Collection 내용 토대로 발췌 인용).

특히 3장의 안전조항(5조, 6조)은 미일안전보장조약 체결을 위해 복선을 깔아 둔 것으로 일본을 반공 진영에 편입시키는 정치적 성격이 강한 것이다.

제2차 세계대전 이전의 오키나와 근대 역사를 돌아보면 오키나와는 일본 제국의 식민주의의 연장선상에서 1872~1879년 류큐처분(琉球處分)의 대상이 되었다. 메이지 정부하에서 류큐 왕국이 강제적으로 근대일본국가에 편입된 것이다. 일본의 1개현으로 강제 복속되어 1872년 류큐번이 설치되었고, 1879년 폐번이 된 다음 오키나와현이 설치되는 폭압의 정치 과정을 겪었다. 이후 오키나와는 일본 제국의 황민화 교육과 동화정책을 통해 류큐의 고유 언어 및 문화와 생활방식을 부정당했다.[44]

이런 역사를 경험한 오키나와가 1945년 아시아태평양 전쟁 말기에

---

44 강상규, 「일본의 유구 병합과 동아시아 질서의 변동」, 『지방사와 지방문화』10(1), 2007, 7~48쪽.

는 일본 정부의 본토결전(本土決戰), 국제호지(國體護持, 천황제의 유지)라는 방침으로 일반 주민들을 포함한 20여만 명이라는 막대한 희생을 초래한 오키나와 전쟁을 겪기도 했다. 전쟁이 끝난 후에는 본토에서 분리되어 1972년 반환되기까지 27년 동안 미국 점령기를 거치며 일본 국가의 주권을 전제로 하지만 미국의 항시적인 군사 점령 상태였다. 일본 본토로 반환된 이후에도 일본의 평화헌법의 규정에서는 일탈되어 있는 공간으로 남았다. 미군정 기간 동안 오키나와는 전 섬이 미군 기지화되었고 장기화된 미국 점령으로 많은 피해와 차별을 받았다. 오키나와에서는 복귀론과 반복귀론의 논쟁과 운동이 펼쳐졌다.[45]

1950년대 초반 류큐독립운동이 추진되다가 1951년을 기점으로 본토 복귀 운동이 활발하게 전개되었다. 미군의 '총검과 불도저'라는 강권적인 군용지 접수에 대항하기 위해 주민들의 '섬 전체 투쟁'이 벌어졌다. 오키나와 사회운동의 주류는 점령 통치에 저항하기 위해 일본 복귀를 요청했다. 이처럼 오키나와의 근현대사는 타율적인 소속 변경의 연속이었다.[46] 1972년 오키나와는 미국의 실효 지배에서는 벗어나지만 그 후에도 미군 기지의 약 70%가 오키나와에 집중되어 있어 여전히 준기지 상태에 머물러 있다. 오키나와의 염전(厭戰) 정서와 평화를 지향하는 지역 분위기의 저변에는 이러한 식민과 전쟁의 경험이 깔려 있다.

---

45 박훈, 「동화론과 오키나와 아이덴티티: 오타쵸후의 동화주의를 중심으로」, 『사회와 역사』 73, 2007, 255~279쪽; 남궁철, 「전후 오키나와의 자기결정 모색과 '반복귀론'」, 『일본역사연구』 4, 2018, 199~240쪽.

46 고희탁, 「근현대 일본에서의 서구문명 수용의 이중주와 그 유산」, 『아세아연구』 59(1), 2016, 216~246쪽.

오카나와인들의 국적은 일본이지만 정체성은 복합적이다. 류큐 사람, 오카나와 사람, 일본 사람으로서 삼중으로 중첩되어 있다. 일본 사람으로 인식하는 오카나와인들은 주로 1972년 반환 이전 경험이 없는 젊은 세대이다. 이들은 일본에 동화되어 오카나와인으로서의 정서가 약하다. 오카나와 사람으로 인식하는 사람들은 오카나와현이 본토와 다른 현실을 직시하고 일본에 속해 있지만 오카나와의 자치를 주장한다. 이들은 오카나와의 전체 교육과정 중 오카나와를 가르치는 오카나와사가 차지하는 비중이 줄어드는 것을 우려하여 이를 보완하기 위해 '자주역사 교과서'를 만들어 가르치는 시도도 한다. 류큐 사람으로서의 정체성을 갖고 있는 사람들은 오카나와 전체 인구의 약 25%로 추정되며 오카나와 자치를 넘어서 류큐로의 독립을 주장하는 입장이다. 이에 더하여 미국이 오카나와를 실질 통치를 하기 시작한 1945년부터 일본에 반환된 1972년의 시기에 미국 국적자로서 미국인의 법적 정체성을 가졌던 경험도 포함한다면 오카나와인들의 정체성은 더 다층적이 된다.[47]

이러한 복합성을 읽어내어 오카나와와 오카나와인에 대해 이해하려면 단순한 정체성 기술이나 표상 분석으로는 불가능하다. 1960년대 일본 국민으로서의 권리를 요구했던 이면에 내재되어 있는 역사적 변동과 정서적 문맥을 고려해야 한다. 국가주권, 국민국가, 국민화 프로세스, 자치, 탈미군기지 등의 화두는 1960년대의 논쟁점이자, 사토 수상의 1968년 오카나와 방문 시점에 부각되었던 이슈이고, 현재까지도 '오키

---

47 김범수, 「'국민'의 경계 설정: 전후 일본의 사례를 중심으로」, 『한국정치학회보』 43(1), 2009, 177~202쪽.

나와 문제'의 중핵을 이룬다.

오키나와 사람들의 한국인에 대한 감정은 일본 본토 사람들에 비해 우호적이라고 한다.[48] 오키나와와 한국은 일본 제국주의의 비국민 배제와 피식민의 공동 경험을 하였고 가해 구도 속의 피해를 공감한다고 생각하기 때문이다. 한반도와 오키나와는 일본이 1879년 류큐(오키나와현) 병합 이전에 오랫동안 교류와 소통을 해 온 역사가 있다. 제국주의 식민화 시대에 아시아에서 남으로는 오키나와, 북으로는 한반도를 양극으로 하여 일본 제국의 팽창정책이 전개되었다. 이는 오키나와 연구가 일본 본토의 역사 인식을 넘어서 아시아의 조망과 한국의 시각에서도 진행될 필요가 생기는 이유이다.

4. 경제주의적 배상 외교와 동아시아 주변화: 중상주의 정체성의 굴절

본고는 일본의 정체성 담론이 국내에서는 오키나와 정책에, 대외적으로 동아시아 배상 외교에 영향을 미쳤다는 문제의식에서 출발했다. 여기에서는 일본의 대(對)동아시아 외교정책에 투영된 국가 정체성의 성격과 형성 과정에 대해 다룬다. 이와 관련하여 이 시기 일본인론과 일본문

---

48 김백일, 「오키나와 전쟁의 상흔과 한국인 위안부」, 『역사비평』 50, 2000, 355~386쪽.

화론에 대한 담론적 논의의 활성화가 이 과정에 어떤 영향을 끼쳤는지 살펴보고, 일본이 주변 동아시아 국가와의 외교를 통해 '전후 일본' 혹은 '신일본(New Japan)'에 대한 주변국의 기억을 어떻게 창조(building)하고자 하였는지에 대해 고찰한다.

1) 원조 외교, 역사 인식의 부재, 그리고 동아시아의 주변화

특히 1960년대 일본은 과거 일본의 침략을 경험한 아시아 국가들을 상대로 막강해진 경제력을 이용하여 일본문화를 이식함으로써 전후 일본에 대한 이미지, 즉 대외적 국가 정체성을 전환시키기 위해 다각도의 노력을 하였다. 일본의 국제적 행보는 해외 원조를 수단으로 하여 경제외교를 통해 문화적 차원에서 일본에 대한 타국의 인식을 개선하고자 하는 양면적 경제전략을 추진했다.

일본은 1954년 아태지구 각국 합작기구인 콜롬보 프로젝트에 참가한 것을 계기로 대외기술합작을 시작했다. 이것을 계기로 정부개발원조(OAD)기금을 설치하여 해당 국가들에 대한 개발자금을 유·무상으로 제공하였다. 이는 일본의 정치·경제 발전을 자국만의 특수한 사례로 인식하면서 다른 아시아 국가들을 선도할 수 있다는 자신감을 표현하는 입장이기도 했다. 이러한 태도를 바탕으로 전후 일본의 국가 정체성은 내셔널리즘과 친서구적 정체성인 평화국가 혹은 민주국가에 대한 지향점을 결합하는 형태로 구성되는 경향을 보여 주었다.[49] 당시 일본의 내셔널리즘이란 일본은 다른 동아시아 국가들과 완전히 구별되는 서구적 성격을 띤 국가이므로 미국과 협조하여 동아시아 지역의 경제 개발을 원조하고 자유주의 가치를 전파하는 데에 앞장서야 한다는 주장이 주를 이뤘다.[50]

이러한 주장의 일환으로 동아시아 국가들에 대한 일본의 식민 지배 경험을 긍정적으로 재해석하고자 하는 움직임이 힘을 얻었다. 이는 전전(戰前) 시기 일본이 식민지 지역의 근대화에 크게 기여하였으며, 이로 인해 해당 지역이 발전하였다는 주장이었다. 이러한 주장은 이미 1940년대 말부터 일본 외무성에서 조직한 "평화조약문제연구간사회"와 대장성이 주관한 "재외(在外)재산조사회" 등을 통해 더욱 구체화되고 있었다.[51] 이는 미국의 지지를 바탕으로 식민지 피해국들과의 배상 문제를 협상하는 과정에 소극적으로 참여할 수 있는 근거를 마련하기 위한 노력이기도 했다. 급속한 경제성장을 통한 국제정치적 위상은 높아졌지만, 그와 동시에 주변국들과 해결해야 할 역사 문제가 남아 있는 상황에서 전전(戰前) 일본의 역사적 책임과 전후 일본을 적절히 분리하여 인식하도록 유도하고, 전후 일본은 동아시아를 선도하는 국가가 되어야 한다는 역할론으로 배상 문제에 접근하고자 하는 일본의 경제 외교 전략이었다.

---

49 박영준, 「일본형 국제질서관의 전개와 아시아정책론의 변화: 문명론지개략(1875)에서 새로운 중세(1997)까지」, 『국제정치논총』 51(4), 2011, 95쪽.

50 고희탁, 「근현대 일본에서의 서구문명 수용의 이중주와 그 유산」, 『아세아연구』 59(1), 2016, 216~246쪽.

51 이원덕, 1996, 73~75쪽

특히 미국과의 관계를 중시했던 당시 일본 정부의 입장은 일본의 존재론적 안보 이익이 미-소 갈등 상황 속에서 미국에 편승함으로써 보장되었기 때문에 수립된 것이었다. 미국은 동아시아 지역의 역사 화해보다는 일본과 같은 역내 동맹국가의 생존과 발전 및 공고한 국가주권 형성이 안보의 우선 과제였고 일본은 이에 적극적으로 동참하였다.

1951년 샌프란시스코 강화조약 비준 과정에서 일본의 배상에 대한 책임 수준을 대폭 낮추어 이후 이루어진 조약 비참여국들과의 협상에서 일본에게 유리한 입지를 마련해 준 것도 미국의 전략적 판단이었다. 따라서 일본 정부는 국제법을 준수하고 자유주의 국가 진영과 우호적 관계를 구축하는 것을 외교정책의 기조로 삼음으로써 일본의 국제정치적 지위를 확고히 하고자 하였고, 1960년대 일본의 특수성을 긍정적으로 인식하는 일본인론과 일본문화론의 발전은 이러한 목표 의식을 강화시켜 국민주의와 중상주의 지향의 국가 정체성의 구축을 촉진시켰다.

이 시기 새롭게 형성된 일본의 국가 정체성의 성격은 전전(戰前) 일본과 전후 일본의 분리, 배상 문제 등에 접근할 때 경제적 가치를 앞세워 화해와 같은 역사적 문제의 외교적 · 정치적 해결을를 미뤄 두고자 한 경선정후(經先政後)식 태도, 미국의 입장에 편승하여 자유주의 가치를 내면화하고 경제대국과 평화주의를 지향하는 자세 등으로 설명될 수 있다. 이것이 이 시기에 일본의 대(對)동아시아 외교가 '국가들의 사회(society of states)'를 지향하는 지역 협력으로 나아가지 못한 결정적 이유라고 할 수 있다. 상호 경제협력을 통한 발전이라는 명목상의 협상 목표를 내걸었지만 해당 국가들과의 공존(共存)이나 공진(供進)을 우선순위에 두는 대신 일본 중심의 존재론적 안보 이익을 획득하기 위한 선택을 중시했기 때문이다. 여기서 말하는 공존이란 물질보다는 가치에 대한 존중을 기반으로 한 포용적 사고를 일컬으며, 공진은 경제적 원조보다 역사적 반성이나 도덕적 책무에 대한 성찰을 바탕으로 상호 발전을 위해 기여하려는 지향점이다. 이에 따라 전전(戰前) 일본에 대한 국내사회의 기억을 적절하게 선택적 망각 혹은 축소 왜곡시켜 이를 국가 정체성에 투영하고 대외 관계에서는 경제 발전을 선도하는 국가로서 전후 신생 선진국 일본의 선도적 모습을 부각시키면서 기억의 환류가 일어나게 되었다. [그림 1]은 전후 일본의 외교정책 결정 과정에서 나타난 기억의 환류 현상을 도식화하여 표현한 것이다.

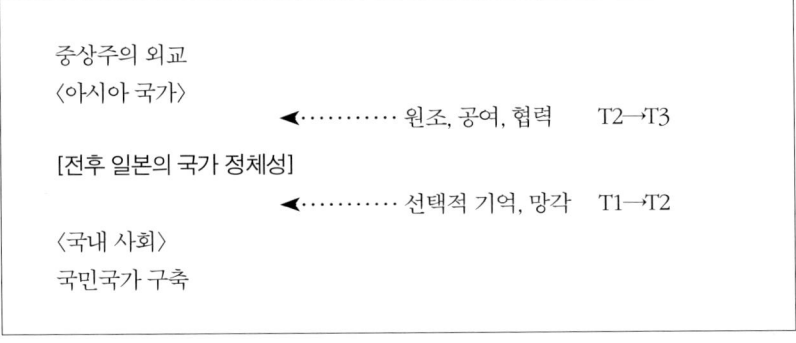

〈그림 1〉 일본의 대 동아시아 경제외교에서 경로 의존적 기억의 환류

〈그림 1〉에서 전전 일본의 시점을 T1이라고 한다면 국내정치적 담론의 변화로 전전 일본의 기억을 미화, 정당화시켰던 시점은 T2가 되며, 동아시아 국제관계에서 전후 일본의 외교적 역할이 부각되던 시기는 T3이라고 할 수 있다. 각 시점은 결절점을 포함하며 경로 의존적인 영향력이 환류(되먹임) 작용을 나타낸다고 하겠다.

2) 외교청서를 통해 본 대(對)아시아 배상 외교

일본의 전후 배상은 역사 인식에 따른 책임 규명을 뒤로 한 채 이후 동아시아 국가들과 오랫동안 유지·발전시킨 경제협력과 원조 외교의 토대가 되었다.[52] 일본의 전쟁 배상 책임의 경감은 미국의 필요성과 일본의 요구가 조응한 결과이다. 1950년 전후로 냉전적 갈등 구도가 급속도로 심화되면서 일본의 배상 책임에 대한 요구 수준이 현저하게 낮아졌다. 그 계기는 1951년 샌프란시스코 강화조약 서명과 관련이 있고 특히 전쟁 배상 범위의 축소를 규정한 그 조약 5장의 내용이 중요하다.

제5장(Chapter V): 청구권 및 재산

(a) 전쟁 중에 발생한 피해와 고통에 대해 일본이 연합국에게 배상을 지불해야 한다는 것은 자명하다. 그럼에도 불구하고 생존 가능한 경제를 유지하면서 모든 피해와 고통에 대한 배상을 완료하고 다른 의무를 책임지기에는 현재 일본의 자원이 충분하지 않다는 것 또한 분명하다.

그러므로,

1. 일본은 즉시 현재 영토가 일본군에 의해 점령당하고 피해 입었던 연합국들에게 생산, 복구 및 기타 작업에 일본의 역무를 제공함으로써 피해 복구 비용을 보상하기 위한 협상을 진행할 것이다. 이러한 협상은 다른 연합국들에게 추가적인 부담을 부과하는 것을 피해야

---

52 永野愼一·近藤正臣 編, 1999.

한다. 그리고 원자재의 제조가 필요한 경우 연합국들에 의해 제공되어 일본에게 외환 부담을 짊어지게 하지 않는다.[53]

이에 따라 일본의 배상 협상의 기조는 문서상으로는 상호성을 강조하지만 실제로 소극적이고 경제 중심적 접근을 암묵적으로 전제하고 있다. 1960년 일본 외무성의 외교청서에서 다음과 같이 밝히고 있다.

> 배상의 실시와 배상에 따른 경제협력-배상을 실시하는 우리나라(일본국)의 기본적인 생각은 그것을 단순히 일본이 떠맡는 의무의 이행에 그치지 않고 대상 국가의 경제 회복, 발전에 기여하고 나아가 우리나라와의 경제 관계 및 우호 관계를 긴밀하게 만드는 데에 이바지하도록 배려하는 것이다.[54]

이 글에서는 일본의 대 동아시아 외교의 전개를 개괄적으로 파악하고자 일본 외무성에서 발간하는 외교청서(外交靑書) 자료 중 일본의 대 아시아 정책과 관련된 항목 전체를 검토했다. 그중에서 1960년대 초반과 중반의 내용에 주목하여 일본의 배상 외교에 나타난 국가 정체성의 영향에 대해 버마, 남베트남, 한국, 중화민국과 중국인민공화국의 전후 배상 외교의 사례를 살펴보았다.

외교청서는 해당 연도의 일본 외교정책 기조를 잘 보여 주는 자료이

---

53 United Nations Treaty Collection 내용 토대로 저자 발췌
54 外交靑書, 1960.

다. 매년 발간되므로 1960년대 외교정책 지침의 변화를 파악하기에 적합한 자료라는 점에서 중점 분석 자료로 의의가 있다. 본고에서 참고한 외교청서의 해당 연도의 개요를 선별 정리하여 외교청서 1961년[55] 각주와 외교청서 1965년[56] 각주로 제시했다.

55 일본 외교청서 1961년 제목과 구성은 아래의 예시를 참고.

わが外交の近況 (第5号), 昭和36年8月, 外 務 省

も く じ 목차

総 説 전체 설명

一 国際情勢の推移とわが国の立場

二 平和と安全の確保増進

三 経済的繁栄と福祉の向上

各 説 세부 설명

一 国際連合における活動その他の国際協力
　国連第十五回総会, 経済社会理事会および専門機関, その他の国際協力

二 わが国と各地域との間の諸問題
　アジア関係〈-- 이 항목의 내용은 〈부록 1〉에 수록.
　北米関係, ラテン・アメリカ関係, 西欧関係, 東欧関係, 英連邦関係,
　中近東関係, アフリカ関係

三 最近における経済協力および技術協力の諸問題
　経済協力, 技術協力

四 最近における通商貿易上の諸問題
　通商航海条約および通商に関する条約関係, 貿易支払取極関係, 北米との貿易問題
　欧州との貿易問題, アジアおよび大洋州との貿易問題, 共産圏との貿易問題
　その他の地域との貿易問題, 国際機関関係, 対外啓発活動関係

五 海外移住の現状と邦人の海外渡航

六 国際文化の交流

資料, 追補, 参考, 付

56 일본 외교청서 1965년 제목과 구성은 아래의 예시를 참고.

昭和40年わが外交の近況(第9号), 昭和40年7月, 外 務 省

も く じ 목차

一 世界の動きとわが国
　東西関係, 共産圏の動向, 第一九回国際連合総会

가. 버마 배상 문제

1955년 체결된 일본-버마 평화조약(日本·ビルマ平和条約)은 샌프란시스코평화조약 체결에 참가하지 않은 국가와 일본 간에 가장 먼저 논의가 시작된 양국 간 평화조약이다. 이 조약으로 일본은 버마에 2억 달러의 배상과 5천만 달러 규모의 경제협력을 제공해야 했다. 또한 일본은 이후 다른 배상국과의 최종 결정이 일본-버마 평화조약의 수준과 공평하지 않다고 생각되는 경우 버마 정부가 재검토를 요청할 수 있는 내용을

アジアの情勢〈-- 이 항목의 내용은 〈부록 2〉에 수록.
日米関係, 西欧の情勢, 中近東とアフリカ, 中南米の情勢, 世界経済の流れ,
低開発国援助問題
二 国際連合における活動その他の国際協力
国際連合第十九回総会, 経済社会理事会 国連貿易開発会議および専門機関
原子力の平和利用に関する国際協力
三 わが国と各国との間の諸問題
公海の漁業などに関する国際協力, アジア(西アジアを除く)地域, 大洋州地域
北米地域, ラテン·アメリカ地域, 西欧地域, 東欧地域
中近東地域, アフリカ(北アフリカを除く)地域
四 わが国の経済協力の現状と問題点
経済協力に関する国際協調の動き, 資金を中心とする経済協力の現状,
技術による経済協力の現状, 賠償などの実施
五 貿易経済に関する諸外国との関係および国際協力の進展
諸外国との貿易経済関係, 経済に関する諸国際機関との関係,
貿易·経済関係の使節団および要人の交流
六 海外移住の現状と邦人の海外渡航
海外移住施策の概要, わが国を繞る世界移住情勢の変化(外的条件の好転),
海外移住の視点からみた国内情勢, 今後における海外移住政策の基調,
邦人の海外渡航と外国人の入国査証
七 情報文化活動の大要
報道機関との協力, 国内広報の現状, 海外広報の現状
国際文化交流の現状
資料, 付表

제5조 제1항에 명시하였다. 이에 기반하여 버마 정부는 1959년 배상 재검토를 요청하였고 1960년대까지 재검토 협상이 지속되었다.

1961년 외교청서에 명시된 배상 공여 품목을 살펴보면, 바루 장 수력 발전소 건설 관련 자재 및 용역 제공과 철도 산업 관련 역무 배상 등이 포함되어 있다. 일본 정부는 이러한 경제협력이 버마의 경제와 민생에 큰 기여를 하고 있으며, 버마 사회의 반응이 일본에 매우 호의적이라는 점에서 일본의 제품에 익숙해진 버마 수출 시장에 일본 무역을 확장시킬 것을 기대하였다.[57] 이는 평화조약에서 일본의 침략에 따른 전쟁 책임보다는 버마와의 경제협력에 집중함으로써 전후 일본에 대한 우호적 기억을 형성하여 전전 일본에 대한 기억을 상쇄시킬 수 있는 기회를 마련하는 계기가 되었다. 1963년 일본과 버마 간 재협정 체결을 통해 일본은 재검토 조항을 무효화하는 대신 버마에 기존의 배상 지불이 끝나는 1965년 4월부터 12년간 약 1억 4천만 달러 규모의 일본 생산물 및 용역을 무상으로 공여하고 6년간 버마 정부와 민간 회사, 국민을 대상으로 약 3천만 달러의 상업 차관을 제공하기로 약속하였다.

나. 남베트남 배상 문제

일본과 남베트남의 평화조약은 굉장히 이른 시기인 1951년에 체결되었으며, 이는 당시 북베트남과 소련 등 공산주의 진영의 세력 확장을 저지하기 위한 미국의 의도가 반영된 결과였다. 일본과 남베트남 간 배상 협정은 1960년 1월 12일 비준서를 교환하고 발효되었다. 이 협정을 통

---

57 外交青書, 1961.

해 일본은 삼천 구백만 달러 규모의 일본 생산물 및 용역을 5년간 남베트남에 공여하기로 약속하였다.[58] 이는 1951년 샌프란시스코 강화조약 제14조에서 전쟁 피해국에 대한 일본의 배상 형태는 생산품과 서비스를 이용한 역무 배상의 형태를 권고하였던 기준에 부합하는 형태이다. 또한 배상 협정과 동시에 경제 개발에 관한 교환공문이 양국 정부 간에 체결된 것은 평화주의를 지향하여 배상이라는 정당한 대가를 지불하지만 그 형태는 정치 행위보다는 경제대국이라는 우위를 활용하여 일본에게 유리하도록 의도한 것이라는 점을 잘 보여 준다.

이후 일본 정부는 남베트남이 일본과의 경제 기술 협력을 통해 꾸준한 경제 개발과 민생 안정이라는 경제 효과를 거두고 있으며, 이와 더불어 일본의 중장비 기술의 진가가 대외적으로 알려져 일본 제품의 시장 개척 효과도 나타나고 있다는 점을 높이 평가하였다.[59] 특히 남베트남의 다님(Da Nhim) 수력발전소 건립 계획의 진행은 일본과 남베트남의 경제협력의 긍정적 효과를 적극적으로 알리는 데 이용되었다. 이러한 경제 발전 계획은 일본의 수출입은행이 관리하는 차관을 통해 추진되었다. 이를 통해 수출입은행과 같이 제도에 속하는 국가기구들이 배상 문제에 있어 경제협력을 통한 전후 일본의 긍정적 이미지를 강조하는 데 큰 역할을 하고 있음을 알 수 있다.

---

58 外交靑書, 1960.
59 外交靑書, 1961.

다. 한일청구권 문제

일본 정부는 재일조선인의 북한 귀환 문제에 대한 대한민국 정부의 반발과 한일전면회담의 중단에 대해 1960년 발표된 외무성의 외교청서를 통해 "북한 귀환 문제는 정치 문제와 무관한 인도적 문제이며, 한일회담은 이 문제와 별도로 계속되어야 한다"는 입장을 고수하여 한국 측을 설득하고 있음을 밝혔다.[60] 당시 남북한 관계를 조절하면서 배상 문제에 접근하는 일본 정부의 태도에는 '인권'에 대한 강조와 국제주의적 성격이 두드러졌다. 이는 1959년 2월 13일 일본 외무성의 '재일조선인의 북한 귀환 문제의 경위와 본질에 대해'라는 정부 입장 발표에서 잘 드러난다. 기본적으로 일본 정부는 재일조선인의 북한 귀환 문제는 개인의 거주지 선택의 자유에 관한 인도적 문제라는 입장을 고수하였다. 자국을 떠나거나 돌아오고 자국 내에서 이전과 거주의 자유를 가지는 것은 세계인권선언에 명시되어 있는 기본적 인권 원칙이라는 것이다.[61] 따라서 일본 정부가 한일회담에서 이 문제를 제외하고 논의를 진행하고자 하는 것은 국제 통념에 부합하는 평화주의적인 태도임을 어필하고자 하였다. 이러한 일본 정부의 태도는 외무성 발표의 두 번째부터 네 번째 항목에서 더 강화된다.

기본적 인권의 존중은 자유와 평화를 사랑하는 국가, 특히 자유주의 국가의 기본 신조로서 정치적 선택에 의하여 개인의 거주지 선택의

---

60 外務省, 1960.
61 外交青書, 1960.

자유가 침해되는 것은 자유국가로서의 기본 신조를 어기는 일이다.[62]

일본 정부는 이 문제를 인도적 문제로 판단하고 공정하게 처리하기를 원한다. 개인이 자발적으로 일본을 떠나 다른 나라에 거주하는 것을 선택한 경우, 어떤 정치적 신념을 가진 정권에 지배되고 있는 지역이라도 그 개인의 의사를 존중하는 것이 민주주의 정신이며, 그렇게 한다고 인도주의에 반하지 않는다.[63]

개인의 자유의사에 의한 북한 귀환을 방해하지 않는 것이 일본 정부의 입장이므로 북한 정부를 승인하거나 한국의 주권을 침해하고자 하는 의도는 없다. 한국에 대한 비우호적 행위도 아니다.[64]

민주주의와 자유주의 가치를 강조하고 국제사회의 인권 존중적 태도를 따르고자 하는 일본 정부의 태도는 마치 평화주의를 지향하는 대외적 국가 이미지에 부합하는 것처럼 보인다. 그러나 배상 문제와 관련해서는 샌프란시스코 강화조약을 통해 이미 해결되었으며 대한민국은 조약 참가국으로 인정받지 못했으므로 경제협력을 기반으로 한 일본과의 관계 수립에 중점을 두고 접근할 것을 유도하고 있다는 점에서 경제대국의 우위를 활용한 소극적 접근을 보여 준다. 만약 배상 문제와 관

---

62 外交靑書, 1960.
63 外交靑書, 1960.
64 外交靑書, 1960.

련해서도 인권을 존중하는 태도가 유지되었다면, 일본의 역사적 책임에 대한 지적을 적극적으로 수용하였을 것이며 역청구권 주장이나 청구권 금액을 둘러싸고 7천만 달러 외에 다른 모든 제공 자금은 경제 발전을 위한 우호적 조치로 규정하고자 하는 태도를 취할 수 없었을 것이다.

공방을 거듭하던 한일회담이 전환기를 맞이한 건 박정희 정권 수립 이후였다. 박정희 정권은 한일국교정상화를 통해 경제 발전을 위한 정치적·경제적 자원을 확보하고자 하였다. 일본 또한 이미 다른 국가와의 배상 협상에서 활용하였던 경제협력 방식을 통해 이 문제를 해결하고자 하였다. 여기서 경제협력 방식이란 재산청구권 항목에 대한 개별적인 검토 대신 무상 혹은 유상의 총액자금을 공여함으로써 재산청구권을 일괄적으로 소멸시키는 방식을 가리킨다.[65] 이로 인해 한일회담의 핵심 쟁점은 배상청구권 문제로 축소되었고, 1962년 11월 김종필 중앙정보부장과 오히라 마사요시(大平正芳) 일본 외상과의 합의로 세부 합의 내용이 타결되었다. 무상 원조 3억 달러, 유상 원조 2억 달러와 수출입은행 차관 1억 달러 등 총 6억 달러 규모의 청구권 자금 액수를 제공하기로 한 것이다. 이처럼 일본 정부는 막대한 경제력을 앞세워 정치적으로 민감한 문제가 얽혀 있는 배상 문제를 경제적 측면에서만 조명할 수 있도록 유도하였고, 이는 경제 발전에 대한 자신감과 존재론적 안보 이익을 제공해 주는 미국의 지원 등을 통해 실현될 수 있었다.

---

65 이원덕, 2008, 27쪽.

라. 중화민국 및 중화인민공화국과의 관계

1951년 중화민국 정부와 평화조약을 체결한 일본은 중화민국이 청구권 권리 행사를 포기함으로써 배상 문제를 일단락 지었다. 이는 중화인민공화국을 견제하기 위한 양국의 전략적 선택이었다.[66] 이후 일본과 중화민국 정부 간에 1965년 4월 1억 5천만 달러 규모의 차관 협정이 체결되었는데, 이는 중화민국의 경제개발계획의 촉진을 목적으로 한 결정이었다.[67] 이후 일본은 1987년 '타이완주민 출신 전몰자의 유족 등에 대한 조위금 등에 관한 법률'을 제정하여 '위로금' 명목으로 타이완 출신 구 일본 병사들과 그 유족들에게 일정한 금액을 지급한 바 있다.[68]

1958년 이후 중화인민공화국과 관계가 단절되었던 일본은 1960년 7월 이케다 내각 출범 이후 중화전국총공회 단장을 포함한 대표단이 방일한 이후 중공과의 민간무역을 재개하였다.[69] 이러한 정경분리적 입장은 1960년대부터 1972년에 이르기까지 중국 본토와의 국교 수교를 다시 추진할 때도 유지되었다.[70] 배상 문제와 관련하여 1960년대에 중화인민공화국의 표면적인 정치적 접근은 부각되지 않았으나 1972년 중국

---

66 최은봉·오승희, 「전쟁 기억과 전후 중일외교의 중층구조: 전쟁종료 문제의 인식과 해석의 어긋남」, 『일본연구』 25, 2013, 3~25쪽.

67 外務省, 1965, 『外交靑書』 日本: 外務省

68 이원덕, 「일본의 전후 배상 외교에 관한 고찰-국제 비교의 관점-」, 『동북아역사논총』 22, 2008, 7~36쪽.

69 外務省, 1961, 『外交靑書』 日本: 外務省; Seung-Hee Oh and Eunbong Choi. 2015. "Seperating Economy from Politics? Japan's Coexistence Strategy with Two China's in the 1960s." *Korean Journal of International Studies* 13(2).

70 최은봉·오승희, 『전후 중일관계 70년: 마오쩌둥-요시다 시기부터 시진핑-아베 시기까지』, 서울: 이화여대출판문화원, 2019.

은 일본과 국교를 재개할 때 배상 포기를 원칙으로 천명했고, 그 후 일본은 중국에 대규모의 정부개발원조(ODA)를 지속적으로 제공하였다. 2004년 대중 원조 중단을 고려하기 시작하여 2018년 종료할 때까지 일본의 대중 경제개발원조가 지원되었다. 이는 대일 배상 청구 포기에 대한 대가로 경제협력이라는 명목하에 일정한 보상이 이루어진 것이라고 해석할 수 있다. 이처럼 중화민국 및 중화인민공화국은 전쟁 배상청구권을 포기하는 데 있어서 논거는 상이했지만 유사한 결정을 취했다. 이후 일본은 타이완과의 관계를 단절해야 했으므로 경제적 관계를 유지했다. 새롭게 국교를 수립한 중국 본토와는 경제협력을 통해 우호적 관계를 증진시켜 나갔다.

이처럼 일본의 대 아시아 전후 처리 외교정책이 냉전 구도하에 경제의 논리에 따른 협력과 원조를 앞세운 편의적 방식으로 추진되었다. 이로 인해 역사적 책임에 대한 반성과 화해, 역사 인식 공유 및 신뢰 구축에 실패하였고 동아시아의 전후 역사에 부정적 유산을 남겼다는 것을 의미한다.

5. 맺음말: 1960년대 국가 정체성 담론과 책임회피의 유산

이 글은 전후 초기인 1950~1960년대 일본의 정치사회적 변화에 따라 일본인론 · 일본문화론이 경합적으로 논의되는 과정을 국가 정체성 담론과 연계시켜 그 배경과 내용을 고찰하고, 그것이 일본 정부의 주요 정책의 방향 설정에 영향을 미쳐 정치화되는 과정을 살펴보았다.

일본인, 일본문화론에 내재되어 있는 집단주의 및 유사가족주의 등의 특성은 정체성 담론으로 이데올로기화하여 현실 정치에 영향을 미쳐 국민주의와 중상주의의 형태로 작용했다. 본고에서 국내 사례로 다룬 오키나와에 있어서 국민주의는 전후 일본이 사회 통합을 지향했으나 주권의 애매함을 방치함으로써 오히려 오키나와를 배제하고 소외시키는 메커니즘으로 작동했다. 전후 신생 일본은 급속하게 산업화 선진국 대열에 오르는 과정 속에서 오키나와에 대해서는 본토 복귀와 기지화의 지속이라는 이중적 선택을 취했다. 대외 정책의 사례로 다룬 대 동아시와 외교는 총체적으로는 중상주의를 표방하며 미국 추수적 외교의 프레임 속에서 전개되었다. 전쟁 책임과 화해가 전제되지 않은 채 일본 국익 중시 원조 외교를 기초로 하여 배상의 약화를 꾀하며 협력을 시도함으로써 동아시아와의 외교 관계를 주변화하는 결과를 초래했다. 나아가서 기억의 환류 메커니즘을 거쳐 '전후 일본'의 구상을 확립해 가면서 일본과 동아시아 국가 간 배상의 외교적 협상 과정에서 역사 문제를 직시함이 없이 편협한 경제외교를 전개했다.

1960년대 일본은 고도의 경제발전을 통해 대내적으로는 정책의 선택 폭을 넓히기에 충분한 경제 자원을 확보하고 있었을 뿐 아니라 대외적으로 '평화국가'의 이미지를 강조하고 있었기 때문에 외교정책 결정 과정에 있어 유화적인 태도를 취할 수 있는 기회의 창이 열려 있었다. 하지만 오히려 이 시기 일본의 대 동아시아 외교정책의 기조는 방어적이고 과거의 일본 제국과 전후 일본을 단절적으로 바라보고자 하는 특성을 보여 주었다. 이는 당시 일본의 국가 정체성이 전전 일본과 전후 일본에 대한 동아시아 국가들의 기억을 분리시키고, 배상 문제 등에 접근할 때 경제적 이익을 앞세워 화해 및 신뢰 구축의 역사적·정치적 과제를 미뤄 두고자 했기 때문이다. 이 같은 경선정후(經先政後)의 실리적 전략을 추구하며 미국의 입장에 편승하여 표면적으로는 자유주의 가치를 내면화하고 경제대국과 '평화주의'를 지향하는 입장을 취했다. 이때 국가 정체성 담론은 외교정책 결정 과정에서 일본 국가의 존재론적 안보 이익을 산정하는 인식적 틀로 작용했다.

위와 같은 국가 정체성의 성격은 국내 정치적으로 일본의 특수성을 찾아내고 이를 발전에 성공할 수 있었던 우월한 요인으로 인식하는 일본인론과 일본문화론의 논의가 활발해지면서 그 영향을 받아 형성된 것이다. 특히 이러한 담론의 흐름은 국익 우선의 틀 속에서 오키나와 주민을 비국민화하는 것을 자연스럽게 받아들였으며, 다른 동아시아 국가를 식민 지배했던 경험을 미화하거나 정당화하려는 움직임과 결합되었다. 국가와 사회가 일본의 국제정치적 지위를 확고히 하기 위한 긍정적 이미지 양산에 적극적으로 협조하였고 이는 궁극적으로 오키나와에 대한 모호한 입장과 다른 동아시아 국가들과의 배상 외교에 임하는 일본의 태도에 영향을 미쳤다.

'오키나와의 문제'가 여전히 지속되고 있고, 버마와 남베트남, 대한민국 등의 전후 처리 사례가 남긴 과제에서 알 수 있듯이 일본이 취한 지향성은 역사적으로 부정적 유산을 가져왔다. 일본은 오키나와에 이중적 태도를 취해 왔으며, 동아시아에 대해서는 경제적 우위를 앞세워 배상 문제에 얽힌 정치적 사안을 지연시키거나 은폐하고 전후 일본과의 우호적 경제협력을 추진하기 위한 정치적 협상으로 그 성격을 축소 치환시켜 구체적 실행은 차관을 관리하는 수출입은행 등이 기능적으로 담당하게 했다.

이러한 일본 정부의 경선정후의 내치와 경제외교는 1960년대부터 현재까지 일본 정부의 역사적 책임에 대한 비판의 기저에 자리잡고 있다는 점을 미루어 볼 때, 1960년대는 일본의 국가 정체성 담론과 이후 대동아시아 외교정책의 방향을 형성하는 데 중요한 결절점이었다고 할 수 있다.

이 연구의 함의는 1960년대 일본의 정체성 정치와 일본 국가 주권의 불완전성과 경제외교가 남긴 부정적 유산을 지적하는 것이다. 냉전기와 탈냉전기 일본의 주권성에 대한 논쟁과 오키나와의 관계, 일본의 국가 정체성과 외교의 상관성, 그리고 기억 구조, 기억 레짐, 기억 정치의 차원에서 일본과 동아시아 간의 역사 문제 등은 후속 연구의 이론적·경험적 확장을 통해 이루어져야 할 것이다.

| 참고 문헌 |

1. 자료

- 外務省(1957~1969), 『外交青書』, 日本: 外務省.
  (https://www.mofa.go.jp/mofaj/gaiko/bluebook/
  (검색일: 2019-05-30)
- United Nations Treaty Collection. 『Treaty of Peace with Japan』. https://treaties.un.org/
  doc/publication/unts/volume%20136/volume-136-i-1832-english.pdf
  (검색일: 2019-06-20)

2. 단행본

- 김필동(2005), 『일본의 정체성』, 서울: 살림, 2005.
- _____(2007), 『일본, 일본인론의 재발견』, 서울: 제이엔씨.
- 나카네 치에 저, 양현혜 역(2002), 『일본 사회의 인간관계』, 서울: 소화.
- 다케우치 요시미 저, 서광덕 · 백지운 역(2004), 『일본과 아시아』, 서울: 소명출판.
- 도이 다케오 저, 신근재 역(2006), 『아마에를 통해 본 일본인: 일본인을 어떻게 이해할 것인
  가』, 서울: 시사일본어사.
- 스티븐 리드 저, 최은봉 역(1997), 『일본특이론의 신화 깨기』, 서울: 오름.
- 미나미 히로시 저, 이관기 역(2003), 『일본인론』 상하, 서울: 소화.
- 미야지마 히로시 저(2013), 『일본의 역사관을 비판한다』, 서울: 창비.
- 루스 베네딕트 저, 이종인 역(2019), 『국화와 칼』, 서울: 연암서가.
- 박홍영(2006), 『일본 ODA와 국제정치』, 서울: 한울.
- 부루마, 이안 저, 최은봉 역(2014), 『근대 일본』, 서울: 을유문화사.
- 빌리그, 마이클 저, 유충현 역(2020), 『일상적 국민주의』, 서울: 그린비.
- 박삼헌(2018), 「아베 정권의 메이지 기억과 정치: 메이지 150년 기념사업을 중심으로」, 『일본
  역사연구』 48집.
- 아감벤, 조르조 저, 김항 역(2009), 『예외상태』, 서울: 새물결.
- 아오키 다모츠 저, 최경국 역(2012), 『일본 문화론의 변용』, 서울: 소화.
- 앤더슨, 베네딕트 저, 서지원 역(2018), 『상상된 공동체: 민족주의의 기원과 보급에 대한 고
  찰』, 서울: 길.
- 오구마 에이지 저, 조현석 역(2003), 『일본 단일 민족 신화의 기원』, 서울: 소명출판.
- _____저, 조성은 역(2019), 『민주와 애국: 전후 내셔널리즘과 공공성』, 파주: 돌베개.

- 요시노 코사쿠 저, 김태영 역(2001), 『현대 일본의 문화내셔널리즘: 현대 일본 아이덴티티의 행방』, 서울: 일본어뱅크.
- 이어령(2011), 『축소지향의 일본인』, 서울: 문학사상.
- 이원덕(1996), 『한일과거사처리의 원점: 일본의 전후 처리 외교와 한일회담』, 서울: 서울대학교 출판부.
- 젠센, 마리우스 저, 지명관 역(2002), 『일본과 동아시아 이웃나라들』, 서울: 소화.
- 최은봉·오승희(2019), 『전후 중일관계 70년: 마오쩌둥-요시다 시기부터 시진핑-아베 시기까지』, 서울: 이화여대출판문화원.
- 카스텔, 마누엘 저, 정병순 역(2008), 『정체성 권력』, 서울: 한울.
- 파일, 케네스 B. 저, 이종삼 역(2008), 『강대국 일본의 부활』 서울: 한울.
- 필드, 노마 저, 박이엽 역(1991; 2014), 『죽어가는 천황의 나라에서』 서울: 창비.
- 하연섭(2011), 『제도분석』, 서울: 다산출판사.

- ロジャース·ブルーベイカー(2016), 『グローバル化する世界と「帰属の政治」―移民·シティズンシップ·国民国家』, 明石書店.
- 加藤陽子 外(2014), 『戦後とは何か(下) 政治学と歴史学の対話』, 丸善出版.
- 吉次公介(2009), 『池田政権期の日本外交と冷戦 ―戦後日本外交の座標軸 1960 - 1964―』, 岩波書店.
- 渡邉昭夫 外(2014), 『戦後とは何か(上) 政治学と歴史学の対話』, 丸善出版.
- 朴祥美(2017), 『帝国と戦後の文化政策―舞台の上の日本像』, 岩波書店.
- 白鳥潤一郎(2015), 『「経済大国」日本の外交 - エネルギー資源外交の形成 1967~1974年』, 千倉書房.
- 山崎正和(1994), 『柔らかい個人主義の誕生-消費社会の美学』, 中央公論社.
- 石川眞澄 저, 박정진 역(2006), 『일본 전후정치사 : 일본 민주주의의 보수적 기원과 전개』, 서울: 후마니타스.
- 成田龍一 外(2015), 『記憶と認識の中のアジア·太平洋戦争 ―岩波講座アジア·太平洋戦争 戦後篇』, 岩波書店.
- 永野愼一·近藤正臣 編(1999), 『日本の戦後賠償：アジア経済協力の出発』, 勁草書房.
- 遠藤晶久 外(2019), 『イデオロギーと日本政治―世代で異なる「保守」と「革新」』, 新泉社.
- 庄司興吉(2016), 『歴史認識と民主主義深化の社会学』, 東信堂.
- 竹沢泰子(2016), 『日系アメリカ人のエスニシティ 新装版: 強制収容と補償運動による変遷』, 東京大学出版会(新装版).
- 中野晃一(2003), 『戦後日本の国家保守主義―内務·自治官僚の軌跡』, 岩波書店.
- 豊下楢彦(2015), 『昭和天皇の戦後日本―〈憲法·安保体制〉にいたる道』, 岩波書店.

- Kapur, Nick(2018), *Japan at the Crossroads - Conflict and Compromise after Anpo*, Cambridge,

MA: Harvard University Press.

- Pierson, Paul(2004), *Politics in Time: History, Institutions, and Social Analysis.* Princeton : Princeton University Press.
- Ubiria, Grigol(2014), "Nation-State, National Identity, and National Culture in the Era of Globalization." In *Imagined Identities: Identity Formation in the Age of Globalism* ed. Pultar, Gönül. Syracuse: Syracuse University Press.
- Verdugo, Richard R.(2016), et al. *National Identity: Theory and Research.* Charlotte, NC: Information Age Publishing.

3. 연구논문

- 강상규, 「일본의 자기정체성에 관한 연구 시론: 근대 일본의 에피스테메로서의 국체」, 『국제지역연구』7(3), 1998, 149~171쪽.
- _____(2007), 「일본의 유구 병합과 동아시아 질서의 변동」, 『지방사와 지방문화』 10(1), 7~48쪽.
- 고희탁(2016), 「근현대 일본에서의 서구문명 수용의 이중주와 그 유산」, 『아세아연구』 59(1), 216~246쪽.
- 권숙인(2003), 「일본 문화를 보는 세가지 눈-루스 베네딕트, 나카네 치에, 노마 필드」, 『국제지역연구』12(1), 45~66쪽.
- 김민화(2017), 「오키나와현호국신사의 창건과 재건 과정」, 『일본역사연구』 45, 183~221쪽.
- _____(2017), 「일본 전후 (역)사학과 [오키나와 현대사] 편찬의 역설: 국민사에서 탈국민사로」, 『사회와 역사』 115, 245~276쪽.
- 김백일(2000), 「오키나와 전쟁의 상흔과 한국인 위안부」, 『역사비평』 50, 355~386쪽.
- 김범수(2009), 「'국민'의 경계 설정: 전후 일본의 사례를 중심으로」, 『한국정치학회보』 43(1), 177~202쪽.
- 김상준(2009), 「일본의 전쟁기억과 공동체의 상상: 기억과 사회적 재생산을 중심으로」, 『일본연구논총』 30, 31~55쪽.
- 김석수(2016), 「일본 정부개발원조와 국익의 연계」, 『문화와 정치』 3(1), 83~108쪽.
- 김수희(2019), 「레이와(令和)와 만요슈-새로운 연호 수립 과정 고찰을 통해서 본 일본 문화론」, 『일본어문학』 86(1), 203~223쪽.
- 김용운(1997a), 「전후 일본인론의 동향」, 『비교일본학』 5, 67~80쪽.
- _____(1997b), 「한국에서의 일본인론의 현실과 전개」, 『비교일본학』 39, 25~32쪽.
- 김채수, 「현대 일본인의 문화의식」, 『일본 문화연구』 4, 199~259쪽.
- 남궁철(2018), 「전후 오키나와의 자기결정 모색과 '반복귀론'」, 『일본역사연구』 4, 199~240쪽.
- 박규태(2019), 「일본 문화론의 관점에서 본 야마모토 시치에이의 일본 자본주의 정신」, 『비교일본학』 47(1), 111~146쪽.

- 박삼헌(2018), 「아베 정권의 메이지 기억과 정치: 메이지 150년 기념사업을 중심으로」, 『일본역사연구』 48집, 5~27쪽.
- 박영준(2011), 「일본형 국제질서관의 전개와 아시아정책론의 변화: 문명론지개략(1875)에서 새로운 중세(1997)까지」, 『국제정치논총』 51(4), 85~108쪽.
- 박용구(2005), 「일본문학, 일본학 : 전환기 일본인론의 과제」, 『일어일문학연구』 52(2), 225~243쪽.
- _____(2007), 「개인 대 간인: 일본인론의 탈오리엔탈리즘화 과정」, 『일본연구논총』 26, 365~392쪽.
- _____(2016), 「21세기 일본인론의 패러다임 시프트: 전망과 과제」, 『일어일문학연구』 96(2), 437~457쪽.
- 박홍영(2000), 「일본 배상 외교정책의 특징과 전략: 베트남 공화국에의 전후 배상(1953-1965)」, 『한국정치학회보』 34(3), 313~328쪽.
- _____(2018), 「일본 외교 50년의 정체성과 냉전 ‘문제’」, 『아시아문화연구』 48, 213~248쪽.
- 박훈(2007), 「동화론과 오키나와 아이덴티티: 오타쵸후의 동화주의를 중심으로」, 『사회와 역사』 73, 255~279쪽.
- 서동주(2019), 「1980년대 일본의 생명주의와 전후 인식의 변용」, 『일어일문학연구』 108(1), 427~501쪽.
- 윤덕민(1992), 「미일 오키나와 반환협상과 한국 외교」, 『국제정치논총』 31, 121~137쪽.
- 윤석정(2019), 「관대한 대일 강화조약과 이승만 정권의 강화조약 외교: 일본의 군사적 주권 문제와 이를 둘러싼 한미간의 마찰」, 『동북아역사논총』 63, 367~396쪽.
- 이숙종(1998), 「일본 문화론의 쇠퇴와 새로운 지향」, 『동아시아비평』 1, 94~108쪽.
- 이원덕(2008), 「일본의 전후 배상 외교에 관한 고찰 - 국제 비교의 관점 -」, 『동북아역사논총』 22, 7~36쪽.
- 이이범(2003), 「전후 일본 정치문화론의 고찰」, 『일본학연구』 12, 133~166쪽.
- 이정환(2016), 「일본 정부 개발 원조의 보편주의적 이상과 특수주의적 역설: 이익선과 인간 안보 사이에서」, 『세계정치』 24, 서울대 국제문제연구소.
- 이형설(1991), 「사토 내각의 방위정책(1964-1972): 비핵 전수방위의 탄생」, 『아세아연구』 117~140쪽.
- 양승태(2006), 「국가 정체성 문제와 정치학 연구: 무엇을 어떻게」, 『한국정치학회보』 40(5), 65~79쪽.
- 최기성(2009), 「일본 민족주의의 허상: ‘오키나와’의 비극」, 『아시아연구』 12(1), 105~133쪽.
- 최은봉·신재민(2008), 「일본 외교정책의 동아시아 지향성: 1990년대 이후 외상 국회연례연설의 내용분석을 중심으로」, 『일본연구』 20, 25~44쪽.
- 최은봉·오승희(2013), 「전쟁 기억과 전후 중일외교의 중층구조: 전쟁종료 문제의 인식과 해석의 어긋남」, 『일본연구』 25, 3~25쪽.
- 최현(2007), 「근대국가와 시티즌십: 오키나와의 사례」, 『지방사와 지방문화』 10(1), 49~92쪽.

- 하연섭(2006), 「신제도주의의 이론적 진화와 정책연구」, 『행정논총』 44(2), 217~246쪽.
- 한영혜(2006), 「일본의 다문화 공생담론과 아이덴티티 재구축」, 『사회와 역사』 71, 155~185쪽.

- Capoccia, Giovanni, and Kelemen, R. Daniel(2007). "The Study of Critical Junctures: Theory, Narrative, and Counterfactuals in Historical Institutionalism." *World Poltics* 59(3), pp.341-369.
- Choi, Eunbong and Lee Min Ju(2019). "How Is the Distrust Trap Pervasive in East Asia?: Focusing on Incomplete Sovereignty with a Prospect Theory." *Journal of Peace and Unification.* 9(2).
- Gluck, Carol(1993) "The Past in the Present" in *Post-war Japan as History.* ed. by Andrew Gorden, California: University of California Press.
- Mitzen, Jennifer(2006), "Ontological Security in World Politics: State Identity and the Security Dilemma." *European Journal of International Relations* 12(3), pp.341-370.
- Oh, Seung-Hee and Eunbong Choi(2015), "Seperating Economy from Politics? Japan's Coexistence Strategy with Two China's in the 1960s." *Korean Journal of International Studies* 13(2).
- Pierson, Paul(2000), "Increasing Returns, Path Dependence, and the Study of Politics." *The American Political Science Review* 94(2), pp.251-267.

| 찾아보기 |

• ㄱ •

• ㄴ •

동북아역사재단 연구총서 111

한일 상호 인식과 역사 문제의 기원(1945~1979)

초판 1쇄 인쇄 2020년 10월 27일
초판 1쇄 발행 2020년 11월 5일

엮은이 이원우 편
펴낸이 김도형
펴낸곳 동북아역사재단

등 록 제312-2004-050호(2004년 10월 18일)
주 소 서울시 서대문구 통일로 81, NH농협생명빌딩
전 화 02-2012-6065
팩 스 02-2012-6189
이메일 book@nahf.or.kr

© 동북아역사재단, 2020

ISBN 978-89-6187-562-2   93910